U0890291

国家出版基金项目
NATIONAL PUBLICATION FOUNDATION

中国之治·坚持和完善社会主义基本经济制度丛书

# 完善社会主义市场经济体制

张卓元　胡家勇　万　军　著

SPM 南方出版传媒　山西出版传媒集团
广东经济出版社　山西经济出版社
·广州·　·太原·

**图书在版编目（CIP）数据**

完善社会主义市场经济体制 / 张卓元，胡家勇，万军著. —广州：广东经济出版社，2021. 11
（中国之治·坚持和完善社会主义基本经济制度丛书）
ISBN 978-7-5454-7976-8

Ⅰ. ①完… Ⅱ. ①张… ②胡… ③万… Ⅲ. ①中国经济－社会主义市场经济－市场经济体制－研究 Ⅳ. ①F123.9

中国版本图书馆CIP数据核字（2021）第199620号

策　　划：王成刚
责任编辑：李　璐　李雨昕
责任技编：陆俊帆

**完善社会主义市场经济体制**
WANSHAN SHEHUI ZHUYI SHICHANG JINGJI TIZHI

| | |
|---|---|
| 出版人 | 李　鹏 |
| 出　版<br>发　行 | 广东经济出版社（广州市环市东路水荫路11号11～12楼） |
| 经　销 | 全国新华书店 |
| 印　刷 | 佛山市迎高彩印有限公司<br>（佛山市顺德区陈村镇广隆工业区兴业七路9号） |
| 开　本 | 787毫米×1092毫米 1/16 |
| 印　张 | 22.25 |
| 字　数 | 363千字 |
| 版　次 | 2021年11月第1版 |
| 印　次 | 2021年11月第1次 |
| 书　号 | ISBN 978-7-5454-7976-8 |
| 定　价 | 68.00元 |

图书营销中心地址：广州市环市东路水荫路11号11楼
电话：（020）87393830　邮政编码：510075
如发现印装质量问题，影响阅读，请与本社联系
广东经济出版社常年法律顾问：胡志海律师
·版权所有　翻印必究·

中国之治·坚持和完善社会主义基本经济制度丛书


**策 划 指 导**

中国（海南）改革发展研究院

## 编 委 会

EDiTORIAL BOARD

**编委会主任**

迟福林

**编　　委**

（按姓氏音序排序）

迟福林　范恒山　宋晓梧　薛　澜　张卓元

# 总　　序

## 坚持和完善社会主义基本经济制度

坚持和完善社会主义基本经济制度是习近平新时代中国特色社会主义思想的重要内容。党的十八大以来，以习近平同志为核心的党中央围绕新时代如何坚持和完善我国社会主义基本经济制度，在理论和实践的结合中进行了深入探索。基于新的实践和发展需要，党的十九届四中全会将公有制为主体、多种所有制经济共同发展，按劳分配为主体、多种分配方式并存，社会主义市场经济体制三项并列作为社会主义基本经济制度，这是对社会主义基本经济制度作出的一次重要理论创新。

党的十九届五中全会提出："全面深化改革，构建高水平社会主义市场经济体制。坚持和完善社会主义基本经济制度，充分发挥市场在资源配置中的决定性作用，更好发挥政府作用，推动有效市场和有为政府更好结合。"从我国发展的现实情况看，加快构建以国内大循环为主体、国内国际双循环相互促进的新发展格局，必须构建高水平社会主义市场经济体制，实行高水平对外开放，推动改革和开放相互促进。这是我国进入新发展阶段，在更高起点、更高层次、更高目标上全面深化改革开放的重大部署。

当前，在国际环境日趋复杂，不稳定性、不确定性明显增加的特定背景下，拥有14亿人口的大国，保持战略定力，办好自己的事，重在以构建新发展格局为基本要求，走出一条以高水平开放促进深层次市场化改革的新路子。

构建高水平社会主义市场经济体制，是我国新时代经济体制改革的目标取向，是推进高水平开放的制度保障。从现实情况看，构建高水平社会主义市场经济体制，既要充分发挥市场在资源配置中的决定性作用，充分激发国内市场活力，又要在适应国际经贸规则重构中建设高标准市场体系。

公开市场、公平竞争是高标准市场体系的重要特征，也是高水平开放的重要前提。构建高水平社会主义市场经济体制，首要任务是完善公平竞争制度。一是要重点强化竞争政策的基础性地位，对各类所有制企业一视同仁，实现各类所有制企业公平竞争；二是要实现经济政策由产业政策为主向竞争政策为基础转变，明确产业政策以不妨碍公平竞争为基本原则，制定适用产业扶持政策的负面清单，将产业政策严格限定在具有重大外溢效应的领域或关键核心技术领域；三是要实现市场监管的重点由一般市场行为监管向公平竞争审查转变，推动市场监管的主要对象由商品为主向服务为主过渡，并强化对经济政策的公平竞争审查。

构建高水平社会主义市场经济体制，需要全面实施市场准入负面清单制度取代传统行政审批制度，在激发市场主体活力的制度创新上实现新突破。一是要尽快形成全国统一的、内外资一致的负面清单，加快推动现有负面清单与正面清单的合并对接；二是要进一步提升负面清单的可操作性，建议参照国际经贸谈判负面清单模板，详细列明负面清单管理措施与相关描述，建立健全外资企业投诉机制；三是要明确国民待遇标准，进一步细化准入阶段的管理权力、要素供给、融资方式、进出口权、税收政策、法律保护、司法救济等一系列待遇标准，给予内外资企业明确预期。

新一轮科技革命和产业变革深入推进，以数字经济为重要特征的新经济发展，对以知识产权保护为重点的产权制度改革提出新的要求。我国进入经济转型升级的重要时期，面向经济主战场，以创新引领高水平市场经济发展，关键在于形成产权保护的制度基础。一是要突出强化知识产权保护，逐步推进知识产权标准与国际接轨；二是要实现不同所有制经济产权平等保护，尽快梳理和消除各种隐性壁垒，支持各种所有制经济依法平等使用生产要素、公平参与市场竞争、同等受到法律保护、共同履行社会责任；三是要依法保护企业家的财产权和创新收益，形成防范以公权侵犯私权行为的制度约束。

要素市场化配置是高水平社会主义市场经济体制的重要特征，也是我国实现高质量发展的重要保障。要更好利用国际国内两个市场、两种资源，实现要素市场化配置改革的重要突破。一是要加快推进土地要素市场化改革，形成城乡建设用地“同地同价同权利”的制度安排，形成公开公正公平的统一交易平台和交易规则；二是要深化户籍制度改革，增强劳动力的城乡、地域流动性，充分释放城乡一体化的巨大潜能；三是要推进利率市场化改革，加快推进市场利率与基准利率的“两轨并一轨”，尽快实现银行体系与实体信用环节的贷款利率由市场决定这一目标。

基于对坚持和完善社会主义基本经济制度的学习、理解和研究，中国（海南）改革发展研究院与广东经济出版社联合策划出版这套“中国之治·坚持和完善社会主义基本经济制度丛书”。丛书在学习理解习近平新时代中国特色社会主义思想的基础上，注重战略性、前瞻性、学术性和可读性。我们期望，这套丛书能够对关注中国社会主义基本经济制度的读者有所启示，对坚持和完善社会主义基本经济制度发挥积极作用。

这套丛书的作者大多是所在领域的知名专家学者。张卓元老师、宋晓梧老师、范恒山老师、薛澜老师等，他们在繁忙的工作之余参与了丛书的撰写。作为丛书编委会主任，我对为丛书出版付出艰辛努力的各位作者、顾问、编委表示感谢，对为丛书出版给予大力支持的广东经济出版社表示感谢！

这套丛书中每本著作代表的是作者本人的研究结论和学术观点，丛书不追求观点的一致性。欢迎读者批评指正！

迟福林

2021年5月1日

# 前　言

党的十一届三中全会以来，中国的改革开放取得了举世瞩目的伟大成就。建立与完善社会主义市场经济体制是改革开放以来最主要的制度创新，经济体制改革的历程就是一个不断扩大和深化市场化的过程。社会主义市场经济体制的建立，极大地释放了社会生产力，使得中国的综合国力日益雄厚，经济结构持续优化，人民生活水平不断提高，国民经济和社会发展实现了历史性大跨越。

社会主义市场经济体制是中国特色社会主义的重大理论和实践创新，是社会主义基本经济制度的重要组成部分。随着社会主义市场经济体制的建立，市场机制在大部分经济领域已经发挥着决定性作用。但现行体制机制中仍然存在一些与经济高质量发展不相适应的因素，如市场体系不太健全、市场发育不够充分、要素流动时常受阻、资源配置效率有待提升，政府和市场的关系尚未完全理顺、“有形之手”干预过多，等等。中国经济正处在转变发展方式、优化经济结构、转换增长动力的关键时期，为了更好地建设现代化经济体系，继续解放和发展社会生产力，就应当进一步深化改革，构建高水平社会主义市场经济体制。

党的十八大以来，党中央对全面深化改革，尤其是进一步完善社会主义市场经济体制进行了全面部署。党的十八届三中全会审议通过了《中共中央关于全面深化改革若干重大问题的决定》，吹响了改革攻坚的新号角；党的十九大明确提出坚持社会主义市场经济改革方向，加快完善社会主义市场经济体制，着力构建市场机制有效、微观主体有活力、宏观调控有度的经济体制。《中共中央　国务院关于新时代加快完善社会主义市场经济体制的意见》提出了构建更加系统完备、更加成熟定型的高水平社会主义市场经济体制的顶层设计和系统方案。党的十九届五中全会规划了“十四五”时期经济社会发展目标和到2035年基本实现社会主义现代化的远景目标，提出了要坚持和完善社会主义基本经济制度，充分发挥市场在资源配置中的决定性作用，更好发挥政府作用，推动有效市场和有为政府更好结合，为完善社会主义市场经济体制指明了方向。

完善社会主义市场经济体制是一项系统工程。早在1993年，《中共中央关于建立社会主义市场经济体制若干问题的决定》中就明确了所有制结构、现代市场体系、宏观经济调控体系、分配制度、社会保障制度等社会主义市场经济体制的基本框架，这些主要环节是相互联系和相互制约的有机整体。要想完善社会主义市场经济体制，就应当深入研究、整体谋划和统筹推进。完善产权制度和要素的市场化配置是下一步经济体制改革的重点，微观主体活力的增强，不仅需要继续深化国资国企改革，做强做优做大国有资本和国有企业，还需要优化民营经济发展环境，促进非公有制经济健康发展。高水平社会主义市场经济体制需要以高标准市场体系为支撑，而建设高标准市场体系的关键，是不断地完善产权、市场准入、公平竞争等基础性制度。要想处理好政府和市场的关系，更好地发挥政府作用，就应当继续减少政府对资源的直接配置，提升政府的宏观经济治理能力，维护宏观经济的稳定。在畅通国内大循环的同时，继续实行高水平对外开放，构建国内国际“双循环”的新发展格局。积极推进社会主义市场经济法治体系的建设，为全面改革和经济社会可持续发展提供稳定可靠的法治保障。

随着决胜全面建成小康社会取得决定性成就，从2021年起，中国进入新发展阶段，在新发展理念的指引下，中国已踏上全面建设社会主义现代化国家新征程。我们坚信，只要坚持全面深化改革，继续扩大开放，不断完善高水平社会主义市场经济体制，中国的经济增长就会获得绵绵不绝的内在动力，经济发展和社会进步将会迈上新台阶。

CONTENTS

# 目　录

CHAPTER 1

# 第一章

# 建立与完善社会主义市场经济体制是改革开放以来最主要的制度创新

1978年党的十一届三中全会决定实行改革开放，这是中国的第二次革命。这次革命的主要内容，是从传统计划经济体制转变为社会主义市场经济体制。社会主义市场经济体制就是中国特色社会主义经济制度。建立社会主义市场经济体制是中国特色社会主义的重大理论和实践创新。社会主义市场经济理论是中国共产党和经济学界对马克思主义经济学的划时代贡献。经济是庞大的社会结构的基础。随着经济制度的变革及其带来的经济飞速发展，上层建筑各个领域也随之发生变革，逐步形成包括中国特色社会主义经济、政治、文化、社会、生态文明等的制度体系。这说明，建立与完善社会主义市场经济体制，是中国改革开放以来最主要的制度创新。

2020年5月，《中共中央　国务院关于新时代加快完善社会主义市场经济体制的意见》公布，这是中国特色社会主义进入新时代后，站在新的历史起点上，按照党的十九大报告和党的十九届四中全会精神，针对推动经济高质量发展还有不少体制性障碍，还有一些改革攻坚任务，必须进一步解放思想，坚定不移深化市场化改革，扩大高水平开放，不断在关键性基础性重大改革上突破创新，加快建设高水平的社会主义市场经济体制，而确定的顶层设计和行动纲领。落实文件的各项要求，对2020年全面建成小康社会，特别是对2021年开启的全面建设现代化经济体系，具有重要意义。

# 第一节

## 中国改革开放从经济领域起步，中心是从计划经济体制转向市场经济体制

1978年底中国实行改革开放的同时，提出终止“以阶级斗争为纲”，明确应以经济建设为中心。因此，改革开放从经济领域起步，开始在社会经济活动中引入市场机制，使经济开始活跃起来。第一，农村实行家庭联产承包责任制，给农民生产经营自主权。这一下子调动了农民的积极性，大大解放了社会生产力，农业生产迅速增长。1978—1985年，农林牧渔业总产值年均增长率达到7.1%，大大高于一般年均2%—3%的增速。第二，逐步放开价格，头几年调整价格也是为了接着放开价格。结果是，放开到哪里活到哪里，哪种商品价格放开，哪种商品开始涨点价后就丰富起来，市场供应充足，品种增加，质量提高，实行了一二十年多达上百种的票证一个个被取消。到20世纪90年代中后期，中国已实现由困扰中国人民几十年的卖方市场向老百姓梦寐以求的买方市场转变。第三，打破“一大二公”格局。为缓解严重的失业问题（1979年城镇有2000万失业人员），先是允许个体经济存在，接着允许雇工和私营经济存在和发展。这种势头一直持续到实行改革开放后的40年及以后。民营经济已经日益稳定地成为新增就业岗位的主渠道。国有企业则是在1993年党的十四届三中全会通过了《中共中央关于建立社会主义市场经济体制若干问题的决定》，明确改革的方向是建立现代企业制度以后，逐步推进制度创新的。第四，打开国门，对外开放，建立经济特区，利用外资，让中国经济逐渐融入全球化，以开放促改革、促发展。总之，中国的改革开放始终是以经济的改革开放为重点的。2012年党的十八大提出全面深化改革任务后，2013年党的十八届三中全会在《中共中央关于全面深化改革若干重大问题的决定》中仍明确指出，“经济体制改革是全

面深化改革的重点”“发挥经济体制改革牵引作用”。

传统的社会主义经济体制是高度集中和以指令性计划为标志的计划经济体制，排斥市场机制，不尊重价值规律的作用，严重束缚了企业和广大劳动者的积极性和主动性，不利于社会生产力的发展。尽管早在20世纪50年代和60年代，一些有识之士包括经济学家就发现了计划经济体制的不少弊端并提出某些大胆的改革举措，要求利用市场机制，尊重和发挥价值规律的作用，但是这些举措没有被决策者采纳，一些有识之士包括经济学家在“文化大革命”中遭到无情的打击和迫害。那时，也曾对经济体制的某些环节进行过调整和修补，但多是在中央和地方关系的放权和收权范围内兜圈子，陷入“一放就乱、一乱就收”的怪圈中，不能自拔。

1978年底党的十一届三中全会所作决定的伟大功绩在于，明确要推进经济管理体制的实质性改革，要求尊重客观经济规律，尊重价值规律，并立即着手“摸着石头过河”，开展上面提到的几大方面的改革，相应地对沿袭多年的各项经济政策作重大的调整。改革开放初期，即20世纪80年代，社会各界特别是经济学界，就对以指令性计划为主要标志的计划经济体制要不要作根本性改革，展开过热烈的讨论。由于改革初期引入市场机制很快就把国民经济搞活了，生产不断发展，物资供应日渐丰富，市场逐步繁荣，人民生活水平日益提高，因此主张从根本上改革传统计划经济体制的主张占了上风。1992年，党的十四大正式宣布：“我国经济体制改革的目标是建立社会主义市场经济体制。”并明确指出：“我们要建立的社会主义市场经济体制，就是要使市场在社会主义国家宏观调控下对资源配置起基础性作用。”这就意味着长达十几年甚至几十年关于计划与市场的争论、计划经济与市场经济的争论，基本上画上了一个句号，也意味着社会主义市场经济从理论走向实践。

1978年改革开放以前，一般都认为，社会主义=公有制+按劳分配+计划经济。改革开放后，中国特色社会主义的定义已有重大改变，如表1–1所示。

表1-1　社会主义“三位一体”公式

| 项目 | 传统社会主义 | 中国特色社会主义 |
|---|---|---|
| 所有制结构 | 公有制一统天下 | 公有制为主体，多种所有制经济共同发展 |
| 分配制度 | 按劳分配 | 按劳分配为主体，多种分配方式并存 |
| 资源配置方式 | 计划经济 | 市场经济 |

从表1-1可以看出，在关于社会主义“三位一体”公式中，改革开放后变化最大的，正是运行机制或资源配置方式，从计划经济体制变为市场经济体制，从计划配置资源变为市场配置资源。经济学初始原理告诉我们，资源的稀缺性要求我们优化资源配置，不断提高资源利用效率。中外经济发展实践证明，由市场配置资源比由计划配置资源效率更高，所以建立和完善社会主义市场经济体制，是中国经济体制改革唯一正确的选择，也是中国经济改革中最主要的制度创新。

从一定意义上说，在经济体制改革过程中，所有制结构的调整和改革，分配方式的改变，也是由经济改革的目标是建立社会主义市场经济体制决定的。市场经济是在市场竞争中发展的众多具有独立利益的经济主体。单一的经济主体不可能搞市场经济，单一的公有制是排斥市场经济的。多种所有制经济主体的存在和竞争，是市场经济活动的基础和必要前提。因此，推进市场化改革，就必须相应地调整和改革所有制结构，打破公有制一统天下的局面，允许个体、私营、外资经济和公有制经济平等竞争、共同发展。所有制方式决定分配方式。所有制调整改革为公有制为主体，多种所有制经济共同发展后，分配方式随之要改变单一的按劳分配，改为按劳分配为主体，多种分配方式并存。本来市场经济通行的是按要素对财富创造的贡献参与分配，因此多种分配方式可以理解为按生产要素对财富创造的贡献参与分配。由于社会主义市场经济体制是以公有制为主体的，而公有制的分配方式是按劳分配，所以仍要以按劳分配为主体。

由上可见，中国经济体制改革主要是用市场经济体制取代原来的计划经济体制，我们也通常简称中国的经济体制改革为市场化改革，或如党的十八届三中全会在《中共中央关于全面深化改革若干重大问题的决定》中所说的，“紧紧围绕使市场在资源配置中起决定性作用，深化经济体制改革”。

# 第二节

## 经济体制改革的历程是扩大和深化市场化历程

转向社会主义市场经济的制度创新，是逐步向前推进，不是快速转轨一步到位的。改革开放之初，中国经济落后、人民收入和生活水平很低，经受不起快速转轨带来的社会动荡。特别是，我们长久生活在计划经济体制下，改革的目标一下子也确定不了，只能摸着石头过河，河对岸是什么样子绝大多数人没有谱，要逐步探索积累经验才能明晰。

改革开放40多年，中国的市场化改革大体经历了如下四个阶段。

第一阶段（1978—1983年）：尊重价值规律，引入市场机制。

中国改革开放一开始，就明确经济工作必须尊重客观经济规律、尊重价值规律。党的十一届三中全会公报在宣告实行改革开放时，就提出要从1979年起提高农产品收购价格（实际平均提价24.8%），改变工农产品比价严重扭曲的现象。这是尊重价值规律的具体行动。

改革初期农村实行家庭联产承包责任制，给农民生产经营自主权，农民可以开始按市场需求和价格高低调整生产经营，从而大大调动了农民的生产积极性、主动性，这项措施可以看作引入市场机制的成功尝试。

自1979年起个体经济恢复和发展（到1984年城乡已有1300多万从业人员），搞活了一部分流通，繁荣了市场，更是引入市场机制的具体体现。

引入市场机制还突出地表现在放开价格方面。市场机制的核心是价格机制。放开价格是市场机制发挥作用的关键。中国从1982年起，就陆续放开工业小商品价格，第一批为6类160种，第二批为8类350种。1984年10月进一步规定：除各级政府必须管理的少数品种外，放开小商品价格。中国是一个大国，各地千差万别，有的地区价格改革先行一步，收到良好效果。早在1978年8月，广州市就决定把沿袭多年的蔬菜购销由国家定价改为购销双方在一定幅度内议价成交。蔬菜价格引入市场机制后，菜价上扬从而吸引了四面八方的蔬菜源源而来，一年四季蔬菜充足，几十个品种任你选择，起初一度急升的菜价很快逐步回落。到1984年11月1日，广州蔬菜市场和价格全面放开。2个月后，广州在全国率先放开猪肉价格；再过3个月，又率先放开水产品价格。鱼价放开之初，塘鱼价格曾涨至平均每千克6元左右，价值规律很快刺激了广东塘鱼生产的大发展，不到一年便平抑了鱼价。到了广东全面取消水产品派购任务的1985年，广州塘鱼价格稳定在每千克4元左右，成为全国鱼价最低，也是最早解决“吃鱼难”问题的大城市。广州市在20世纪六七十年代时票证最多，达118种，随着一样一样商品价格放开和市场供应充足，票证一种一种被取消。1982年还有48种票证，1983年减至21种，1984年剩下6种，1988年只剩下粮票、糖票2种，不久连这2种也取消了[1]。中国的其他大中城市，都逐步走了广州那样放开价格的路子。

第二阶段（1984—1991年）：确认社会主义经济具有商品经济的属性。

在1979年4月第二次全国经济讨论会上，参会的大多数经济学家都肯定社会主义经济也是一种商品经济，或具有商品经济的属性，价值规律在社会经济活动中起调节作用[2]。但是，也有一些经济学家对此持反对态度，并一度引发激烈的争论。其中最突出的是，1982年，在党的十二大报告起草过程中，参加起草工作的林涧青等5位同志，给当时主管意识形态工作的胡乔木同志写了一封信，信中针对那时在经济理论界占主流地位的强调市场机制的作用、认为社会主义经济也是一种商品经济的主张提出批评。信中提到：“在我国，尽管还存在商品生产和商品交换，但是绝不能把我们的经济概括为商品经济。如果作这样的概括，那就会把社会主义条件

[1] 《广州放开农产品价格——中国价格改革由此开端》，《粤港信息日报》1998年7月5日。

[2] 中国社会科学院经济研究所资料室、国家计委经济研究所资料室、江苏省哲学社会科学研究所资料室编《社会主义经济中计划与市场的关系（上、下）》，中国社会科学出版社，1980。

下人们之间的共同占有、联合劳动的关系，说成是商品等价物交换的关系；就会认定支配我们经济活动的，主要是价值规律，而不是社会主义的基本经济规律和有计划发展规律。这样就势必模糊有计划发展的社会主义经济和无政府状态的资本主义经济之间的界限，模糊社会主义经济和资本主义经济的本质区别。”[1]1982年8月，胡乔木批转了这封信。这样，有一年左右的时间，国内出现了一些批判社会主义经济也是一种商品经济的文章，强调社会主义经济是计划经济和指令性计划作用的文章占了上风。但是在实践中，市场取向改革却没有停歇，在市场机制作用下经济继续活跃起来，在这种现实背景下，从1983年下半年开始，社会主义商品经济论重新登上中国的论坛。特别是，1984年10月20日党的十二届三中全会作出了《中共中央关于经济体制改革的决定》，肯定了我国社会主义经济是公有制基础上的有计划的商品经济，以党的文件方式对经济学界这几年的争论作了总结。该决定指出：“改革计划体制，首先要突破把计划经济同商品经济对立起来的传统观念，明确认识社会主义计划经济必须自觉依据和运用价值规律，是在公有制基础上的有计划的商品经济。商品经济的充分发展，是社会经济发展不可逾越的阶段，是实现我国经济现代化的必要条件。只有充分发展商品经济，才能把经济真正搞活，促使各个企业提高效率，灵活经营，灵敏地适应复杂多变的社会需求，而这是单纯依靠行政手段和指令性计划所不能做到的。”从此，社会主义具有商品经济属性已逐渐成为人们的共识。

肯定社会主义经济也是商品经济后，市场化改革步伐加快。1985年1月1日，放开农产品价格，规定从当年起，除个别品种外，国家不再向农民下达农产品收购派购任务，按照不同情况，分别实行合同订购和市场收购。1986年，放开了自行车、收录机、电冰箱、洗衣机、黑白电视机、中长纤维布和80支以上棉纱制品等工业消费品价格。由于逐步放开工农业消费品价格，在商品零售总额中，市场调节价比重逐步提高，到1990年已超过半数，如表1-2所示。

---

[1] 彭森、陈立等：《中国经济体制改革的重大事件》（上），中国人民大学出版社，2008，第120页。

表1-2 社会商品零售总额中各种价格所占比重（%）

| 年份 | 国家定价 | 国家指导价 | 市场调节价 |
|---|---|---|---|
| 1978 | 97.0 | — | 3 |
| 1984 | 73.5 | 10.5 | 16 |
| 1990 | 29.8 | 17.2 | 53 |

资料来源：成致平：《价格改革三十年（1977—2006）》，中国市场出版社，2006年版，第648页。

工业生产资料价格市场化改革也跟着开展。中国市场化价格改革的进展还表现在：1984—1991年实行工业生产资料价格双轨制及顺利并为市场价格单轨制。1984年5月20日，国务院规定，工业生产资料属于企业自销（占计划内产品的2%）的和完成计划后的超产部分，一般在不高于国家定价20%的幅度内，企业有权自定价格，或由供需双方在规定的幅度内协商定价。1985年1月24日，国家物价局和国家物资局又通知，工业生产资料属于企业自销和完成国家计划后的超产部分的出厂价格，取消原定的不高于国家定价20%的规定，可按稍低于当地的市场价格出售，参与市场调节。此后，实行双轨制价格的产品种类迅速增加，很快就几乎遍及所有产品。据1988年统计，在重工业品出厂价格中，按国家定价销售的比重，采掘业产品为95.1%，原材料产品为74.6%，加工业产品为41.4%。工业生产资料双轨价差，主要受供求关系变化影响。1985年12月底估计，市场价格水平一般高于国家定价1倍左右，基本上是正常的。此后，在投资需求过旺的拉动下，供不应求，价差扩大，到1988年底，双轨价差已远超1倍。由于价差很大，造成市场秩序混乱，人们热衷于倒买倒卖工业生产资料，以权谋私活动猖獗。1990年、1991年，由于国家实行治理整顿、紧缩经济政策见效，供求矛盾趋于缓和，生产资料市场价格回落，双轨价差缩小，一般回落至高出计划价格1倍以内甚至50%以内。国家物价主管部门利用这个良机对绝大多数工业生产资料价格进行并轨，并为市场单轨价，从而使价格市场化改革又迈出一大步。

由于价格领域市场化改革取得不小进展，1987年，党的十三大报告明确提出："要逐步建立少数重要商品和劳务价格由国家管理，其他大量商品和劳务价格由市场调节的制度。"这实质上是要建立市场价格体制，比1992年党的十四大确立社会主义市场经济体制改革目标早了整整5年。所以我们说，在那个时候，价格改革走在经济体制改革的前列。到1992年，市场调节价的比重，在社会商品零售环节已占93%，在农产品收购环节已占82%，在工业生产资料出厂环节已达74%，在服务业中也已达64%[1]。

个体经济、私营经济继续发展。随着个体经济的发展，私营经济自然接踵而来。1987年党的十三大报告指出："私营经济一定程度的发展，有利于促进生产，活跃市场，扩大就业，更好地满足人民多方面的生活需求，是公有制经济必要的和有益的补充。"1988年，各地工商行政管理机构开始为私营企业办理注册登记业务，从此私营企业可以名正言顺地发展了。到1991年，中国个体工商户、私营经济发展状况如表1–3所示。

表1–3　1991年中国个体工商户、私营经济发展状况

| 项目 | 户数/户 | 从业人员/万人 | 注册资金/亿元 |
| --- | --- | --- | --- |
| 个体工商户 | 14170000 | 2308 | 488 |
| 私营经济 | 107843 | 184 | 123 |

资料来源：张卓元、胡家勇、刘学敏：《论中国所有制改革》，江苏人民出版社，2001年版，第53页、第75页。

第三阶段（1992—2012年）：确立社会主义市场经济体制改革目标后市场化改革大步推进。

1992年，党的十四大确立社会主义市场经济体制改革目标。紧接着，1993年，党的十四届三中全会决定将社会主义市场经济体制改革目标具体化，明确了新体制的基本框架是："建立社会主义市场经济体制，就是要使市场在国家宏观调控下对

[1] 张卓元：《中国价格改革目标的较早确立及其影响——纪念价格改革40周年》，《价格理论与实践》2018年第12期。

资源配置起基础性作用。为实现这个目标，必须坚持以公有制为主体、多种经济成份共同发展的方针，进一步转换国有企业经营机制，建立适应市场经济要求，产权清晰、权责明确、政企分开、管理科学的现代企业制度；建立全国统一开放的市场体系，实现城乡市场紧密结合，国内市场与国际市场相互衔接，促进资源的优化配置；转变政府管理经济的职能，建立以间接手段为主的完善的宏观调控体系，保证国民经济的健康运行；建立以按劳分配为主体，效率优先、兼顾公平的收入分配制度，鼓励一部分地区一部分人先富起来，走共同富裕的道路；建立多层次的社会保障制度，为城乡居民提供同我国国情相适应的社会保障，促进经济发展和社会稳定。这些主要环节是相互联系和相互制约的有机整体，构成社会主义市场经济体制的基本框架。”

经济体制改革目标明确和具体化后，市场化改革大步向前。第一，国有企业不再实行承包制，开始真正的制度创新。国有大中型企业积极推进公司制股份制改革。1997年，党的十五大报告提出，公有制实现形式可以而且应当多样化。股份制是现代企业的一种资本组织形式，社会主义也可以用。这就为公有制同市场经济的结合、国有企业与市场经济相适应，找到了一条可行的路子。党的十五大报告还指出，要从战略上调整国有经济布局。对关系国民经济命脉的重要行业和关键领域，国有经济必须占支配地位。在其他领域，可以通过资产重组和结构调整，以加强重点，提高国有资产的整体质量。要着眼于搞好整个国有经济，抓好大的，放活小的，对国有企业实施战略性改组。党的十五大和党的十五届一中全会还提出，用三年左右的时间，使大多数国有大中型亏损企业摆脱困境，力争到20世纪末大多数国有大中型骨干企业初步建立现代企业制度。这个目标已于2000年顺利实现。

1999年，党的十五届四中全会还专门就国有企业改革和发展问题作出决定，在关于从战略上调整国有经济布局方面提出坚持有进有退、有所为有所不为。在关于推进国有企业战略性改组方面提出放开搞活国有中小企业。在关于建立和完善现代企业制度方面提出公司法人治理结构是公司制的核心。要明确股东会、董事会、监事会和经理层的职责，形成各负其责、协调运转、有效制衡的公司法人治理结构。2002年，党的十六大报告又进一步部署了国有资产管理体制改革，建立中央政府和地方政府（省、市两级）国有资产监督管理委员会（简称“国资委”），分别代表国家行使国有企业出资人职责。

经过近20年的公司制股份制改革，到2012年底，90%以上的国有企业已完成了公司制股份制改革，中央企业净资产的70%已在上市公司，中央企业及其子企业引入非公有资本形成的混合所有制企业户数已占总户数的52%。在改革的推动下，国有企业发展势头良好，效益提高，如表1–4所示。

表1–4　1998—2012年国有企业发展若干经济指标

| 项目 | 1998年 | 2003年 | 2012年 |
|---|---|---|---|
| 国有企业户数/万户 | 23.80 | 14.60 | 14.50 |
| 资产/万亿元 | 14.87 | 19.78 | 85.37 |
| 营业收入/万亿元 | — | 10.73 | 41.38 |
| 利润总额/亿元 | 213.70 | 3202.00 | 16100.00 |
| 上缴税金/亿元 | — | 8362.00 | 33500.00 |
| 中央企业数/户 | — | 196.00 | 116.00 |
| 央企利润总额/亿元 | — | 3006.00 | 11315.00 |
| 央企税金总额/亿元 | — | 3563.00 | 14058.00 |

资料来源：邵宁主编：《国有企业改革实录（1998—2008）》，经济科学出版社，2014年版；《党的十八届三中全会〈决定〉学习辅导百问》编写组编著：《党的十八届三中全会〈决定〉学习辅导百问》，党建读物出版社、学习出版社，2013年版；迟福林主编：《市场决定——十八届三中全会后的改革大考》，中国经济出版社，2014年版。

注：表中2012年央企利润总额和央企税金总额均为2011年的数据。

第二，个体私营等非公有制经济快速发展，1997年党的十五大宣告公有制为主体、多种所有制经济共同发展的基本经济制度已经建立起来。私营企业户数1993年、1994年、1995年均比上年增加超过50%，1996—2002年每年增幅也超过15%。表1–5和表1–6分别是个体工商户、私营经济1992—2012年发展状况统计表。

表1-5　1992—2012年全国个体工商户发展状况

| 年份 | 数量/万户 | 人数/万人 | 注册资金/亿元 |
|---|---|---|---|
| 1992 | 1534 | 2468 | 601 |
| 2002 | 2377 | 4743 | 3782 |
| 2012 | 4059 | 8000 | 19800 |

资料来源：《〈中共中央关于完善社会主义市场经济体制若干问题的决定〉辅导读本》编写组编：《〈中共中央关于完善社会主义市场经济体制若干问题的决定〉辅导读本》，人民出版社，2003年版；《〈中共中央关于全面深化改革若干重大问题的决定〉辅导读本》编写组编：《〈中共中央关于全面深化改革若干重大问题的决定〉辅导读本》，人民出版社，2013年版。

表1-6　1992—2012年全国私营经济发展状况

| 年份 | 数量/万户 | 人数/万人 | 注册资金/亿元 |
|---|---|---|---|
| 1992 | 14 | 232 | 221 |
| 2002 | 243 | 3409 | 24756 |
| 2012 | 1086 | 12000 | 310000 |

资料来源：《〈中共中央关于完善社会主义市场经济体制若干问题的决定〉辅导读本》编写组编：《〈中共中央关于完善社会主义市场经济体制若干问题的决定〉辅导读本》，人民出版社，2003年版；《〈中共中央关于全面深化改革若干重大问题的决定〉辅导读本》编写组编：《〈中共中央关于全面深化改革若干重大问题的决定〉辅导读本》，人民出版社，2013年版。

改革开放后，我国开始利用外资，1992年确立社会主义市场经济体制改革目标后，吸收和利用外资走上快车道。到2012年底，全国外商投资企业共440609家，投资总额为32610亿美元，注册资本为18814亿美元，其中外方注册资本为14903亿美元。

由于个体工商户、私营企业和外资企业的不断发展，到2012年，我国非公有制经济对GDP（国内生产总值）的贡献率已超过60%，对城镇就业岗位的贡献率已超过80%，对促进经济增长、活跃经济生活、满足人民群众多方面需要起着不可替代的作用。

第三，经济运行机制也在加快转换，市场在资源配置中逐渐起基础性作用。到

20世纪末，我国商品和服务价格已基本上放开由市场调节，统一开放、竞争有序的市场体系已初步建立，我国经济市场化程度一般估计已达70%，市场格局也发生了重大变化，买方市场已取代卖方市场。根据国家国内贸易局对600余种主要商品供求状况的调查结果显示，到1998年上半年，中国消费品零售市场上已经没有供不应求的商品，而供过于求的商品的比例已占25.8%[1]。

进入21世纪后，为配合2005年提出的着力转变经济增长方式，建设资源节约型和环境友好型社会，积极推进资源产品价格改革，坚持市场化方向，提高市场化程度政策，采取了一系列措施。首先是放开煤炭价格，由市场调节。其次是深化成品油价格改革，到2012年我国成品油价格已与国际市场原油价格接轨。再次是深化天然气价格改革，建立天然气价格与可替代能源价格挂钩的动态调整机制，2012年以后，实现了非居民用天然气存量气与增量气价格并轨。2006年以后，逐步提高一直严重偏低的水价，调整水资源费、排污费和污水处理费。各地还逐步对居民实施阶梯水价、电价、天然气价，鼓励节约资源，效果显著。

生产要素价格市场化改革也逐步推进。劳动力市场中农民工工资已由市场形成。利率市场化程度不断提高，先是放开贷款利率，后是放开存款利率，包括上浮幅度。随着外汇体制改革的不断深化，汇率形成机制的市场化程度日益提高，在20世纪末就已经实现了经常账户下的人民币可兑换，资本项目可兑换也在逐步推进。土地市场和价格也在逐步提高市场化程度。

第四，2001年11月中国加入世界贸易组织。这是顺应经济全球化的重大举措。加入世界贸易组织，表明中国对外开放进入新阶段。在入世谈判过程中，不少人忧心忡忡，认为入世会影响国家经济安全，包括金融业、商业、农业、信息业等产业会受到很大冲击。但中国入世后的实践证明，入世对中国利大于弊，原来的许多担心都没有出现。入世后，中国对外经济贸易关系获得快速发展，提高了我国的开放型经济水平。据世界贸易组织统计，2002—2012年，我国出口总额年均增速达到

[1] 刘国光主编《中国十个五年计划研究报告》，人民出版社，2006，第613页。

21.3%，在全球的位次由第六位升至第一位。2012年，我国货物出口占全球的比重达到11.2%；货物贸易进出口总额为38670亿美元，居世界第二位；我国服务贸易进出口总额为4710亿美元，居世界第三位，其中服务出口居世界第五位。2012年我国对外直接投资额为878亿美元，居世界第三位[1]。

第五，财税改革迈出重要步伐。1994年，经过多方谈判协调，实现了用市场经济国家通行的分税制代替原来落后的地方财政包干制，使中央财政收入占全国财政收入的比重逐步达到50%，从而增强了中央政府用财政政策调控宏观经济的能力。在分税制中，增值税是最大的税种，实行中央与地方分成，中央75%，地方25%。消费税则全归中央。增值税和消费税比上年增长的部分以1：0.3的比例返还地方。这一改革一方面促进了财政收入的迅速增长，1993年全国财政收入为4348.95亿元，而到2012年，全国财政收入跃增至117253.52亿元，增长了26倍；另一方面中央财政收入所占比重提高，1993年为22%，此后一直维持在50%左右，2012年为48%左右。

2003年党的十六届三中全会作出了完善社会主义市场经济体制的决定。此后到2012年，市场化改革主要围绕完善新体制进行。主要包括：2005年以来上市公司股权分置改革，四大国有商业银行整体上市；自2006年起取消农业税，推进集体产权制度改革；2005年人民币汇率形成机制改革、增值税转型、企业和个人所得税制改革、资源税费改革、房地产税改革试点、以全覆盖为目标的社会保障体系建设、医疗卫生体制改革、文化体制改革等。这些改革均取得成效，但离完善新体制要求还有不少距离。

第四阶段（2013—2020年），紧紧围绕市场在资源配置中起决定性作用，使社会主义市场经济制度更加成熟、更加定型。

2013年，党的十八届三中全会作出了《中共中央关于全面深化改革若干重大问

[1] 高虎城：《加快培育参与和引领国际经济合作竞争新优势》，载《〈中共中央关于全面深化改革若干重大问题的决定〉辅导读本》，人民出版社，2013，第197—198页。

题的决定》，吹响了全面深化改革的号角，开启了全面深化改革的新征程。该决定中经济改革部分的最大亮点，是用“市场在资源配置中起决定性作用”的提法，代替已沿用21年的“市场在资源配置中起基础性作用”的提法，并指出紧紧围绕使市场在资源配置中起决定性作用深化经济体制改革。“决定性”和“基础性”只有两字之差，但含义却有相当大的区别。决定性作用能够更加确切和鲜明地表述市场机制对资源配置的支配作用，更好地体现市场经济的基本规律即价值规律的内在要求。提出市场在资源配置中起决定性作用，主要指向有以下三点：

第一，解决政府对资源直接配置过多和对微观经济活动干预过多的问题。直到2012年，中国经济体制存在最突出的问题是政府对资源的直接配置过多和对微观经济活动干预过多。一些地方政府公司化倾向严重，追求本地区短期生产总值增幅最大化，为此经常干预微观经济活动，特别是不惜拼资源、拼环境，大量资源被低效利用，浪费严重，同时造成环境污染和生态破坏，债台高筑，而对民生问题重视不够，老百姓怨言不少。一些行政部门还热衷于维持审批体制，追求部门利益，有些官员甚至搞权钱交易违法谋取私利。与此同时，政府在向老百姓提供基本公共服务、维护公平竞争市场环境、监管食品药品安全、保护与治理环境、安全生产等方面又做得很不到位。所以，《中共中央关于全面深化改革若干重大问题的决定》指出：“必须积极稳妥从广度和深度上推进市场化改革，大幅度减少政府对资源的直接配置，推动资源配置依据市场规则、市场价格、市场竞争实现效益最大化和效率最优化。”此后，各级政府大力推进简政放权、放管结合、优化服务改革（简称“放管服”改革）。李克强总理在2017年3月5日作的《政府工作报告》中提到：“在提前完成本届政府减少行政审批事项三分之一目标的基础上，去年又取消165项国务院部门及其指定地方实施的审批事项，清理规范192项审批中介服务事项、220项职业资格许可认定事项。”在2019年作的《政府工作报告》中又提到：“推行网上审批和服务，抓紧建成全国一体化在线政务服务平台，加快实现一网通办、异地可办，使更多事项不见面办理，确需到现场办的要‘一窗受理、限时办结'‘最多跑一次’。”2016—2020年，减税降费累计将达7.6万亿元。相对而言，地方政府改革力度需要加大一些。地方政府如何大幅减少对资源的直接配置，如何逐步摆脱对土地财政的依赖，如何硬化财政约束和不再无序扩张债务，如何更好地履行政府公共服务、市场监管、社会治理、保护环境等职责，都有待交出更好的答卷。

第二，解决市场体系不健全、没有真正形成公平竞争的市场环境的问题。要使市场在资源配置中起决定性作用，需要有全国统一开放的市场体系和公平竞争的市场环境。直到2012年，我国的市场体系还不够完善，主要表现为生产要素价格市场化程度不够高，要素市场化配置体制机制不够完善。这同政府的不当干预过多有关，也同市场发育不够成熟有关。市场公平竞争环境也不健全，有的地方政府搞市场封锁，对外地产品和流向外地的原材料搞价格歧视；搞行政垄断和经济垄断，滥用市场支配地位，妨碍竞争，谋求不正当利益；为鼓励本地区高耗能产品生产的发展，不顾国家禁令实行优惠电价，违规实行低地价、零地价招商引资；放纵排污和违规实施税收优惠政策；等等。

我国要素市场在2013年以后发展迅速。2019年银行间债券市场成交量达218万亿元，A股总市值达59.29万亿元，土地出让面积和金额分别达22.58万公顷和6.98万亿元，城镇新增就业1352万人，全国技术合同成交额达到2万亿元[1]。但是要素市场化配置仍然存在一些体制机制障碍。针对存在的问题，2020年3月30日，《中共中央　国务院关于构建更加完善的要素市场化配置体制机制的意见》发布，提出了土地、劳动力、资本、技术、数据五个要素领域的改革方向。比如劳动力要素改革部分，提出探索推动在长三角、珠三角等城市群率先实现户籍准入年限同城化累计互认，放开放宽除个别超大城市外的城市落户限制，试行以经常居住地登记户口制度。又如数据要素改革部分，提出着力加快培育数据要素市场。通过制定出台新一批数据共享责任清单、探索建立统一的数据标准规范、支持构建多领域数据开发利

[1] 陆娅楠：《要素市场化配置改革迈大步》，《人民日报》2020年4月10日第6版。

用场景，全面提升数据要素价值。意见还提出完善主要由市场决定要素价格机制。包括完善城乡基准地价、标定地价的制定与发布制度，逐步形成与市场价格挂钩的动态调整机制；健全最低工资标准调整、工资集体协商和企业薪酬调查制度；稳妥推进存贷款基准利率与市场利率并轨，提高债券市场定价效率，健全反映市场供求关系的国债收益率曲线，更好发挥国债收益率曲线定价基准作用；增强人民币汇率弹性，保持人民币汇率在合理均衡水平上的基本稳定。

深化商品和服务价格市场化改革取得新进展。截至2017年底，97%以上的商品和服务价格已由市场形成，一些重要领域如电力、成品油、天然气、铁路运输等的价格市场化程度进一步提高。经国务院批准，国家发展和改革委员会对《中央定价目录》（2015年版）进行了修订，修订后的定价项目缩减近30%，自2020年5月1日起施行。修订后的目录主要包括输配电、油气管道运输、基础交通运输、重大水利工程供水、重要邮政服务、重要专业服务、特殊药品及血液等7类16项[1]。

党的十八届三中全会通过的《中共中央关于全面深化改革若干重大问题的决定》公布后，营商环境不断优化，充分激发了我国的市场活力和创造力。自2014年起，全国平均每天新设企业都在万户以上，2017年达1.66万户，2018年达1.8万户，2019年达1.9万户，而商事制度改革前的2013年为6900户。世界银行发布的《全球营商环境报告2020》显示，中国营商环境得分排名已跃升至第31位，而2017年还是第78位[2]。

该决定提出："探索对外商投资实行准入前国民待遇加负面清单的管理模式。"5年多过去了，2019年3月15日，《中华人民共和国外商投资法》已由第十三届全国人大第二次会议通过。该法律第四条规定："国家对外商投资实行准入前国民待遇加负面清单管理制度。"2019年6月30日，国家发展和改革委员会、商务部发布《外商投资准入特别管理措施（负面清单）（2019年版）》《自由贸易试验区

[1] 陆娅楠：《〈中央定价目录〉项目缩减近30%》，《人民日报》2020年3月17日第2版。

[2] 钟声：《主动开放，与世界共赢》，《人民日报》2019年10月28日第3版。

外商投资准入特别管理措施（负面清单）（2019年版》和《鼓励外商投资产业目录（2019年版）》。外资准入负面清单经过几次修订，2018年版保留的限制措施与2011年版相比减少约3/4，制造业基本放开，服务业和其他领域也有序开放。2019年版外资准入负面清单进一步缩短了清单长度，其中，全国外资准入负面清单条目由48条减至40条，自贸试验区外资准入负面清单条目由45条减至37条。鼓励外商投资领域有较大幅度增加。2019年版鼓励目录总条目1108条，其中全国目录415条，与2017年相比增加67条、修改45条；中西部目录693条，与2017年相比增加54条、修改165条[1]。

第三，解决对非公有制经济的歧视性规定，包括消除各种隐性壁垒等问题。直到2012年，无论是理论界还是经济界，总是有人认为非公有制经济是陈旧的、落后的生产方式，对非公有制经济在社会主义市场经济中的地位和作用估计不足，不承认非公有制经济同公有制经济一样都是我国经济社会的基础。党的十八届三中全会在《中共中央关于全面深化改革若干重大问题的决定》中明确指出："公有制经济和非公有制经济都是社会主义市场经济的重要组成部分，都是我国经济社会发展的重要基础。"此后，通过改善营商环境、积极发展混合所有制经济、鼓励社会资本参与各地基础设施建设、鼓励和规范对外投资等，促进非公有制经济发展。但是，在2017年和2018年初，社会上又出现了一些怀疑、否定民营经济的言论，在政策上歧视民营经济的做法也时有发生。有人提出所谓"民营经济离场论"，说民营经济已经完成使命，要退出历史舞台；有人提出所谓"新公私合营论"，把现在的混合所有制改革曲解为新一轮"公私合营"；有人说加强企业党建和工会工作是要对民营企业进行控制；等等。2018年11月1日，习近平总书记对这些错误观念进行了批评，指出上述说法是完全错误的，不符合党的大政方针。习近平总书记指出："截至2017年底，我国民营企业数量超过2700万家，个体工商户超过6500万户，注册资本超过165万亿元。概括起来说，民营经济具有'五六七八九'的特征，即贡献

[1] 陆娅楠：《一减一增，外资准入再放宽》，《人民日报》2019年7月1日第2版。

了50%以上的税收，60%以上的国内生产总值，70%以上的技术创新成果，80%以上的城镇劳动就业，90%以上的企业数量。”“民营经济是我国经济制度的内在要素，民营企业和民营企业家是我们自己人。”“在全面建成小康社会，进而全面建设社会主义现代化国家的新征程中，我国民营经济只能壮大，不能弱化，不仅不能‘离场’，而且要走向更加广阔的舞台。”[1]讲话还提出了六方面政策举措支持民营企业发展壮大。在这之后，民营经济发展势头良好。

党的十八届三中全会在所作的决定中提出要积极混合所有制经济，这是基本经济制度的重要实现形式，也是深化国企改革的重大举措。

第一，改革开放以来，随着经济腾飞，国有资本、民间资本、外商直接投资均有巨大增长，因此，从社会层面来看，中国经济已经是混合经济了。《中共中央关于全面深化改革若干重大问题的决定》中说的积极发展混合所有制经济，主要是指微观层面的，即要积极发展国有资本、集体资本、非公有资本等交叉持股、相互融合的混合所有制企业。这样一方面有利于国有资本放大功能、保值增值；另一方面有利于各种所有制资本取长补短、相互促进、共同发展。长时期的改革实践告诉我们，公司制可以是国有独资公司，股份制也可以是几个国有企业入股的股份公司，只有混合所有制经济才是真正投资主体多元化的经济实体，而投资主体多元化正是国企公司制股份制改革以克服原来国有制弊端和提高效率的重要要求。在这个意义上，可以说，混合所有制是股份制的发展形态和升级版。

第二，积极发展混合所有制经济也有重要的指向。其一是充分调动各种所有制资本的积极性，发挥其各自的优势。这种优势不要仅限于独自发挥，而要通过交叉持股互相融合作为整体发挥出来。比如，为了加快具有正外部性的基础设施建设，就要考虑吸收社会资本参与，以提高效率，缩短回收期限，做到社会效益与经济效益相结合。其二是为国有自然垄断行业深化改革打开通道。党的十八届三中全会在所作的决定中提出，国有资本继续控股经营的自然垄断行业，要根据不同行业特点

[1] 习近平：《在民营企业座谈会上的讲话》，《人民日报》2018年11月2日第2版。

实行网运分开、放开竞争性业务。自然垄断行业有大量竞争性业务需要放开，怎样放开？最佳选择就是搞混合所有制改革，吸收非国有资本参与。这样，可以把多年垄断经营的竞争性业务放开竞争，从而优化资源配置。国有垄断企业可以通过出售部分竞争性业务股份，筹集资金，加大科技投入等，改善和加强自然垄断环节业务。我们看到，在党的十八届三中全会的决定前，处于一般竞争性行业的国企，基本上都已实行了公司制股份制改革，实现了投资主体多元化，改革比较滞后的是垄断行业，因此，党的十八届三中全会提出积极发展混合所有制经济，针对性最强，可以认为就是为了更好地推动自然垄断行业改革。

第三，混合所有制经济改革还有利于形成更有效的激励机制。混合所有制经济允许员工持股，具有新的激励机制。混合所有制经济也可以更好地实施股权激励。好的激励机制可以激发企业活力，更好地调动员工的积极性。2019年以来，全国已有181户国有控股混合所有制企业实行员工持股试点，比如东航物流在2017年混改之后，拿出10%的股权进行了核心员工持股试点。央企层面10户试点子企业已全部完成员工出资入股。国有控股上市公司股权激励也在稳步实施。到2019年底，共有45家央企控股的95户上市公司实施了股权激励计划，约占央企控股境内外上市公司的23%[1]。

党的十八届三中全会的决定出来后，混合所有制经济迅速发展起来，有些地方还把发展混合所有制经济作为深化国有企业改革的重点。李克强总理在2014年《政府工作报告》中提出，制定非国有资本参与中央企业投资项目的办法，在金融、石油、电力、铁路、电信、资源开发、公用事业等领域，向非国有资本推出一批投资项目。2014年7月15日，国务院国资委在中央企业启动混合所有制经济试点。一些省市也纷纷出台发展混合所有制经济的政策和措施。2015—2017年，中央企业新增近千户实行混合所有制的子企业，通过资本市场引入社会资本3386亿元。截至2017年底，我国已有超过2/3的中央企业引进了各类社会资本，半数以上的国有资

[1] 刘志强：《国企改革推向纵深活力大增》，《人民日报》2020年1月8日第18版。

本集中在公众化的上市公司，3家中央企业成为集团层面的混合所有制企业，中央企业二级子企业以下混合所有制企业户数占比超过50%[1]。2018年，重要领域混合所有制改革试点已分三批在50户企业中开展。2019年，作为新一轮国企改革重要突破口，混合所有制改革范围稳步扩大。全年中央企业新增混合所有制企业超过1000户，通过资本市场、产权市场引入社会资本超过1500亿元。各省区市混合所有制企业占比达到49%[2]。

党的十八届三中全会通过的《中共中央关于全面深化改革若干重大问题的决定》提出国资监管机构“以管资本为主”。该决定提出：“完善国有资产管理体制，以管资本为主加强国有资产监管，改革国有资本授权经营体制，组建若干国有资本运营公司，支持有条件的国有企业改组为国有资本投资公司。”这意味着国企改革此后要以国资改革来带动。

第一，国资委的职责有重大变化，要从“以管企业为主”向“以管资本为主”转变。国资委与国有企业中间将出现国有资本投资运营公司，从二层架构变为三层架构，让国有资本投资运营公司真正成为国有企业的老板，只履行老板的职责，不当“婆婆”。这有利于国有企业真正拥有法人财产权和自主经营权。2014年国务院国资委确定的8家央企开展国有资本投资公司试点和2家央企开展国有资本运营公司试点，已取得成效。2018年3月5日，李克强总理在《政府工作报告》中要求：“深化国有资本投资、运营公司等改革试点，赋予更多自主权。”

第二，着力健全公司法人治理结构，重点是加强董事会建设。要切实落实和维护董事会依法行使重大决策、选人用人、薪酬分配等权利，并保证经理层经营自主权，法无授权，任何政府和机构不得干预。加强董事会内部的制衡约束，国有独资、全资公司的董事会和监事会均应有职工代表，董事会外部董事应占多数，一人一票，董事对董事会决议承担责任。

---

[1] 白天亮：《国企民企，携手迈向高质量发展》，《人民日报》2018年2月7日第1版。

[2] 刘志强：《国企改革推向纵深活力大增》，《人民日报》2020年1月8日第18版。

第三，加快完善现代市场体系，使市场在资源配置中的决定性作用更好地发挥出来。这包括：一是建立公平开放透明的市场规则；二是完善主要由市场决定价格的机制；三是建立城乡统一的建设用地市场；四是完善金融市场体系；五是深化科技体制改革，发展技术市场。

在深化财税体制改革方面，该决定提出："财政是国家治理的基础和重要支柱，科学的财税体制是优化资源配置、维护市场统一、促进社会公平、实现国家长治久安的制度保障。必须完善立法、明确事权、改革税制、稳定税负、透明预算、提高效率，建立现代财政制度，发挥中央和地方两个积极性。"这是对中国20世纪90年代以来从经济建设财政向公共服务财政转型后，财政制度的又一重大转型，是为了更好适应建设现代化经济体系，推进国家治理体系和治理能力现代化的制度建设。

关于健全城乡发展一体化体制机制，该决定指出："城乡二元结构是制约城乡发展一体化的主要障碍。必须健全体制机制，形成以工促农、以城带乡、工农互惠、城乡一体的新型工农城乡关系，让广大农民平等参与现代化进程、共同分享现代化成果。"

关于构建开放型经济新体制方面，该决定指出："适应经济全球化新形势，必须推动对内对外开放相互促进、引进来和走出去更好结合，促进国际国内要素有序自由流动、资源高效配置、市场深度融合，加快培育参与和引领国际经济合作竞争新优势，以开放促改革。"决定作出后，国家推出了扩大对外开放一系列重大举措，共建"一带一路"引领效应持续释放，同沿线国家的合作伙伴关系不断发展和健全，经贸合作和人文交流加快推进，到2020年8月底，我国已与138个国家和30个国际组织签署共建"一带一路"合作文件200份。2020年对外资投资境内金融市场进一步放开，取消合格境外机构投资者和人民币合格境外机构投资者境内证券投资额度管理要求，对合格投资者跨境资金汇出汇入和兑换实行登记管理等。货物通关便利化程度不断提高，关税税率到2019年已降至7.5%，2020年降到6.5%。

2017年10月，习近平总书记在党的十九大报告中指出，经过长期努力，中国特色社会主义进入了新时代，这是我国发展新的历史方位[1]。中国特色社会主义进入新时代，我国社会主要矛盾已经转化为人民日益增长的美好生活需要和不平衡不充分的发展之间的矛盾。我国经济已由高速增长阶段转向高质量发展阶段，正处在转变发展方式、优化经济结构、转换增长动力的攻坚期，建设现代化经济体系是跨越关口的迫切要求和我国发展的战略目标。党的十九大报告对深化市场化改革作出了一系列部署。

第一，明确提出坚持社会主义市场经济改革方向，加快完善社会主义市场经济体制，着力构建市场机制有效、微观主体有活力、宏观调控有度的经济体制。其中宏观调控有度是首次提出的，主要指发挥宏观调控熨平经济波动的作用，既不能放任自流，也不能过度，适时适度调控，为经济健康运行创造良好的宏观经济环境。

第二，明确经济体制改革必须以完善产权制度和要素市场化配置为重点。党的十八届三中全会决定强调完善产权保护制度，这次则提出要完善整个产权制度，实现产权有效激励。2016年，由于对民营企业家产权保护不够，影响了他们的投资积极性，当年民间资本对全国固定资产投资增速只有3.2%，大大低于过去10%或以上的年增速（2015年增速为10%）。采取各种保护产权的措施后，2018年民间资本对全国固定资产投资增速已回升至8.7%，占固定资产投资的比重为62%。

第三，提出推动国有资本做强做优做大。这比党的十八届三中全会决定提出国资监管机构“以管资本为主”又前进了一步。国资监管机构应主要关注国有资本而非国有资产，因为国有资产是由负债和所有者权益组成的，如果企业负债率超过100%，所有者权益就是负数了，就像一些“僵尸企业”那样。

第四，支持民营企业发展，激发各类市场主体活力，打破行政垄断，防止市场垄断。激发和保护企业家精神，鼓励更多社会主体投身创新创业。党的文件中提到要鼓励民营企业和防止市场垄断，表明要更好地调动民营企业的积极性，表示了打

[1] 习近平：《决胜全面建成小康社会　夺取新时代中国特色社会主义伟大胜利——在中国共产党第十九次全国代表大会上的报告》，《人民日报》2017年10月28日第1版。

破垄断、鼓励竞争的决心。

第五，提出健全货币政策和宏观审慎政策双支柱调控框架，深化利率和汇率市场化改革。双支柱调控框架意味着金融监管机构不能只关注物价稳定，还要关注资产价格变动，关注住房金融活动，关注表外金融活动和跨境资本流动，等等。此后正是按这一框架进行金融调控，从而有效地防止发生系统性风险。

第六，提出高质量发展要转换增长动力，推动动力变革。一是强调创新是引领发展的第一动力，二是深化供给侧结构性改革，三是以开放促改革促发展，四是加快完善新体制。李克强总理在2017年夏季达沃斯论坛上指出，在2016年城镇新增就业中，新动能的贡献率占70%左右。

# 第三节

## 党的十九届四中全会决定将社会主义市场经济体制提升为基本经济制度的重大意义

2019年党的十九届四中全会作出的《中共中央关于坚持和完善中国特色社会主义制度　推进国家治理体系和治理能力现代化若干重大问题的决定》，首次将社会主义市场经济体制确定为社会主义基本经济制度，这在理论上和实践上都具有重大意义，也是完善中国特色社会主义制度的重大举措。正如决定指出的："坚持改革创新，突出坚持和完善支撑中国特色社会主义制度的根本制度、基本制度、重要制度，着力固根基、扬优势、补短板、强弱项，构建系统完备、科学规范、运行有效的制度体系，加强系统治理、依法治理、综合治理、源头治理，把我国制度优势更好转化为国家治理效能，为实现'两个一百年'奋斗目标、实现中华民族伟大复兴的中国梦提供有力保证。"

基本经济制度这一概念，最早是1997年党的十五大报告提出的。当时主要是把公有制为主体、多种所有制经济共同发展确立为社会主义初级阶段的基本经济制度。该报告指出："公有制为主体、多种所有制经济共同发展，是我国社会主义初级阶段的一项基本经济制度。"这是为了更好地调整和完善所有制结构而提出的。党的十一届三中全会以来，我们党认真总结以往在所有制问题上的经验教训，制定了以公有制为主体、多种经济成分共同发展的方针，逐步消除了所有制结构不合理对生产力的羁绊，出现了公有制实现形式多样化和多种经济成分共同发展的局面。继续调整和完善所有制结构，进一步解放和发展生产力，需要将原来的方针提升为稳定的制度安排，并确立为基本经济制度。改革发展的实践证明，确立公有制为主体、多种所有制经济共同发展的基本经济制度，很好地促进了社会主义市场经济的发展，印证了走中国特色社会主义道路的无比正确。

与此同时，我们也看到，党的十五大报告把公有制为主体、多种所有制经济共同发展确立为社会主义初级阶段的一项基本经济制度，说明没有把基本经济制度只限于所有制结构范围内，为以后将其他领域行之有效的方针政策提升为基本经济制度留下了空间。经过40多年的改革发展实践和经验积累，党的十九届四中全会进一步把社会主义市场经济体制和按劳分配为主体、多种分配方式并存，同公有制为主体、多种所有制经济共同发展一起，确立为社会主义基本经济制度。这对于进一步完善中国特色社会主义经济制度体系具有重大意义。

第一，三足鼎立的制度可以更好地支撑中国特色社会主义经济制度，使之更好地促进生产力的发展。本来，任何一个社会经济制度都是由两大块组成的，一个是基础结构，包括所有制结构及与之相适应的分配结构，正如马克思说的："分配关系和分配方式只是表现为生产要素的背面。个人以雇佣劳动的形式参与生产，就以工资形式参与产品、生产成果的分配。分配的结构完全决定于生产的结构，分配本身就是生产的产物，不仅就对象说是如此，而且就形式说也是如此。就对象说，能分配的只是生产的成果，就形式说，参与生产的一定形式决定分配的特定形式，决定参与分配的形式。"[1]马克思又说："消费资料的任何一种分配，都不过是生产条件本身分配的结果。而生产条件的分配，则表现生产方式本身的性质。"[2]另一个是经济活动的运行机制主要是资源配置方式。两者相互协调、相互促进。1978年以来中国经济体制改革就是按照上述两大块推进的，即一方面是所有制改革以及与之相适应的分配制度改革，另一方面是经济运行机制改革包括价格改革、建立现代市场体系、宏观经济管理体制改革等。经过40多年的改革开放，中国已建立起比较成熟的公有制为主体、多种所有制经济共同发展的所有制结构，按劳分配为主体、

[1] 马克思、恩格斯：《〈政治经济学批判〉导言》，载《马克思恩格斯选集》第2卷，人民出版社，1972，第98页。

[2] 马克思、恩格斯：《哥达纲领批判》，载《马克思恩格斯选集》第3卷，人民出版社，1972，第13页。

多种分配方式并存的分配制度，以及社会主义市场经济体制。党的十九届四中全会科学总结改革开放40多年的经验，概括指出："公有制为主体、多种所有制经济共同发展，按劳分配为主体、多种分配方式并存，社会主义市场经济体制等社会主义基本经济制度，既体现了社会主义制度优越性，又同我国社会主义初级阶段社会生产力发展水平相适应，是党和人民的伟大创造。"

第二，把社会主义市场经济体制上升为基本经济制度，对于进一步完善中国特色社会主义经济制度具有重要意义。用社会主义市场经济体制取代传统的计划经济体制，是中国改革开放以来最主要的制度创新，具有里程碑式的意义。社会主义市场经济体制，是中国特色社会主义的主要支柱，把这根支柱确立为基本经济制度，作为长期稳定的制度安排，对于中国特色社会主义制度建设以及坚持和完善中国特色社会主义制度，是十分重要的。我们知道，社会主义市场经济体制的核心，是市场在资源配置中起决定性作用。经过40多年的市场化改革，市场已很大程度上在资源配置中起决定性作用，但是还有不足之处，还需在广度和深度上推进市场化改革。比如，政府直接配置资源和对微观经济活动的干预仍然过多，各种形式的垄断抑制着市场公平竞争，生产要素价格仍存在一定的扭曲影响着资源配置效率的提高，所有制歧视影响着民营经济平等进入市场，等等。这些问题都要提高到完善基本经济制度的高度，并逐步解决。

第三，提出了加快完善社会主义市场经济体制的着力点。党的十九届四中全会决定对今后进一步完善社会主义市场经济制度提出了一系列重要举措。

一是提出建设高标准市场体系，完善公平竞争制度，全面实施市场准入负面清单制度，改革生产许可制度，健全破产制度。这些都是从健全制度层面建设高标准的市场体系，对高标准市场体系规定了严格的标准和要求。高标准的市场体系，是这次新提出来的，只有建设高标准的市场体系，才能适应高质量发展的要求。

二是强化竞争政策基础地位，落实公平竞争审查制度，加强和改进反垄断和反不正当竞争执法。要很好发挥市场在资源配置中的决定性作用，必须强化竞争政策基础地位。保护政策、歧视性政策必然妨碍资源的优化配置。过去很长一段时间，包括改革开放后很长一段时间，一般更注重产业政策，助力一些产业快速发展，不那么重视竞争政策，这是不那么切合市场经济规律的，其弊端随着市场经济的发展而逐渐突出。强调市场决定作用，就应将竞争政策而非产业政策置于首位或基础地位。有的专家曾认为，中国主要存在产业集中度不够高的问题，而不存在各种形式的垄断妨碍公平竞争的问题。这种认识是不全面的，这也是前一阶段反垄断执法不够有力的重要原因。今后必须加强反垄断和反不正当竞争执法，更好发挥竞争机制推动效率提高的作用。

三是健全以公平为原则的产权保护制度，建立知识产权侵权惩罚性赔偿制度，加强企业商业秘密保护。2016年11月4日制定的《中共中央　国务院关于完善产权保护制度依法保护产权的意见》，是改革开放以来中央第一次发布系统性保护产权的文件。意见一开始就提出："产权制度是社会主义市场经济的基石，保护产权是坚持社会主义基本经济制度的必然要求。有恒产者有恒心，经济主体财产权的有效保障和实现是经济社会持续健康发展的基础。"该意见还提出了平等保护、全面保护、依法保护、共同参与、标本兼治五项方针。首先，有效保护国有资本及其收益，防止国有资本流失。其次，切实保护各类产权，特别是非公有制经济的产权，从司法实践看，有时没能做到对非公有制经济的公平裁决。当非公有制企业的财产受到侵害时，立案、判决和执行都面临许多困难，各种交易成本很高。当非公有制企业与国有企业发生财产、合同等经济纠纷时，裁决及其执行有时会偏向国有企业。再次，约束行政权力对非公有财产的侵害[1]。这次重申加强产权保护，具有很强的现实针对性。为鼓励创新，将保护知识产权放在突出地位，也是十分必要的。

四是推进要素市场制度建设，实现要素市场价格决定、流动自主有序、配置高效公平。要素市场化配置，是市场在资源配置中起决定性作用的另一种说法，其前

[1] 张卓元、胡家勇、万军：《中国经济理论创新四十年》，中国人民大学出版社，2018，第117—118页。

提是要素的价格由市场决定而不是行政定价，而且能自由流动进入负面清单（清单不能太长，要逐步缩短）以外的领域，以实现要素配置最优。

五是强化消费者权益保护，探索建立集体诉讼制度。广大消费者一直受到假冒伪劣产品的困扰，原因之一是侵害消费者权益的成本过低、执法不严，需要强化执法，并建立规范的集体诉讼制度。

六是加强资本市场基础制度建设，健全具有高度适应性、竞争力、普惠性的现代金融体系，有效防范化解金融风险。这一条很重要。2013年，党的十八届三中全会决定就提出“推进股票发行注册制改革”，这是资本市场的重要基础制度建设，一直拖了几年，直到2019年才从实质上着手实施。防范和化解重大风险（包括金融风险），是2017年底中央提出的三大攻坚战之一（另外两个是脱贫攻坚战和污染防治攻坚战），是保证宏观经济健康稳定的重要任务。

七是优化经济治理基础数据库。在数字化经济时代，数据已是重要的生产要素，数据库建设将愈显重要。

八是健全推动发展先进制造业、振兴实体经济的体制机制。中国的虚拟经济发展很快，金融业增加值占比过高且高于发达国家，可能带来风险。必须大力振兴实体经济，特别要大力发展制造业尤其是先进制造业，这是强基固本必不可少的。

九是实施乡村振兴战略，完善农业农村优先发展和保障国家粮食安全的制度政策，健全城乡融合发展体制机制。粮食安全是一个值得大家重视的问题。我们现在的生活水平大大提高了，中等收入群体用餐时副食品占相当比重，主食不断减少，因此可以说饭碗牢牢地端在自己手中。但也要考虑到，一旦国际风云突变，大量饲料进口出现问题，肉蛋奶供应减少，人们的主食占比就会提高，因此主粮供应问题仍然不能掉以轻心。

十是构建区域协调发展新机制，形成主体功能明显、优势互补、高质量发展的区域经济布局。

以上十条，都是现实针对性很强的完善社会主义市场经济体制的改革举措，也是社会主义市场经济制度建设的重大课题，对于中国经济的高质量发展，对于中国开启现代化经济体系建设，加快社会主义现代化建设进程，具有重要意义。

在党的十九届四中全会的决定公布后，2020年5月，《中共中央　国务院关于新时代加快完善社会主义市场经济体制的意见》发布。这是一份十分重要的指导此后深化市场化改革的文件。文件不是仅仅提出要求建设完善的社会主义市场经济体制，而是要构建更加系统完备、更加成熟定型的高水平社会主义市场经济体制。文件根据中国特色社会主义已经进入新时代、经济转向高质量发展阶段、即将进入全面建设现代化经济体系的新形势，针对我国市场体系还不健全、市场发育还不充分，政府和市场的关系没有完全理顺，还存在市场激励不足、要素流动不畅、资源配置效率不高、微观经济活力不强等问题，推动高质量发展仍存在不少体制机制障碍，围绕建设高水平社会主义市场经济体制的目标，着眼于制度创新，提出了七个领域的改革举措。这些改革举措，除了继续坚持过去提出的一系列市场化改革措施外，还包含不少新的针对现实经济生活中存在的问题必须采取的改革措施。

一是坚持公有制为主体、多种所有制经济共同发展，增强微观主体活力。包括推进国有经济布局优化和结构调整，积极稳妥推进国有企业混合所有制改革，稳步推进自然垄断行业改革，营造支持非公有制经济高质量发展的制度环境，培育更多充满活力的市场主体。

二是夯实市场经济基础性制度，保障市场公平竞争。包括全面完善产权制度、全面实施市场准入负面清单制度、全面落实公平竞争审查制度，筑牢社会主义市场经济有效运行的体制基础。

三是构建更加完善的要素市场化配置体制机制，进一步激发全社会创造力和市场活力。以要素市场化改革为重点，建立健全统一开放的要素市场，推进要素价格市场化改革，创新要素市场化配置方式，推进商品和服务市场提质增效。

四是创新政府管理和服务方式，完善宏观经济治理体制。包括构建有效协调的宏观调控新机制，加快建立现代财税制度，强化货币政策、宏观审慎政策和金融监管协调，全面完善科技创新制度和组织体系，完善产业政策和区域政策体系，以一流营商环境建设为牵引持续优化政府服务，构建适应高质量发展要求的社会信用体系和新型监管机制。

五是坚持和完善民生保障制度，促进社会公平正义。包括健全体现效率、促进公平的收入分配制度，完善覆盖全民的社会保障体系，健全国家公共卫生应急管理体系，让改革发展成果更多更公平惠及全体人民。

六是建设更高水平开放型经济新体制，以开放促改革促发展。实行更加积极主动的开放战略，全面对接国际高标准市场规则体系，实施更大范围、更宽领域、更深层次的全面开放。以“一带一路”建设为重点构建对外开放新格局，加快自由贸易试验区、自由贸易港等对外开放高地建设，健全高水平开放政策保障机制，积极参与全球经济治理体系变革。

七是完善社会主义市场经济法律制度，强化法治保障。以保护产权、维护契约、统一市场、平等交换、公平竞争、有效监管为基本导向，不断完善社会主义市场经济法治体系，确保有法可依、有法必依、违法必究。完善经济领域法律法规体系，健全执法司法对市场经济运行的保障机制，全面建立行政权力制约和监督机制，完善发展市场经济监督制度和监督机制。

以上七条都是关键性、基础性改革举措，也是深层次改革攻坚。落实上述改革举措，一方面要进一步解放思想，坚定不移地深化市场化改革；另一方面要进一步打破利益固化的樊篱，冲破和抑制既得利益群体的阻挠和反抗。文件既是科学的顶层设计，又是强大的顶层推动力，认真落实文件精神和举措，把顶层设计和基层的创造性、积极性很好地结合起来，必将使我国社会主义市场经济发展得更好、更健康，创造出更加辉煌的成绩。

CHAPTER 2

# 第二章

# 社会主义初级阶段实行市场经济体制是唯一正确的选择

党的十一届三中全会以来，中国的社会主义建设取得了巨大的成就。在中国共产党的领导下，依据中国的基本国情进行改革开放和经济建设，是中国取得举世瞩目成就的最基本经验之一。我们党在总结我国社会主义建设的经验教训并借鉴其他国家社会主义兴衰成败历史经验的基础上，逐步形成和发展了社会主义初级阶段理论。这个理论是对中国国情的准确概括，是建设中国特色社会主义必须遵循的基本前提。中国围绕着经济建设这个中心大局，建立起社会主义市场经济体制，极大地释放了社会生产力，实现了经济的持续高速增长，经济总量不断增加，人民生活水平日益提高，在世界经济体系中的重要性和在国际政治舞台上的影响力也在与日俱增。

# 第一节

## 社会主义初级阶段理论是对我国基本国情的科学认识

党的十一届三中全会以来，我党恢复了解放思想、实事求是的思想路线，逐步摆脱了教条主义和“左”的思想的影响，通过对社会主义的再认识和对基本国情的正确分析，得出了我国还处于社会主义初级阶段的科学论断，在此基础上逐步形成了社会主义初级阶段理论。

在社会主义初级阶段理论的形成过程中，邓小平起到了极为重要的作用。他敏锐地把握时代发展的脉搏，通过对中华人民共和国成立后中国社会主义建设历史经验的深刻反思，认识到中国的社会主义建设不能脱离国情，不能超越阶段。他曾指出：“要充分研究如何搞社会主义建设的问题。现在我们正在总结建国三十年的经验。总起来说，第一，不要离开现实和超越阶段采取一些‘左’的办法，这样是搞不成社会主义的。我们过去就是吃‘左’的亏。第二，不管你搞什么，一定要有利于发展生产力。”[1]在党的十三大前夕，邓小平在接见外国客人时指出：“我们党的十三大要阐述中国社会主义是处在一个什么阶段，就是处在初级阶段，是初级阶段的社会主义。社会主义本身就是共产主义的初级阶段，而我们中国又处在社会主义的初级阶段，就是不发达阶段。一切都要从这个实际出发，根据这个实际来制定规划。”[2]邓小平的这个思想在党的十三大报告中得到全面阐述，成为党的十三大报告立论的基础。党的十三大结束后，邓小平在评价党的十三大报告的时候指出，党的十三大报告的一个重要特点，就是阐述了社会主义初级阶段理论，在这个理论

[1] 邓小平：《社会主义首先要发展生产力》，载《邓小平文选》第二卷，人民出版社，1994，第312页。

[2] 邓小平：《一切从社会主义初级阶段的实际出发》，载《邓小平文选》第三卷，人民出版社，1993，第252页。

的指导下，坚定地贯彻了党的十一届三中全会以来的路线方针政策[1]。在1992年的南方谈话中，邓小平又一次强调了初级阶段的长期性，告诫全党在建设社会主义的道路上要继续艰苦奋斗。“我们搞社会主义才几十年，还处在初级阶段。巩固和发展社会主义制度，还需要一个很长的历史阶段，需要我们几代人、十几代人，甚至几十代人坚持不懈地努力奋斗，决不能掉以轻心。”[2]邓小平提出的对社会主义及其发展阶段的新认识和新见解，既继承前人又突破陈规，为社会主义初级阶段理论的形成作出了重大贡献。

在社会主义初级阶段理论的形成和发展过程中，经济理论界作出了重要的贡献。党的十一届三中全会以来，蓬勃发展的改革开放实践不断地产生新现象、提出新问题，迫切需要理论界提出新的观点、新的理论来解释现实，指导改革。随着解放思想、实事求是的思想路线的贯彻，长期束缚理论界的“左”的思想的绳索被逐步解除，我国经济理论界以极大的热情，投入到对这场史无前例的制度变迁和经济发展的研究中去，产生了丰硕的理论成果。其中，围绕着社会主义初级阶段问题的研究，不仅极大地丰富了中国的经济学理论，不少重要的研究成果还被党中央和国务院所采纳，成为党和国家经济政策的组成部分。早在20世纪70年代末，苏绍智和冯兰瑞就提出了无产阶级取得政权后的社会发展阶段问题[3]。他们认为，从资本主义社会到共产主义高级阶段，可以分为三个阶段：第一个阶段是从资本主义到社会主义的过渡阶段。它又分为两个时期：第一个时期就是从无产阶级革命胜利后到生产资料所有制的社会主义改造基本完成。这个时期的特点是还存在着多种经济成分，相应地存在着多个阶级，因而是进行激烈的、尖锐的阶级斗争的时期。生产资料所有制的社会主义改造基本完成以后，就进入第二个时期，即不发达的社会主义。第二个阶段是发达的社会主义阶段，最后一个阶段才进入到共产主义阶段。他

[1] 邓小平：《十三大的两个特点》，载《邓小平文选》第三卷，人民出版社，1993，第258页。

[2] 邓小平：《在武昌、深圳、珠海、上海等地的谈话要点》，载《邓小平文选》第三卷，人民出版社，1993，第379—380页。

[3] 苏绍智、冯兰瑞：《无产阶级取得政权后的社会发展阶段问题》，《经济研究》1979年第5期。

们指出，如果不分阶段、混淆阶段，就会把某一阶段存在的现象、因素，扩大成为社会主义几个发展阶段上都有的现象、因素，在理论上和实践中都会产生严重的消极后果。例如，如果不分阶段，把从资本主义到不发达的社会主义，从不发达的社会主义到发达的社会主义看作同一个历史时期，就会把过渡阶段第一个时期的无产阶级同资产阶级的矛盾、社会主义同资本主义的矛盾贯穿到整个历史时期，就容易把阶级斗争扩大化。再如，如果把发达的社会主义阶段才应该做的事，拿到不发达社会主义阶段来做，就会导致过早地消灭个体经济，取消自留地和家庭副业，取消按劳分配、商品生产和商品交换，甚至急于向共产主义过渡。因此，中国还处在不发达的社会主义社会，还处在社会主义的过渡时期，不能认为我们的经济制度已经是发达的或者完全的社会主义。也有学者不同意他们的观点，认为无产阶级取得政权后的社会发展阶段应当作这样的划分：第一个阶段，从资本主义到社会主义的过渡时期；第二个阶段，共产主义第一阶段即社会主义，又分为两个时期，即不发达的社会主义时期和发达的社会主义时期；第三个阶段，共产主义的高级阶段即共产主义。中国所处的阶段是社会主义阶段的不发达的社会主义时期[1]。此后，于光远等著名学者较早地提出了“社会主义初级阶段”的表述[2]。经济理论界关于社会主义社会也应当分阶段以及我国社会主义还处在不发达阶段的观点，产生了非常重要的社会影响。20世纪80年代初，“我们的社会主义制度还是处于初级的阶段”的论断开始出现在党的中央文件中，最终在党的十三大上得到系统阐述并成为全党的共识。

在改革开放和社会主义建设新的历史时期，我党对社会主义本质和中国国情的认识在不断深化。1981年，在党的十一届六中全会通过的《关于建国以来党的若干历史问题的决议》中，第一次明确提出我国处于“社会主义初级阶段”的论断。

---

[1] 朱述先：《也谈无产阶级取得政权后的社会发展阶段问题——与苏绍智、冯兰瑞同志商榷》，《经济研究》1979年第8期。

[2] 于光远：《从“阶段风波”到“社会主义初级阶段”》，《炎黄春秋》2008年第8期。

该决议指出："尽管我们的社会主义制度还是处于初级的阶段，但是毫无疑问，我国已经建立了社会主义制度，进入了社会主义社会，任何否认这个基本事实的观点都是错误的。"党的十二大和党的十二届六中全会又重申了这个论断。党的十二大报告指出："我国的社会主义社会现在还处在初级发展阶段，物质文明还不发达。"1986年党的十二届六中全会通过的《中共中央关于社会主义精神文明建设指导方针的决议》，重申了我国正处于社会主义初级阶段。这个报告在概括了初级阶段经济特征的同时，还分析了初级阶段的精神文化状态。

在党的十三大报告中，社会主义初级阶段理论第一次得到了完整系统的阐述。党的十三大报告将我国还处在社会主义初级阶段作为立论的基础，比较系统地论述了社会主义初级阶段的基本含义、基本特征、主要矛盾和历史任务。报告指出，社会主义初级阶段是我国在生产力落后、商品经济不发达条件下建设社会主义必然要经历的特定阶段。社会主义初级阶段是一个相当长的历史时期，我国从20世纪50年代生产资料私有制的社会主义改造基本完成，到社会主义现代化的基本实现，至少需要上百年时间，都属于社会主义初级阶段。我们在这个阶段所面临的主要矛盾，是人民日益增长的物质文化需要同落后的社会生产之间的矛盾。为了解决这个矛盾，就必须大力发展商品经济，提高劳动生产率，逐步实现工业、农业、国防和科学技术的现代化，同时还需要改革生产关系和上层建筑中不适应生产力发展的部分。在此基础上，报告阐明了党在社会主义初级阶段的基本路线和奋斗目标："领导和团结全国各族人民，以经济建设为中心，坚持四项基本原则，坚持改革开放，自力更生，艰苦创业，为把我国建设成为富强、民主、文明的社会主义现代化国家而奋斗。"报告还提出了"三步走"的经济社会发展战略。社会主义初级阶段理论的提出，是中国共产党对马克思主义的创造性贡献。在党的报告中明确提出社会主义初级阶段的科学概念，这在马克思主义历史上是第一次。

自从党的十三大确立社会主义初级阶段理论以来，我党在建设有中国特色的社会主义的伟大实践中，不断地总结新的实践经验、吸收新的理论成果，用新的思想和观点丰富和发展着社会主义初级阶段理论。党的十四大报告从社会主义初级阶段的实际出发，在计划与市场关系问题上的认识有了新的重大突破，明确提出我国经济体制改革的目标是建立社会主义市场经济体制。党的十五大报告再次集中论述了社会主义初级阶段理论，并首次提出了党在社会主义初级阶段的基本纲领。报告提出了“中国现在处于并将长时期处于社会主义初级阶段”的新论断，强调社会主义初级阶段是一个相当长的历史时期，要充分认识社会主义初级阶段的长期性和不可逾越性，从而树立起长期艰苦奋斗的思想。报告阐明了社会主义初级阶段的基本经济制度，提出了建设有中国特色社会主义的经济、政治、文化的基本目标和基本政策，这些基本目标和基本政策构成了党在社会主义初级阶段的基本纲领。基本纲领是党的基本路线在经济、政治、文化方面的进一步具体展开，是改革开放以来最主要经验的总结。党的十六大报告对改革开放以来取得的成就进行了客观的评价，指出我国正处于并将长期处于社会主义初级阶段，虽然人民生活总体上达到小康水平，但还是低水平的、不全面的、发展很不平衡的小康。在此基础上，报告系统地阐述了全面建设小康社会的构想。报告还指出，尽管社会主义初级阶段是社会主义的不发达阶段，经济建设是一切工作的重心，但随着经济发展水平的不断提高，整体推进政治、文化等其他领域建设的重要性也日益凸显。因此，党的十六大确立的全面建设小康社会的目标，是中国特色社会主义经济建设、政治建设、文化建设“三位一体”全面发展的目标。党的十七大报告专门论述了科学发展观，指出科学发展观“是立足社会主义初级阶段基本国情，总结我国发展实践，借鉴国外发展经验，适应新的发展要求提出来的”，是我国经济社会发展的重要指导思想，是发展中国特色社会主义必须坚持和贯彻的重大战略思想。党的十七大报告还提出了全面建设小康社会奋斗目标的新要求，要按照中国特色社会主义事业总体布局，全面推进经济建设、政治建设、文化建设、社会建设的“四位一体”建设，将中国建设成为富强、民主、文明、和谐的社会主义现代化国家。坚持和发展中国特色社会主义是贯穿党的十八大报告的一条主线。基于对国情的深刻了解，党的十八大报告既肯定了中国改革开放的伟大成就，也不回避中国在经济、社会等领域存在的诸多问题，强调中国仍处在社会主义初级阶段。只有从这一点出发，才能正确认识中国取得的成就、面临的挑战和未来的发展方向，才能真正做到既不妄自菲薄，也不妄自尊大，从而推动中国特色社会主义建设不断取得胜利。“建设中国特色社会主义，总依据是社会主义初级阶段，总布局是五位一体，总任务是实现社会主义现代化和中华民族伟大复兴。”党的十八大报告对推进中国特色社会主义建设作出了“五位一体”的总体布局：“中国特色社会主义道路，就是在中国共产党领导下，立足基本国情，以经济建设为中心，坚持四项基本原则，坚持改革开放，解放和发展社会生产力，建设社会主义市场经济、社会主义民主政治、社会主义先进文化、社会主义和谐社会、社会主义生态文明。”

全球金融危机以来，世界经济进入大变革大调整时期，近40年的持续增长也使得中国发展站在新的历史起点上。在这种背景下召开的党的十九大立足世情国情党情的变化，描绘了全面建设社会主义现代化国家的宏伟蓝图，并对决胜全面建成小康社会进行了战略部署。党的十九大报告指出，随着中国特色社会主义进入了新时代，我国社会主要矛盾也发生了变化，长期以来的人民日益增长的物质文化需要同落后的社会生产之间的矛盾，已经转化为人民日益增长的美好生活需要和不平衡不充分的发展之间的矛盾。我国社会主要矛盾的变化是关系全局的历史性变化，将会从各方面对中国特色社会主义建设产生深远的影响。党的十九大报告同时也强调：“我国社会主要矛盾的变化，没有改变我们对我国社会主义所处历史阶段的判断，我国仍处于并将长期处于社会主义初级阶段的基本国情没有变，我国是世界最大发展中国家的国际地位没有变。”党的十九大报告要求全党“要牢牢把握社会主义初级阶段这个基本国情，牢牢立足社会主义初级阶段这个最大实际，牢牢坚持党的基本路线这个党和国家的生命线、人民的幸福线”。党的十九大报告进一步明确中国特色社会主义事业总体布局是“五位一体”、战略布局是“四个全面”。这表明，在社会主义初级阶段，既要通过经济建设来增加社会物质财富、不断改善人民生活，又要通过政治建设、文化建设、社会建设和生态文明建设发展来促进人的全面发展，逐步实现全体人民共同富裕，建设富强民主文明和谐美丽的社会主义现代化国家。面对世界百年未有之大变局所带来的新矛盾新挑战，党的十九届五中全会继续强调，“立足社会主义初级阶段基本国情，保持战略定力，办好自己的事”。随着全面建设社会主义现代化国家新征程的开启，中华民族的伟大复兴将更加行稳致远。

社会主义初级阶段理论的形成和发展过程，表明我们党对中国国情的了解越来越全面，对社会主义本质的认识越来越深刻，对中国特色社会主义发展道路的探索越来越深入。改革开放和社会主义建设的伟大实践，还将继续赋予社会主义初级阶段理论以新的内涵。

# 第二节

## 社会主义初级阶段选择市场经济体制的必然性

俄国十月革命之后，包括中国在内的一些国家相继取得了社会主义革命的胜利，并建立起社会主义国家。但与马克思主义经典作家的设想不同，这些国家并不是从生产力高度发达的资本主义社会过渡到社会主义社会，而是无一例外地从生产力并不发达的社会跨入了社会主义社会。由于这些社会主义国家的执政者对于社会主义的本质属性和发展规律并没有清晰的认识，因此，世界上第一个社会主义国家苏联在特殊国际环境和历史条件下形成的高度集权的中央计划经济体制，就成了其他社会主义国家争相效仿的社会主义社会的标准模式，苏联体制无论在理论上还是在实践上都对其他社会主义国家产生了巨大的消极影响。对于这些社会主义国家来说，由于认识的局限性和急于求成的思想影响，许多并不具有社会主义本质属性的东西，或者只适合于某种特殊历史条件的东西，被当作“社会主义原则”并加以固守；许多在社会主义条件下有利于生产力发展和生产商品化、社会化、现代化的东西，反而被当作“资本主义因素”加以反对。由此而形成的计划经济体制和高度集权的政治体制，严重束缚了社会主义经济的发展。尽管从20世纪60年代开始，苏联和东欧社会主义国家先后开展过改革，探索过社会主义经济体制的新模式，但由于固守传统的错误观念，这些国家的改革并没有取得突破性进展，经济社会发展长期处于停滞状态，最终导致20世纪八九十年代相继发生东欧剧变和苏联解体。

我们党通过总结国内外的经验教训深刻地认识到，在中国搞社会主义建设，首先要搞清楚“什么是社会主义、怎样建设社会主义”。在中国这样人口众多、生产力落后的大国中建设社会主义，我们面对的情况，既不是马克思主义创始人设想的在资本主义高度发展的基础上建设社会主义，也不完全相同于其他社会主义国家。

因此，必须不唯上、不唯书、只唯实，从中国自身的国情出发，把马克思主义基本原理同中国实际结合起来，在实践中开辟有中国特色的社会主义道路。

正确认识我国的基本国情和所处的历史阶段，是建设有中国特色的社会主义的首要问题，是我们党制定和执行正确的路线和政策的根本依据。党的十三大报告明确指出："我国正处在社会主义的初级阶段。这个论断，包括两层含义。第一，我国社会已经是社会主义社会。我们必须坚持而不能离开社会主义。第二，我国的社会主义社会还处在初级阶段。"这个论断是对中国国情所作出的总体性、根本性的判断，它构成了建设有中国特色社会主义的重要前提。我国社会主义的初级阶段不是泛指任何国家进入社会主义都会经历的起始阶段，而是特指我国在生产力落后、商品经济不发达条件下建设社会主义必然要经历的特定阶段。在党的十三大报告中，将社会主义初级阶段的基本特征归结为五个方面，即社会主义初级阶段是逐步摆脱贫穷、摆脱落后的阶段；是农业国逐步转变为工业国的阶段；是由自然经济半自然经济占很大比重的社会，转变为商品经济高度发达社会的阶段；是建立和发展社会主义经济、政治、文化体制的阶段；是全民奋起，艰苦创业，实现中华民族伟大复兴的阶段。建设和发展中国特色社会主义，首先要从这个最大的实际出发，而不能超越这个阶段。只有准确把握基本国情，搞清楚什么是初级阶段的社会主义，才能更好地探索在初级阶段怎样建设社会主义。

我们党对于这个基本国情的认识经历了一个曲折的过程。在新民主主义革命时期，中国共产党正确认识到了中国处于半殖民地半封建社会的社会性质，并从这一国情出发，将马克思主义的普遍原理与中国革命的具体实际创造性地结合在一起，通过对中国社会主要矛盾的深刻分析，提出了正确的路线、方针和政策，终于赢得了新民主主义革命的胜利。但在中华人民共和国成立以后，我们党在探索社会主义建设的道路上，曾经脱离了中国的实际情况，忽视了中国生产力落后、商品经济不发达、社会发展不平衡的基本国情，采取了一系列超越历史发展阶段的错误路线和政策，过分强调"一大二公三纯"，使生产关系和上层建筑与当时的生产力状况严重脱节，严重阻碍了经济的发展。在改革开放以前，中国的生产力发展缓慢，人民的生活水平没有大的提高，社会主义的优越性没有得到充分的体现。党的十一届三中全会以来，我们党正确地分析国情，作出了我国正处于并将长期处于社会主义初级阶段的科学论断。这一论断既揭示了中国的社会性质，又阐明了中国目前所处的社会发展阶段，是对中国国情最简明、最准确的概括。

从中国处在社会主义初级阶段这一基本前提出发，中国共产党率领全国人民开始了建设中国特色社会主义的伟大探索。在这一过程中，邓小平以马克思主义的理论勇气、求实精神、丰富经验和远见卓识，对社会主义的本质进行了深入的思考，指出社会主义的本质是解放生产力、发展生产力、消灭剥削、消除两极分化，最终达到共同富裕。在社会主义初级阶段，为了摆脱贫穷和落后，尤其要把发展生产力作为全部工作的中心。

要想推动社会主义经济建设，加快生产力的发展，就必须改革严重束缚生产力发展的僵化体制。而思想解放是体制改革的先声。改革开放以来，经济学界从当时的实际经济发展状况出发，围绕着社会主义初级阶段的经济问题开展了大量的研究，不断突破传统理论的樊篱，提出了很多新观点和新思想，不仅深化了对于初级阶段社会主义经济体制和经济运行的认识，而且对于社会主义初级阶段理论的形成、发展和完善也起到了积极的作用。“社会主义初级阶段论和社会主义市场经济论一起，成为中国改革开放以来经济理论研究最重要、最突出的成果，是当代中国社会主义政治经济学的两大支柱。现阶段中国一切经济问题的研究，各项经济政策的制订，都要以这两大理论为依据、为指导。”[1]

围绕社会主义初级阶段应当大力发展商品经济，实行市场经济体制这一问题的理论探讨和深入论证，是改革开放以来中国经济学界对马克思主义经济学和科学社会主义理论的重大贡献和发展。

[1] 张卓元：《改革开放以来我国经济理论研究的回顾与展望》，载《张卓元文集》，上海辞书出版社，2005，第53页。

一是提出社会主义制度下应当实行市场经济。在传统认识中，强调所有制的"一大二公"，主张分配制度上的平均主义，排斥商品经济，否认价值规律，认为计划经济是社会主义的本质属性，市场经济则充满了资本主义因素，与社会主义格格不入。在改革开放之初，就有一些经济学家提出，社会主义经济也是一种商品经济，价值规律和竞争机制在社会主义经济中也能发挥重要作用，因此，社会主义经济是商品经济或者有计划的商品经济。尽管这些观点曾经遭到过一些批评和反对，但最终被中央文件所吸纳。1984年的《中共中央关于经济体制改革的决定》指出，社会主义经济"是在公有制基础上的有计划的商品经济"。随着经济体制改革向纵深发展，"社会主义商品经济"提法的局限性也日益显现。吴敬琏认为，它既不能突出一种经济体制的运行特征，也不能指明它的基本社会资源配置手段，他主张提出一个既能体现我国多年改革经验、符合大多数人共识，又能准确概括具有中国特色社会主义的经济属性的明确提法，即"社会主义市场经济"[1]。在1991年底中央召开的十一次专家座谈会上，不少专家建言实行社会主义市场经济体制。1993年，党的十四届三中全会通过了《中共中央关于建立社会主义市场经济体制若干问题的决定》，正式将社会主义市场经济体制作为中国经济体制改革的目标模式。

二是认为社会主义所有制结构应当多元化。传统的观点认为，社会主义所有制结构只能是又公又纯、越纯越好，个体经济每天都在不断地产生着资本主义，而私营经济则是资本主义的根源，是必须被消灭掉的。改革开放以后，这种认识开始发生转变。一些经济学家开始提出社会主义所有制多样性的观点，主张在保持公有制占主导地位的条件下，发展包括多种个体、私营在内的非公有制经济。薛暮桥是最早主张发展多种经济成分的经济学家，他在1979年就提出，留一点个体经济和资本主义的尾巴可能利多害少[2]。随着我国非公有制经济的迅速发展，经济学界对于初

[1] 吴敬琏：《建议确立社会主义市场经济的提法》，载《吴敬琏自选集（1980—2003）》，山西经济出版社，2003。

[2] 薛暮桥：《薛暮桥回忆录》，天津人民出版社，1996。

级阶段所有制结构的认识进一步深化。陈宗胜较早地将我国所有制改革的目标模式概括为一种“混合经济”，即公有制居于相对主体地位，私人经济、个体经济、国家资本主义经济等共同存在、溶合生长。所谓共同存在，是指公有制与非公有制及其各种具体形式在整个国民经济范围内并存；所谓溶合生长，是指各种所有制形式相互渗透、彼此交叉，在一个企业内部溶合发展。他还强调指出，这种模式不是私有制居相对主体的混合经济，而是公有制居相对主体的混合经济[1]。在党的十五大上，公有制为主体、多种所有制经济共同发展，被正式确认为社会主义初级阶段的基本经济制度。正如党的十八届三中全会决议所指出的，基本经济制度是中国特色社会主义制度的重要支柱，也是社会主义市场经济体制的根基。

三是主张社会主义公有制实现形式也具有多样性。传统的观点认为，只有全民所有制和集体所有制才是社会主义公有制的实现形式，全民所有制是社会主义所有制的高级形式，集体所有制则是其低级形式，集体所有制最终也将过渡到全民所有制。在20世纪80年代初，何伟就注意到，现实生活中已经出现一些公有制的新形式，他提出了应该根据实际经济生活中的变化来重新研究社会主义生产资料所有制理论的主张[2]。刘诗白认为，在不发达的社会主义社会，公有制是一个以全民所有制为主导，由集体所有制、联合所有制和其他公有制形式组成的多样性的复合结构[3]。于光远的《中国社会主义初级阶段的经济》是国内第一本系统研究社会主义初级阶段经济问题的著作，曾被誉为“影响新中国经济建设的10本经济学著作”。在这本书中，于光远注意到我国已经出现了各种属于非基本形式的社会主义所有制新形式[4]，并预言，很可能在将来的某个时期，这种复合的社会主义所有制形式将

[1] 陈宗胜：《论所有制改革的目标模式》，《南开经济研究》1987年第3期。

[2] 何伟：《社会主义公有制应当有多种形式》，《人民日报》1984年12月31日。

[3] 刘诗白：《社会主义所有制结构》，载《中国社会主义经济理论的回顾与展望》，经济日报出版社，1986。

[4] 在书中，基本形式或者非复合性的社会主义所有制形式是指传统的公有制形式，非基本形式或者复合性的社会主义所有制形式是指公有制企业之间通过横向联合或者集资而形成的股权多元的公有制企业。见于光远：《中国社会主义初级阶段的经济》，中国财政经济出版社，1988。

会比非复合性的社会主义所有制形式占到更重要的地位。在具体的改革思路上，厉以宁等一些学者认为股份制是公有制实现的较好的方式，并从很多方面对此进行了论证。在党的十五大报告中认可了“公有制实现形式可以多样化”。党的十六届三中全会通过的《中共中央关于完善社会主义市场经济体制若干问题的决定》则进一步提出“使股份制成为公有制的主要实现形式”，并要求“大力发展国有资本、集体资本和非公有资本等参股的混合所有制经济，实现投资主体多元化”。党的十八届三中全会通过的《中共中央关于全面深化改革若干重大问题的决定》明确指出，“国有资本、集体资本、非公有资本等交叉持股、相互融合的混合所有制经济，是基本经济制度的重要实现形式，有利于国有资本放大功能、保值增值、提高竞争力，有利于各种所有制资本取长补短、相互促进、共同发展”。因此，应当“积极发展混合所有制经济”。

四是在社会主义分配制度方面的理论突破。传统的观点认为，生产资料公有制决定了只有按劳分配才是社会主义的分配原则，土地、资本等要素参与分配则是资产阶级庸俗经济学的陈词滥调。谷书堂和蔡继明认为这种观点不适用于社会主义初级阶段。他们认为，由于社会主义初级阶段还存在着多种所有制，国家、企业和个人还具有相对独立的经济利益，企业和个人还都具有不同程度的收入分配和积累的自主权，所以还不能完全实行按劳分配。他们提出，社会主义初级阶段的分配原则是按贡献分配，也就是按各种生产要素在社会财富的创造中所作出的实际贡献进行分配。社会主义初级阶段的各种收入都是按贡献分配的形式，各种生产要素的贡献是由各生产要素的边际收益决定的。他们强调，在社会主义初级阶段，只有贯彻按贡献分配的原则，才能确保机会均等，提高效率，实现资源的最优配置，促进社会生产力的发展[1]。他们的观点曾经引起了很大的争议，但改革实践的发展验证了这种观点的合理性。党的十六大明确提出，“确立劳动、资本、技术和管理等生产要素按贡献参与分配的原则，完善按劳分配为主体、多种分配方式并存的分配制

[1] 谷书堂、蔡继明：《按贡献分配是社会主义初级阶段的分配原则》，《经济学家》1989年第2期。

度”，最终认可了按生产要素的贡献进行收入分配的合法性。党的十九大报告继续强调“坚持按劳分配原则，完善按要素分配的体制机制，促进收入分配更合理、更有序”。

随着改革开放的伟大实践和理论探讨的不断深入，我党对社会主义与市场经济关系的认识日益深刻。1984年通过的《中共中央关于经济体制改革的决定》明确指出，“改革计划体制，首先要突破把计划经济同商品经济对立起来的传统观念，明确认识社会主义计划经济必须自觉依据和运用价值规律，是在公有制基础上的有计划的商品经济。商品经济的充分发展，是社会经济发展的不可逾越的阶段，是实现我国经济现代化的必要条件。只有充分发展商品经济，才能把经济真正搞活，促使各个企业提高效率，灵活经营，灵敏地适应复杂多变的社会需求，而这是单纯依靠行政手段和指令性计划所不能做到的”。党的十三大报告强调，“社会主义有计划商品经济的体制，应该是计划与市场内在统一的体制”。邓小平在南方谈话中进一步指出，“计划经济不等于社会主义，资本主义也有计划；市场经济不等于资本主义，社会主义也有市场。计划和市场都是经济手段”“计划多一点还是市场多一点，不是社会主义与资本主义的本质区别”[1]。这个精辟论断，从根本上解除了把计划经济和市场经济看作属于社会基本制度范畴的思想束缚。为了进一步解放和发展生产力，就必须改革传统的中央集权的计划经济体制，建立社会主义市场经济体制。党的十四大报告明确提出，“我国经济体制改革的目标是建立社会主义市场经济体制”，这是对社会主义认识的重大突破。

随着中国经济体制转型的加速，社会主义市场经济体制在21世纪初已经初步建立，中国经济也发生了一系列深刻的变化。与苏联和东欧国家以“休克疗法”和全面私有化为特征的快速经济转型不同，中国的经济转轨通过渐进式改革，逐步营造了一个竞争性的市场环境，市场在国家宏观调控下对资源配置起到了基础性作用；

[1] 邓小平：《在武昌、深圳、珠海、上海等地的谈话要点》，载《邓小平文选》第三卷，人民出版社，1993，第373页。

在所有制结构上，基本形成了以公有制为主体，个体经济、私营经济、外资经济并存，多种经济成分长期共同发展的社会主义初级阶段基本经济制度；在分配制度上，确立了劳动、资本、技术和管理等生产要素按贡献参与分配的原则，不断完善以按劳分配为主体、多种分配方式并存的分配制度，鼓励人民群众拥有更多的财产性收入。市场化改革极大地提高了中国的要素配置效率，日益扩大的对外开放使中国越来越深地融入世界经济体系之中，改革开放推动中国创造了经济持续高速增长的奇迹，使中国从一个国民经济濒临崩溃的国家一跃成为世界第二大经济体。

# 第三节

## 新时代需要构建高水平社会主义市场经济体制

经过40多年的改革开放，中国发展也进入了新的历史时期。综合国力日益雄厚，经济结构不断优化，技术能力持续提升，重要领域和关键环节的改革取得突破性进展，城乡居民收入增速超过经济增速，覆盖城乡居民的社会保障体系基本建立，人民生活水平不断得到改善。随着中国特色社会主义建设迈进新时代，社会主要矛盾也在发生新的变化，这就要求我们加快完善社会主义市场经济体制，推动经济高质量发展。

社会主义初级阶段的各类经济社会矛盾异常复杂，只有透过纷繁芜杂的各类矛盾的表象，深刻认识和正确处理主要矛盾，才能确定社会主义初级阶段的主要问题和中心任务，才能掌握社会主义初级阶段的发展规律，才能将中国特色的社会主义建设不断地推向前进。党的十三大报告第一次对社会主义初级阶段的主要矛盾作了明确的表述，报告指出，“我们在现阶段所面临的主要矛盾，是人民日益增长的物质文化需要同落后的社会生产之间的矛盾。阶级斗争在一定范围内还会长期存在，但已经不是主要矛盾。为了解决现阶段的主要矛盾，就必须大力发展商品经济，提高劳动生产率，逐步实现工业、农业、国防和科学技术的现代化，并且为此而改革生产关系和上层建筑中不适应生产力发展的部分”。党的十五大报告进一步指出，“我国经济、政治、文化和社会生活各方面存在着种种矛盾，阶级矛盾由于国际国内因素还将在一定范围内长期存在，但社会的主要矛盾是人民日益增长的物质文化需要同落后的社会生产之间的矛盾，这个主要矛盾贯穿我国社会主义初级阶段的整个过程和社会生活的各个方面。这就决定了我们必须把经济建设作为全党全国工作的中心，各项工作都要服从和服务于这个中心”。我们党在总结历史经验教训的基础上，正确分析了初级阶段的主要矛盾，始终牢牢抓住了主要矛盾和工作中心，并在改革开放的实践中清醒地观察和把握社会矛盾的全局，在此基础上形成和完善了初级阶段的基本路线和基本纲领，围绕着经济建设这个中心大局，建立了社会主义市场经济体制，极大地释放了社会生产力，推动了中国经济的持续增长，使得中国的经济结构、社会结构和其他方面都发生了显著的变化。

随着中国特色社会主义建设进入新时代，人民日益增长的物质文化需要同落后的社会生产之间的矛盾已经不能准确地反映当前和未来一段时期中国社会的主要矛盾，我国社会的主要矛盾已经转化为人民日益增长的美好生活需要和不平衡不充分的发展之间的矛盾。经过40余年的改革开放，我国的社会生产力有了巨大发展，综合国力大幅增强，人民生活显著改善，实现了由解决温饱到总体达到小康的历史性跨越。中国已经成为世界第二大经济体，拥有了完整的工业体系。目前，中国工业部门已涵盖39个工业大类，191个中类，525个小类[1]，是全球唯一一个拥有联合国产业分类中全部工业门类的国家，成为当之无愧的“世界工厂”。中国不仅在劳动密集型产业中已经形成了很强的国际竞争力，而且在汽车、造船、航空航天等反映一个国家的工业化程度和高端制造水平的复杂制造业部门，也开始在国际市场上占有一席之地。即便在新兴的数字科技领域，中国的华为、阿里巴巴、腾讯等企业也已经具备与全球巨头分庭抗礼的能力。生产力的巨大发展使人民群众基本的物质文化需求能够得到很好的满足，经济增长也拉动了居民收入的持续上升，使社会需求发生了很大的变化，不仅在物质文化需求方面形成了更高的要求，而且在民主、法治、公平、正义、安全、环境等方面的新的需求也在不断增加。然而也应当看到，尽管中国已经全面建成小康社会，但社会主义市场经济体制还不够完善，区域之间、城乡之间以及其他方面仍然存在着发展不平衡、不充分等问题，建设高度社会主义民主政治和和谐社会所必需的一系列经济社会条件也还不够充分，这些都影响

[1] 国家统计局综合司：《从一穷二白到现代工业体系的历史跨越》，http：//www.stats.gov.cn/ztjc/ztfx/qzxzgcl60zn/200909/t20090921_68644.html。

了人民群众对美好生活的追求。党的十九大报告作出了新的重要判断："中国特色社会主义进入新时代，我国社会主要矛盾已经转化为人民日益增长的美好生活需要和不平衡不充分的发展之间的矛盾。"我国社会主要矛盾的变化是关系全局的历史性变化，将对中国的发展全局产生深刻的影响。随着世界面临百年未有之大变局以及中国经济进入新常态，我国发展所面临的环境、条件、任务和要求都在发生新变化。要解决好新时代中国发展面临的新问题和新矛盾，应当进一步完善社会主义市场经济体制，坚持新发展理念，走科学发展之路。

我国经济已由高速增长阶段转向高质量发展阶段，正处在转变发展方式、优化经济结构、转换增长动力的攻关期。党的十九大指出，为了更好地建设现代化经济体系，应当坚持解放和发展社会生产力，坚持社会主义市场经济改革方向，推动经济持续健康发展。要着力构建市场机制有效、微观主体有活力、宏观调控有度的经济体制，不断增强我国经济创新力和竞争力。党的十九届五中全会规划了到2035年基本实现社会主义现代化的远景目标，并对"十四五"时期构建高水平社会主义市场经济体制进行了部署，提出坚持和完善社会主义基本经济制度，充分发挥市场在资源配置中的决定性作用，更好发挥政府作用，推动有效市场和有为政府更好结合，从而进一步明确了市场经济体制改革的方向。

第一，继续深化国资国企改革，进一步做强做优做大国有资本和国有企业。改革开放以来，从20世纪80年代"放权让利"到20世纪90年代建立现代企业制度，围绕国有企业的各项改革不断深入，促进了企业经营机制的转换和公司治理结构的建立，并在此基础上对国有经济进行了战略性重组。近年来，在《中共中央 国务院关于深化国有企业改革的指导意见》等重要文件的指导下，国资国企改革继续推进，取得了明显的效果。国有企业规模不断壮大，2019年全国国有企业资产总额已经达到233.9万亿元，其中，中央企业资产总额87.0万亿元，地方国有企业资产总额146.9万亿元[1]。国有企业经营效率也有了大幅提升，2020年全国国有企业营业收入

[1] 《国务院关于2019年度国有资产管理情况的综合报告》，http：//www.npc.gov.cn/npc/c30834/202010/8459210b544e4b9dba931e5b4682e9fa.shtml。

达到了63.29万亿元，利润达到了3.42万亿元[1]。国有企业中还出现了一批具有国际竞争力的大型企业，2020年有92家国有企业进入《财富》世界500强。下一步要继续深化国有企业混合所有制改革，健全管资本为主的国有资产监管体制，加快国有经济布局优化和结构调整，发挥国有经济战略支撑作用。

第二，优化民营经济发展环境，促进非公有制经济健康发展。党的十五大提出了“社会主义公有制为主体、多种所有制经济共同发展”的社会主义基本经济制度，认为非公有制经济是社会主义市场经济的重要组成部分，而不仅仅是公有制经济的补充，从而极大地拓展了非公有制经济的发展空间。党的十五大以来，党的历次代表大会都强调，要在毫不动摇巩固和发展公有制经济的同时，毫不动摇地鼓励、支持、引导非公有制经济发展。2005年2月19日，《国务院关于鼓励支持和引导个体私营等非公有制经济发展的若干意见》发布，这是中华人民共和国成立以来第一部以促进非公有制经济发展为主题的中央政府文件，因为意见内容共有三十六条，所以也被称为“非公经济三十六条”。2010年，《国务院关于鼓励和引导民间投资健康发展的若干意见》发布，进一步拓宽民间投资的领域和范围，鼓励和引导民间资本进入基础产业和基础设施、市政公用事业和政策性住房建设、社会事业和金融服务等领域。因为这份文件的内容也是三十六条，所以它被称为“非公经济新三十六条”。制约民营企业发展的各种行政壁垒被逐渐破除，市场准入上的歧视待遇得到纠正，民营经济获得了迅猛发展，不仅成为经济增长的重要推动力量，在扩大社会就业、缓解就业压力、保持社会稳定等方面，更是发挥了不可替代的重要作用。2018年底，习近平总书记在民营企业座谈会上进一步指出，“民营经济是我国经济制度的内在要素，民营企业和民营企业家是我们自己人”[2]，为民营经济发展注入了坚定的信心。应当进一步营造良好的营商环境，对民营企业产权和企业家权

[1] 《2020年1—12月全国国有及国有控股企业经济运行情况》，http://www.sasac.gov.cn/n2588035/n2588330/n2588370/c16746704/content.html。

[2] 习近平：《在民营企业座谈会上的讲话》，《人民日报》2018年11月2日第2版。

益依法予以平等保护，使非公有制经济在中国经济发展中继续扮演重要的角色。

第三，充分发挥市场在资源配置中的决定性作用。经济体制改革不断深化的过程，也是一个市场竞争性不断增强和市场竞争领域不断扩展，经济运行的协调方式由政府的直接干预逐渐被价格机制和竞争过程所替代的过程。国内产品和服务的市场化已经基本实现，2017年以来，97%以上的商品和服务价格已经由市场形成，实行政府指导价、政府定价的商品和服务已经缩减为天然气、电力、水利工程供水、重要邮政业务等7个种类，具体定价项目也只有20项[1]。要素市场化改革也取得了很大进展。银行间拆借市场和外汇市场相继建立，证券和期货市场日趋活跃；劳动力市场的发展促进了劳动者自主择业，妨碍城乡间劳动力转移的体制障碍被逐渐革除，跨区域的劳动力自由流动已经具有相当规模；技术市场和土地市场交易量不断扩大。为了进一步深化土地、劳动力、资本等要素的市场化改革，《中共中央 国务院关于构建更加完善的要素市场化配置体制机制的意见》于2020年发布，这是党中央和国务院第一次对推进要素市场化配置改革进行总体部署。文件提出，要建立城乡统一的建设用地市场，深化户籍制度改革，畅通劳动力和人才社会性流动渠道，完善股票市场基础制度并加快发展债券市场，加快发展技术要素市场，完善科技创新资源配置方式。随着信息通信技术的不断发展，数字技术已经渗透到企业生产和居民生活的许多领域。这个文件顺应了互联网大数据时代的新变化，第一次将数据资源作为一种新的生产要素单独列出，并提出了加快培育数据要素市场的政策安排，如推进政府数据开放共享，培育数字经济新产业、新业态和新模式，完善数据的产权性质，制定数据隐私保护制度和安全审查制度等。数字经济将成为推动中国经济高质量发展的新动能。

第四，完善宏观经济治理。在社会主义市场经济体制中，既要强调市场对资源配置的决定性作用，通过价格杠杆和竞争机制推动资源的优化配置和企业的优胜劣

[1] 《国务院：中央定价目录压减为7种20项》，http：//china.caixin.com/2015-09-23/100855681.html。

汰，并促进生产和需求的相互协调；但同时也必须更好地发挥政府的作用，以克服市场自身的弱点并化解消极因素。自20世纪90年代初以来，中国经济在高速增长的同时，受国内外诸多因素的影响，也出现过几次大的波动。但随着对宏观经济运行规律认识的逐渐深入，以及宏观调控体系的不断完善，政府在通过逆周期调节的方式来熨平经济波动方面取得了显著的成就。随着中国经济从高速增长阶段转向高质量发展阶段，应当加快构建现代财税金融体制，健全以国家发展规划为战略导向，以财政政策和货币政策为主要手段，就业、产业、投资、消费、环保、区域等政策紧密配合，目标优化、分工合理、高效协同的宏观经济治理体系，以促进国民经济和社会的协调发展。在经济发展的新阶段，由于经济规模更大，经济运行更复杂，潜在经济增长速度也在放缓，这就决定了宏观经济治理的任务更艰巨，不仅要根据相机抉择的原则，实施短期逆周期政策，通过调节总需求来减缓宏观经济的波动，还要设计中长期的跨周期政策，使国民经济能以合意的速度实现可持续增长。

CHAPTER 3

# 第三章

## 社会主义市场经济理论——改革开放主要理论支柱

社会主义市场经济体制取代传统的计划经济体制是中国改革开放以来的主要制度创新，与此相对应，社会主义市场经济理论则是中国改革开放的主要理论支柱。我国作为一个大国，在社会主义条件下发展市场经济，是前无古人的伟大创举，也是一项全新的课题与挑战。在成功实践的基础上概括出来的社会主义市场经济理论，是中国共产党人和马克思主义经济学家关于科学社会主义的重大理论创新，也是对经济科学的划时代贡献！

因此，要深刻理解改革开放后的经济制度创新，需要深刻理解相应的经济理论创新。

# 第一节

## “摸着石头过河”改革突显理论先行重要性

中国的经济改革是渐进式改革，“摸着石头过河”的改革。标志改革启动的党的十一届三中全会公报，在宣布全党工作的着重点应该从1979年转移到社会主义现代化建设上来的同时，提出要推进改革开放。公报指出：“现在我国经济管理体制的一个严重缺点是权力过于集中，应该有领导地大胆下放，让地方和工农业企业在国家统一计划的指导下有更多的经营管理自主权；应该着手大力精简各级经济行政机构，把它们的大部分职权转交给企业性的专业公司或联合公司；应该坚决实行按经济规律办事，重视价值规律的作用，注意把思想政治工作和经济手段结合起来，充分调动干部和劳动者的积极性……采取这些措施，才能充分发挥中央部门、地方、企业和劳动者个人四个方面的主动性、积极性、创造性，使社会主义经济的各个部门各个环节普遍地蓬蓬勃勃地发展起来。”从这里我们可以看出，当时并没有确定改革的目标，即没有确定“摸着石头过河”的“河对岸”是什么样子，而是在改革实践中摸索和总结经验后确定下一步的走向。在这种情况下，改革理论的探索和研究，特别是寻找适合中国国情的改革目标，就具有特别重要的意义。党的十一届三中全会后中央大力倡导解放思想、实事求是的思想路线，更使社会各界特别是经济学界积极研究中国经济改革理论，为中国从未有过的改革开放大业贡献自己的智慧和成果。

回顾改革开放40多年的历史，我们看到，在改革开放初期，在1992年确立社会主义市场经济体制改革目标前，中国经济学界就关于经济改革理论问题进行了深入的研究和热烈的讨论，还有几次尖锐的交锋，真正呈现百家争鸣的局面。1992年以后，新的制度建设已经明确，虽然还存在如何完善深化等问题，但是经济改革理论仍然是经济学界研讨的热点，但是首要热点已逐渐被经济增长和发展问题所代替，从报刊上发表的文章分类也可以明显看出这一趋势。

1992年，邓小平提出“发展才是硬道理”的战略思想后，经济增长和发展问题逐步成为经济学界研讨的第一热点。2003年，党中央提出“科学发展观”以后，如何实现经济的科学发展，包括以人为本、全面协调可持续发展，转变经济增长和发展方式，建设资源节约型和环境友好型社会，提高自主创新能力建设创新型国家等，更是成为经济学家关注的焦点。由于20世纪末中国已初步建立起社会主义市场经济体制，市场已开始在资源配置中起基础性作用，改革问题不像过去那么紧迫、突出，因此有的经济学家认为，中国在进入21世纪后，“改革经济学”已逐步演变为“发展经济学”，研讨主题位置已经转换[1]。这个说法是有一定道理的。

与此同时，也要看到，进入21世纪后，中国的社会主义市场经济体制仍然不够完善，经济增长和发展中仍然存在一些体制性弊端，有时体制性障碍还比较突出，比如2016年侵犯民营企业产权和2018年关于民营经济离场论的出现，特别是中国经济进入高质量发展阶段后，要建立高水平的社会主义市场经济体制，建设高质量的市场体系，建设高水平开放型经济新体制，就要继续深化市场化改革。改革没有尽头，一直在路上，所以经济改革理论研讨没有终点，只有进行时，而且仍然是需要经济学界关注和认真研究的重大课题。2013年11月作出的《中共中央关于全面深化改革若干重大问题的决定》和2020年5月颁布的《中共中央　国务院关于新时代加快完善社会主义市场经济体制的意见》，都充分说明了这一点。

[1]　黄泰岩：《三十年中国经济学发展与变化》，《理论动态》2008年第1799期。

# 第二节

## 改革初期对经济改革目标的探索与讨论

1978年实行改革开放后，直至1992年确立社会主义市场经济体制改革目标，中国经济学家对经济改革目标一直进行着认真的研究与讨论，其中最具广泛影响力的大概有三次。

### （一）20世纪80年代初关于社会主义经济是否具有商品经济的属性的争论

1979年4月，由中国社会科学院经济研究所、国家计委经济研究所、江苏省哲学社会科学研究所联合发起，在江苏省无锡市举行了全国经济理论讨论会，主题是探讨社会主义制度下价值规律的作用。参加研讨会的有389位经济学家，研讨时间为近半个月，我国著名的经济学家薛暮桥、孙冶方参加了这次会议并作了大会发言。会上多数经济学家认为社会主义经济也是一种商品经济，肯定社会主义经济中市场调节的作用，竞争是其内在机制，企业（当时指国营企业）是独立或相对独立的商品生产者和经营者[1]。此后，越来越多的经济学家认同社会主义经济也是一种商品经济的观点。1980年9月，国务院经济体制改革办公室撰写的《关于经济体制改革的初步意见》中就提到，“我国现阶段的社会主义经济是生产资料公有制占优势，多种经济成分并存的商品经济”。文件的主要起草人薛暮桥在各省、区、市书记会议上作说明时提到：“现在我们提出我国现阶段的社会主义经济是生产资料公有制占优势、多种经济成分并存的商品经济，是对30年来占统治地位的教条主义思

[1] 中国社会科学院经济研究所资料室、国家计委经济研究所资料室、江苏省哲学社会科学研究所资料室编《社会主义经济中计划与市场的关系》（上、下），中国社会科学出版社，1980。

想的挑战。”[1]

突出的争论出现在1982年。当年，在党的十二大报告起草过程中，参与起草的林涧青、袁木等5位同志，联名写信给当时主管意识形态工作的胡乔木同志，信中针对近几年在经济理论界占主流地位的强调市场调节的作用、认为社会主义经济是商品经济的主张提出批评。信中说：“在我国，尽管还存在着商品生产和商品交换，但是绝不能把我们的经济概括为商品经济。如果作这样的概括，那就会把社会主义条件下人们之间共同占有、联合劳动的关系，说成是商品等价物的关系；就会认定支配我们经济活动的，主要是价值规律，而不是社会主义的基本经济规律和有计划发展规律。这样就势必模糊有计划发展的社会主义经济和无政府状态的资本主义经济之间的界限，模糊社会主义经济和资本主义经济的本质区别。”[2]1982年8月，胡乔木批转了这封信件。自那以后，大概一年的时间，出现了不少批判社会主义经济是商品经济的文章。其中最明显的是对刘国光于1982年9月6日发表在《人民日报》上的《坚持经济体制改革方向》一文的点名批评，该文认为社会主义经济具有商品经济的属性，随着价格体系的合理化，要逐步缩小指令性计划的范围，扩大指导性计划的范围。刘国光被迫在中国社会科学院党组作检讨（当时刘国光刚任中国社会科学院副院长，党组成员）。与此同时，《人民日报》《红旗》杂志还发表了批判文章[3]。

但是，反对社会主义经济具有商品经济属性的观点，同现实生活中轰轰烈烈的市场取向改革大相径庭。自1983年起，主张社会主义经济具有商品经济属性的文章，以其更强烈的现实背景和更充分的论证，重新登上中国的论坛。特别是1984年10月，党的十二届三中全会作出的《中共中央关于经济体制改革的决定》，肯定了我国的社会主义经济是公有制基础上的有计划的商品经济，对我国经济学界多年的

[1] 薛暮桥：《薛暮桥回忆录》，天津人民出版社，1996，第357页。

[2] 彭森、陈立等：《中国经济体制改革重大事件》（上），中国人民大学出版社，2008，第120页。

[3] 刘国光自述，桁林、邢桂琴整理：《刘国光》，社会科学文献出版社，2017，第53—54页。

争论作了总结，使我们的认识达到了新高度，从而打开了社会主义也可以搞市场经济的大门。

1984年党的十二届三中全会文件的起草，经历了一个充满复杂斗争的过程。文件从1984年6月开始起草，一个多月后提出了一个提纲。但这个提纲没有脱离原来的“计划经济为主，市场调节为辅”的调子，当时的中共中央总书记胡耀邦对此不太满意，因此，重新调整了文件起草班子。正在这个时候，时任中国社会科学院院长的马洪，受命组织院内几位专家（周叔莲、张卓元、刘增录）撰写了《关于社会主义制度下我国商品经济的再探索》一文，为商品经济论翻案。文章提出，在肯定社会主义经济是计划经济时，不要“否定社会主义经济同时也具有商品经济的属性。商品经济的对立物不是计划经济，而是自然经济”，不能把计划经济同商品经济“对立起来”。文章重新肯定此前被否定的“社会主义经济是有计划的商品经济”的提法。马洪院长把这篇经他和吴敬琏修改审定后的文章，送给了一些老革命家征求意见，得到了王震等同志的称赞。王震在回信中说，这篇文章写得很好，我们不能只说老祖宗说过的话，应该有创造性。9月8日，当时的国务院主要负责人给中共中央政治局常委写信，题目是《关于经济体制改革中三个问题的意见》，信里表达了四层意思：

（1）中国实行计划经济，不是市场经济。

（2）自发地盲目地通过市场进行调节的生产和交换，只限于小商品、三类农副产品和服务修理行业，它们在整个国民经济中起辅助作用。

（3）计划经济不等于指令性计划为主。指令性计划和指导性计划都是计划经济的具体形式。我国幅员辽阔，现代化手段不发达，交通不便，信息不灵，编制包罗万象的指令性计划，不仅不可能，而且有害。在当前和今后相当长的时期内，我们的计划应该是逐步缩小指令性计划，扩大指导性计划。

（4）指导性计划主要用经济手段调节，指令性计划也必须考虑经济规律，特别是价值规律的作用。社会主义经济是以公有制为基础的有计划的商品经济。计划要通过价值规律来实现，要运用价值规律为计划经济服务。“计划第一，价值规律第二”这一表述并不确切，今后不宜继续沿用，应该如实地把两者统一起来，而不是把它们割裂或对立起来[1]。

对于上述意见，9月11日，邓小平批示赞成。12日，陈云也批示同意，同时指出，信中所提的三个问题，是当前我国经济工作面临的重要问题，也是对这几年城市经济体制改革经验的总结。关于计划体制的四层意思，符合目前的实际情况。李先念也表示，信中提到的三个问题确实是根本性问题，解决好了，将会大大促进我国社会生产力的发展。

原国家经济体制改革委员会（简称“原国家体改委”）也组织了专家学者举行座谈会，讨论党的十二届三中全会决定的草稿。会上，有人提出，应当明确写入“商品经济”。座谈会的成果写成简报报给中央。当时的国务院主要负责人把简报批转给起草小组经济部分负责人高尚全请其酌处。文件最后明确：社会主义计划经济必须自觉依据和运用价值规律，是在公有制基础上的有计划的商品经济。这意味着，“公有制基础上的有计划的商品经济”已取代党的十二大的“计划经济为主，市场调节为辅”，成为中国经济改革的目标模式[2]。

肯定社会主义经济是商品经济，社会主义商品经济论的确立，表明：①社会经济关系的商品化货币化，商品生产和流通在社会经济活动中占统治地位，即各种产品绝大部分转化为商品，卷入商品流通的旋涡。②具有独立经济利益的商品生产者和经营者是商品经济的基本要素，他们之间既有等价交换关系，又有竞争关系。生产与消费、供给与需求在生产发展和技术进步的基础上出现失衡是商品经济运动的必然现象，通过竞争达到暂时的均衡。③价值规律是商品经济的基本规律，市场调节是商品经济运行机制的基本特征，价值规律通过市场价格及其变化自发地调节商

[1] 吴敬琏、张问敏：《社会主义市场经济理论》，载张卓元主编《论争与发展：中国经济理论50年》，云南人民出版社，1999。

[2] 彭森、陈立等：《中国经济体制改革重大事件》（上），中国人民大学出版社，2008，第199—201页。

品生产和商品流通，使稀缺的资源自动地从效率低的行业流向效率高的行业，使资源配置适应市场和社会的需要，实现资源的有效配置。④商品市场关系的扩展要求克服民族经济的孤立性和闭塞性，实行对外开放，走向世界市场，开拓世界市场，逐步融入经济全球化过程中。

社会主义商品经济论的确立，有力地推动了市场化改革，为走向社会主义市场经济论迈出了坚实的一步。

### （二）1987年原国家体改委组织8个课题组制定中期（1988—1995年）改革规划纲要

1987年10月至1988年6月，原国家体改委组织中国社会科学院课题组、北京大学课题组、中央党校课题组、中国人民大学课题组、吴敬琏课题组、国务院农研中心发展研究所课题组、国家计委课题组和上海市课题组，就我国中期（1988—1995年）改革规划纲要分别提出报告。1987年10月，党的十三大报告提出要建立社会主义有计划的商品经济体制，明确这是计划与市场内在统一的体制，计划与市场的作用范围都是覆盖全社会的。新的经济运行机制，总体上来说应当是“国家调节市场，市场引导企业”的机制。国家运用经济手段、法律手段和必要的行政手段，调节市场供求关系，创造适宜的经济环境和社会环境，以此引导企业正确地进行经营决策。党的十三大报告为课题组的研讨指明了方向，包括坚持市场导向改革、强调市场和市场调节的作用、强调尊重价值规律、强调激活微观主体活力等。

8个课题组上百名经济学家经过半年多的努力提出的改革规划纲要报告，里面有许多改革理论创新和切合实际的政策建议，为确立社会主义市场经济论又向前迈进了一步。

第一，准确把握新经济体制的基本框架。正如原国家体改委综合规划司在归纳8个方案时指出的，各个方案一致的看法是，中期改革的目标，应该是通过新旧体制的转换，确立社会主义商品经济新体制的主导地位。这种新经济体制的基本框架是“政府调控市场，市场引导企业”，包括相互联系的三个方面，即“经济运行的市场化，企业形态的公司化，宏观调控的间接化”。这“三化”的概括是颇有新意的，即使在明确了经济体制改革的目标是社会主义市场经济体制的今天看来，“三化”也是对新体制基本框架的比较准确的概括。

第二，明确指出企业改革的中心任务是创建现代企业制度。中央党校课题组提出：“现在，形势的发展要求我们的改革再迈上一个新台阶：从改善企业经营机制走向全面创建现代企业制度。”北京大学课题组也提出：“从总体上说，8年（1988—1995年）内，企业体制改革的重点逐渐由承包制向股份制过渡，由低层次的经营机制与产权关系改革向高层次的经营机制与产权关系改革过渡。”“理顺财产关系的结果是企业形态的公司化。”我们知道，1993年党的十四届三中全会决定提出企业改革的方向是建立现代企业制度，而在这之前5年多，在制定中期改革规划纲要时，就有方案明确主张企业改革的中心任务是创建现代企业制度，可见其超前性。

第三，有的课题组明确提出建立有宏观管理的市场经济体制。吴敬琏课题组报告说：“世界经济的发展不允许我们在建立有计划的商品经济体制，即有宏观管理的市场经济体制的过程中，重复原始市场经济早期的混乱，也不允许我们采取试试碰碰的办法作长久的探索。我们的改革战略和方法的制定和选择，必须站在现代化的高度，切合中国的国情，根据发展商品经济和实行市场化的一般规律和共同经验，用不太长的时间，在一个较高的起点上建立起一个由发展战略和产业政策引导的社会主义经济市场秩序。”把当时大家对有计划的商品经济体制的共识，解释为就是要建立有宏观管理的市场经济体制，是改革理论和战略的重大进展，具有明显的超前性。

第四，提出政府干什么由市场干不了什么决定。几个方案都提出宏观经济调控间接化。为此，就要切实转变政府职能，改变政府直接干预企业生产经营活动的管理体制。政府干什么是由市场干不了什么决定的。国家从运用行政手段和实物指标对企业进行直接计划控制，转变为主要运用经济手段通过市场对企业行为进行间接引导。国家计划的主要任务由分钱分物，转变为制定和实施国民经济发展战略、产业政策以及财政、货币、收入政策，以保持宏观经济总量平衡，推动国民经济持续稳定发展。这也是符合中国市场化改革实际的。

第五，提出了“稳中求进”的改革发展思路。这是中国社会科学院课题组提供的，也代表了中国社会科学院一批经济学家的观点。这批经济学家后来被经济学界列为“稳健改革派”代表。稳中求进，就是以稳定经济的措施来保证改革和发展的顺利进行，同时也要用深化改革的办法稳定经济。确立“稳中求进”的改革发展思路，就是要进一步重视通货膨胀问题。稳定经济的核心是稳定物价，稳定物价的方针不能放弃。改革开放的实践证明，“稳中求进”的思路是可取的，并逐步被采纳为党和政府指导经济发展和改革的重要方针。这也可以算是中国经济学家对改革开放和社会主义现代化建设的一个比较重要的贡献。

### （三）1991年关于皇甫平文章的争论

党的十三大以后，中国市场化改革继续开展，1988年还试图进行“价格闯关”，大量放开价格由市场调节，但因受到通货膨胀的干扰未成。在论坛上，主张社会主义市场经济的文章逐渐多了起来。但是这个势头因1989年出现的那场政治风波而受阻。当时有的经济学家对前几年的市场取向改革表示怀疑或否定，比如有人批判说，“他们把商品经济关系，说成是社会主义生产关系的基础，鼓吹我们要建立的就是与商品经济相适应的经济体制”[1]。他们还把“怀疑社会主义计划经济的可能性和必要性，崇尚市场调节的作用”列为“资产阶级自由化的第八个表

[1] 陈益寿：《反对资产阶级自由化，提高政治经济学教学思想水平》，《理论信息报》1989年8月14日。

现”[1]。有人断言，市场经济“只能是资本主义经济”[2]。还有人说，“市场经济，就是取消公有制，这就是说，是否定共产党的领导，否定社会主义制度，搞资本主义”[3]。在这种情况下，邓小平讲话了。1991年春节前夕，邓小平在上海视察。他语重心长地对上海市的负责人说：“改革开放还要讲，我们的党还要讲几十年……光我一个人说话还不够，我们党要说话，要说几十年。当然，太着急也不行，要用事实来证明。当时提出农村实行家庭联产承包，有许多人不同意，家庭承包还算社会主义吗？嘴里不说，心里想不通，行动上就拖，有的顶了两年，我们等待。不要以为，一说计划经济就是社会主义，一说市场经济就是资本主义，不是那么回事，两者都是手段，市场也可以为社会主义服务。”“希望上海人民思想更解放一点，胆子更大一点，步子更快一点。”[4]时任上海市委书记朱镕基在市委常委会上传达了邓小平讲话精神后，上海《解放日报》社党委书记周瑞金与报社评论部负责人凌河、中共上海市委政策研究室施芝鸿3人，以“皇甫平”为笔名，写了4篇评论文章，在1991年2月15日至1991年4月22日相继发表在《解放日报》上。其中，3月2日发表的第二篇评论《改革开放要有新思路》，提出要防止陷入某种“新的思想停滞”，批评“有些同志总是习惯于把计划经济等同于社会主义，把市场经济等同于资本主义，认为在市场经济背后必然隐藏着资本主义的幽灵”。文章明确提出，“资本主义有计划，社会主义有市场”。并表示：“这种科学认识的获得，正是我们在社会主义商品经济问题上又一次更大的思想解放。”“总之，进一步解放思想，是保证我们完成第二步战略目标的必要条件。”皇甫平的第三篇评论《扩大开放的意识要更强些》发表在3月22日的《解放日报》上，文章认为，“如果我们仍然囿于‘姓社还是姓资’的诘难，那就只能坐失良机”。

---

[1] 王一夫：《经济领域资产阶级自由化的十二个表现》，《理论信息报》1989年8月7日。

[2] 有林：《坚持计划经济和市场调节相结合》，载王梦奎、王昭栋主编《改革的目标》，经济日报出版社，1990。

[3] 高荻：《社会主义必定代替资本主义》，《人民日报》1990年12月17日。

[4] 邓小平：《视察上海的谈话》，载《邓小平文选》第三卷，人民出版社，1993，第367页。

皇甫平文章发表后，遭到一些人的反对和批评。1991年4月20日，《当代思潮》就发表文章《改革开放可以不问姓‘社’姓‘资’吗？》，文章认为：“在自由化思潮严重泛滥的日子里，曾有过一个时髦的口号，叫作不问姓‘社’姓‘资’。”“结果呢？在不问姓‘社’姓‘资’的排斥下，有人确实把改革开放引向资本主义化的邪路。”“不问姓‘社’姓‘资’，必然会把改革开放引向资本主义道路而断送社会主义事业。”《真理的追求》杂志1991年第7期也发表了《重提姓‘社’与姓‘资’》一文，认为所谓改革不要问姓“社”姓“资”本来是“精英”们为了暗度陈仓而施放的“烟幕弹”。北京的大报和杂志也进行了类似的批评[1]。

围绕皇甫平文章的争论，实际上是确立社会主义市场经济论还是反对确立社会主义市场经济论的争论，这应该是这个问题最后一次公开的争论。

[1] 彭森、陈立等：《中国经济体制改革重大事件》（上），中国人民大学出版社，2008，第375—376页。

# 第三节

## 20世纪90年代初社会主义市场经济论在改革大潮中形成

在中国改革开放的关键时刻，在市场化改革理论争论的关键时刻，1992年春，邓小平在南方谈话中发声了。他直截了当地说："计划多一点还是市场多一点，不是社会主义与资本主义的本质区别。计划经济不等于社会主义，资本主义也有计划；市场经济不等于资本主义，社会主义也有市场。计划和市场都是经济手段。"邓小平的讲话反映了我国改革实践的呼声，得到广大干部和群众以及许多经济学家的拥护和热烈响应。1992年3月，中共中央政治局会议明确提出："计划和市场，都是经济手段。要善于运用这些手段，加快发展社会主义商品经济。"邓小平的南方谈话，迅速在全国掀起了改革开放的大潮。

还要指出，2012年秋，中国解密了一件与市场化改革有重大关系的事件。这就是，1991年10—12月，时任中共中央总书记江泽民同志主持召开了十一次专家座谈会（每次半天），参加这十一次座谈会的专家大部分是经济学家，其中有中国社会科学院的刘国光、蒋一苇、李琮、张卓元、陈东琪，国务院发展研究中心的吴敬琏、王慧炯、林毅夫，原国家体改委的杨启先、傅丰祥、江春泽，中国银行的周小川，国家计委的郭树清，以及外交部、安全部、中联部的有关专家，总共不到20人。座谈会讨论了三个问题：一是分析资本主义为什么"垂而不死"；二是对苏联解体和东欧剧变进行分析；三是对我国如何进一步推进改革开放的重大问题进行研究和讨论。讨论这三个问题的目的是为次年党的十四大有关经济体制改革和政策纲领提法进行酝酿。重点是讨论第三个问题。每次会议都由江泽民总书记主持。在座谈会上，一些专家建议中国实行社会主义市场经济体制，因为迄今为止世界各国经济发展的实践证明，市场配置资源的效率比计划配置资源的效率高，而且可以充分调动企业和个人的积极性和主动性。这个意见获得与会专家的普遍赞同。因此，座谈会的最主要成果是酝酿了“社会主义市场经济体制”的倾向性提法，同时还对这一重要提法给出两点解释：一是市场在资源配置中发挥基础性作用；二是市场是由国家宏观调控而不是放任自流的。这样就为江泽民总书记1992年6月9日在中央党校的讲话和1992年党的十四大确立社会主义市场经济体制改革的目标，提供了重要的理论准备[1]。

现在看来，正是邓小平1992年初的南方谈话和江泽民总书记1991年底主持召开的专家座谈会，对社会主义市场经济体制改革目标的确立，对社会主义市场经济论的形成，奠定了坚实的基础。

1992年10月，党的十四大报告正式宣布，“我国经济体制改革的目标是建立社会主义市场经济体制”，并明确指出，“社会主义市场经济体制，就是要使市场在社会主义国家宏观调控下对资源配置起基础性作用”。这就意味着长达十几年的关于计划与市场的争论、计划经济与市场经济的争论，基本上画了一个句号，社会主义市场经济论确立起来了。

[1] 陈君、洪南编《江泽民与社会主义市场经济体制的提出——社会主义市场经济20年回顾》，中央文献出版社，2012。

# 第四节

## 党的十八大后社会主义市场经济论的深化和发展

2013年，党的十八届三中全会在《中共中央关于全面深化改革若干重大问题的决定》中指出，要紧紧围绕使市场在资源配置中起决定性作用深化经济体制改革。“使市场在资源配置中起决定性作用”是这次决定的新提法、新论断，是该决定的最大亮点，是我国全面建设小康社会新阶段为进一步积极稳妥地从广度上和深度上推进市场化改革而提出的新指针，具有重大的理论意义和实践意义。

为什么决定要用市场在资源配置中起决定性作用代替原来的基础性作用呢？主要有三点。

第一，这是我们党对社会主义市场经济体制改革认识不断深化的结果。1992年，党的十四大确立社会主义市场经济体制改革目标时，就提出了“使市场在社会主义国家宏观调控下对资源配置起基础性作用”。2002年，党的十六大报告进一步提出，“在更大程度上发挥市场在资源配置中的基础性作用，健全统一、开放、竞争、有序的现代市场体系”。2012年，党的十八大报告更进一步提出，“更大程度更广范围发挥市场在资源配置中的基础性作用”。可以看出，20年来，人们对市场机制作用的认识是逐步往前走的。大家越来越深切地感受到，资源的稀缺性要求不断提高资源配置效率，而迄今为止的中外实践表明，市场配置资源是最为有效率的，市场经济就是市场配置资源的经济。党的十八届三中全会决定指出，“市场决定资源配置是市场经济的一般规律，健全社会主义市场经济体制必须遵循这条规律”。新的提法即市场在资源配置中“起决定性作用”比原来“起基础性作用”的提法，能够更加确切和鲜明地体现市场机制对资源配置的支配作用，体现市场经济的基本规律即价值规律的内在要求。

第二，这是经济改革实践深化的必然选择。党的十四大确立社会主义市场经济体制改革目标后，在市场化改革推动下，比较快地于20世纪末初步建立起社会主义市场经济体制。但是还不完善，还存在不少体制性弊端，突出地表现在政府直接配置资源过多，政府对微观经济活动干预过多，存在多种形式的行政垄断，一些部门在非自然垄断环节阻碍竞争；政府对市场和价格的不当干预妨碍全国统一的现代市场体系的形成，对非公有制经济实施歧视性政策，也妨碍公平竞争市场环境的形成和完善；政府对宏观经济管理还不完善，对市场的监管不到位，对社会公共服务、社会管理和环境保护也远未到位；等等。这说明，在政府和市场的关系方面存在政府越位和缺位、不到位的现象，从而在相当程度上影响市场机制对社会经济活动的调节作用。

为了今后进一步深化市场化改革，处理好政府和市场的关系，党的十八届三中全会决定用市场在资源配置中起决定性作用的提法，代替过去沿用的起基础性作用的提法。这意味着，凡是依靠市场机制能够带来较高效率和效益，并且不会不可逆地损害社会公平和正义的，都要交给市场，政府和社会组织都不要干预。各个市场主体在遵从市场规则范围内，根据市场价格信号，通过技术进步、劳动者素质提高、管理创新，努力提高产品和服务质量，降低成本，在公平的市场竞争中求生存、求发展，提高市场竞争力，优胜劣汰。市场机制这只“无形的手”，像一条无情的鞭子，督促着每一个市场主体努力再努力、前进再前进，永不停滞、永不懈怠，使整个社会经济活动形成你追我赶、奋勇争先的局面，社会生产力不断提高。这正是价值规律的革命作用的表现。在社会主义市场经济体制下，我们有很好的条件使价值规律的革命作用更加充分地发挥出来，从而促进我国经济长期持续健康发展。

第三，可以更好地发挥政府作用。市场在资源配置中起决定性作用并不意味着不重视政府的作用，而是要明确政府的职责，更好发挥政府作用。党的十八届三中全会决定明确指出：“政府的职责和作用主要是保持宏观经济稳定，加强和优化公共服务，保障公平竞争，加强市场监管，维护市场秩序，推动可持续发展，促进共同富裕，弥补市场失灵。”具体来说包括以下五个方面：一是搞好宏观经济调控，保持宏观经济稳定运行，防止大起大落，这是专属中央政府的职能。二是加强市场监管，维护市场公平竞争秩序，政府主要是裁判员而不是运动员，即使是国有企业也要政企分开、政资分开。改革市场监管体系，实行统一的市场监管，清理和废除妨碍全国统一市场和公平竞争的各种规定和做法，严禁和惩处各类违法实行优惠政策行为，反对地方保护，反对不正当竞争。三是做好公共服务，这方面一直做得很不到位，需要加快补上去。国有资本要加大对公益性企业的投入，在提供公共服务方面作出更大贡献。四是完善社会治理，加强社会管理，促进社会和谐和全面进步。五是保护环境和生态，这是针对进入21世纪后我国环境生态问题突出而对政府提出的新要求，也是我国“五位一体”建设对政府提出的新要求。党的十八届三中全会决定在加快生态文明制度建设部分对此作了系统的论述，提出健全自然资源资产产权制度和用途管制制度，划定生态保护红线，实行资源有偿使用制度和生态补偿制度，改革生态环境保护管理体制等。可见，政府职能转换到位，对于更好地发挥市场在资源配置中的决定性作用，对于完善社会主义市场经济体制，促进经济持续健康发展，是至关重要的。

2017年党的十九大报告，对深化市场化改革和深化社会主义市场经济论作出了一系列部署和论述。

党的十九大报告明确坚持社会主义市场经济改革方向，明确经济体制改革必须以完善产权制度和要素市场化配置为重点。聚焦产权制度和要素市场化配置具有很强的现实针对性。为此，2016年底出台了《中共中央　国务院关于完善产权保护制度依法保护产权的意见》（2016年11月4日），2020年初出台了《中共中央　国务院关于构建更加完善的要素市场化配置体制机制的意见》（2020年3月30日），后者瞄准各类要素市场存在的突出矛盾和薄弱环节，提出了土地、劳动力、资本、技术、数据五个要素领域的改革方向。特别是2019年10月，党的十九届四中全会决定把社会主义市场经济体制提升为我国社会主义基本经济制度，即把社会主义市场经济体制同坚持和完善公有制为主体、多种所有制经济共同发展，按劳分配为主体、多种分配方式并存，共同构成社会主义基本经济制度。社会主义市场经济体制上升为基本经济制度，是中国特色社会主义经济制度建设的重大举措，能更好地坚持和完善中国特色社会主义。

2020年5月，还出台了《中共中央　国务院关于新时代加快完善社会主义市场经济体制的意见》（2020年5月11日），在更高起点、更高层次、更高目标上推进经济体制改革及其他各方面体制改革，构建更加系统完备、更加成熟定型的高水平社会主义市场经济体制，进行部署。根据初步学习体会，意见至少有三方面新意。一是将要素市场化配置作出了进一步的规定和部署，更好落实党的十九大报告的要求。比如将稳步推进自然垄断行业改革单独列为一小节，对几大自然垄断行业如何对自然垄断环节加强监管，同时对大量竞争性业务如何放开竞争，作了具体部署。强调推进要素价格市场化改革，这是要素市场化配置的关键。二是将坚持和完善民生保障制度，促进社会公平正义单独列出，作为完善社会主义市场经济体制的重要内容，突出收入分配制度改革、社会保障体系建设和改革、健全国家公共卫生应急管理体系，具有重要现实意义。我国居民可支配收入占比太低，2019年人均可支配收入（3万元人民币）只占人均国内生产总值（7万元人民币）的40%多一点，太低了，今后亟须调整收入分配结构，大大提高人均可支配收入占比，而且要大大缩小居民收入差距，使老百姓能够真正共享改革发展的成果。三是把完善社会主义市场经济法律制度，强化法制保障作为第八部分单独列出，真正体现社会主义市场经济是法治经济的精神，说明我国市场经济法治化迈出坚实的步伐。

我国已于2020年全面建成小康社会，接着就要开启全面建设现代化经济体系新征程，这就需要有高水平的社会主义市场经济体制作为强大的推动力，保证经济的高质量发展。中国经济改革发展到今天，已进入攻坚的深水区。既要进一步解放思想，又要打破既得利益格局，尽可能激发各种微观主体的活力。因此，亟须在经济体制关键性基础性重大改革上进一步突破创新，解决一些“老大难”问题，如国企国资改革问题、反对垄断保护竞争问题、维护公平竞争市场秩序问题、资源产品和要素价格市场化改革问题、居民收入分配不合理问题、现代财政金融制度建设问题、推进高水平对外开放实现制度型开放问题等。中国的市场化改革开放越深化，社会主义市场经济的发展就越顺利健康，就越能加快现代化建设进程。

需要指出，关于完善社会主义市场经济体制，已颁布的文件不少，改革举措也很清晰，关键是落实。今后的着力点在于把好的改革举措和政策落到实处，取得实效，变理论和政策为客观现实。顶层推动很重要，没有顶层强有力的推动，就难以打破既得利益格局，再好的改革方案也落实不了。还要调动基层和群众的积极性，总结成功经验，推而广之。这样上下联动，形成合力，才能使市场化改革顺利推进。

# 第五节

## 社会主义市场经济论是改革开放的主要理论支柱

我们认为，社会主义市场经济论是中国改革开放的主要理论支柱。这是因为：

第一，中国改革开放后最大的制度变迁，是用社会主义市场经济体制取代传统的计划经济体制，其他各项经济改革，无论是所有制改革、企业制度改革、市场体系建设、宏观经济管理改革、收入分配制度改革等，都是围绕着这一变迁进行的，因此，与之相应的社会主义市场经济理论，在改革理论中就居于核心位置。而且，经济领域以外的许多改革，如政府改革、文化改革中发展文化产业、教育制度改革、资源节约型环境友好型社会建设等，也要同发展社会主义市场经济相适应。正如党的十八届三中全会决定所说的，经济体制改革是全面深化改革的重点，要发挥经济体制改革牵引作用，而深化经济体制改革要紧紧围绕使市场在资源配置中起决定性作用进行。所以，市场化改革的理论基础——社会主义市场经济论，自然就成为中国改革开放的主要理论支撑。

第二，体现改革开放后的主要理论创新成果。改革开放后，随着实践的发展和经验的积累，许多经济学家取得了不少理论成果。有的教授提出，中国特色社会主义经济学的理论体系，至少包括以下十个方面的理论：

（1）社会主义本质理论。

（2）社会主义社会的基本矛盾理论。

（3）社会主义初级阶段理论。

（4）社会主义社会的基本经济制度——所有制结构理论。

（5）社会主义社会按劳分配与按生产要素分配相结合的收入分配理论。

（6）社会主义市场经济理论。

（7）社会主义社会政府与市场关系的理论。

（8）社会主义社会的主要矛盾理论。

（9）社会主义社会的科学发展理论。

（10）社会主义社会的全方位对外开放理论[1]。

有的教授则认为，从经济学领域看，改革开放以来的重大理论创新主要是提出了“四个重大理论”，它们构成中国特色社会主义经济学的内核。一是社会主义市场经济理论；二是社会主义基本经济制度理论；三是科学发展理论；四是对外开放理论。笔者认为，在一系列创新成果之中，最主要的或起统领作用的，是社会主义市场经济理论。既然中国的经济体制改革可以简称为市场化改革，那么在一系列改革理论研究成果中，最具代表性的自然应当是社会主义市场经济论。

第三，社会主义市场经济论的核心：社会主义与市场经济的结合，是贯穿中国特色社会主义政治经济学的红线或主线。2012年党的十八大以后，习近平总书记提出了构建中国特色社会主义政治经济学的历史任务，并发表了一系列重要讲话，对如何构建中国特色社会主义政治经济学作了深刻的阐述。此后，构建中国特色社会主义政治经济学成为中国经济学界研究和讨论的热点。在编写关于中国特色社会主义政治经济学的书籍时，需要明确全书的红线或主线是什么。

主线一般指贯穿整个理论体系始终的主要线索，它决定理论体系内有哪些重要范畴和标志理论体系独特性、层次较高的规定。马克思《资本论》的主线是资本剥削劳动以及剩余价值的分配。我国老一辈经济学家孙冶方在20世纪60年代初组织编写《社会主义经济论》时，曾提出要按照马克思《资本论》的写作方法展开论述，并以“最小最大”即用最小的劳动消耗取得最大的有用效果作为全书的主线，主张充分发挥价值规律对生产和流通的调节作用。这在计划经济时期无疑是标新立异的有益探索。

[1] 胡乃武：《关于构建中国特色社会主义经济学话语体系的核心问题》，载张卓元主编《中国经济学成长之路》，中国社会科学出版社，2015。

改革开放以来，我国逐步引入市场机制，1992年将社会主义市场经济体制确立为经济体制改革的目标，明确了发展中国特色社会主义经济就是发展社会主义市场经济。伴随着市场化改革的不断推进，我国经济迅速起飞，1979—2019年的年均经济增速达9.4%，创造了人类社会经济长时期快速增长的新奇迹。实践证明，根据我国国情推进市场化改革，发展社会主义市场经济能大大解放生产力，快速提高资源配置效率。在这样的背景下，社会主义市场经济论就成为中国特色社会主义政治经济学的主要支柱。社会主义市场经济论的核心即社会主义与市场经济的结合，就理所当然地成为中国特色社会主义政治经济学的主线。

中国作为世界人口最多的大国，在社会主义条件下发展市场经济，是前无古人的伟大创举。以往的市场经济都建立在私有制基础上，传统的经济理论认为市场经济是排斥公有制的，因此以公有制为主体的社会主义不能与市场经济相结合。中国的市场化改革实践否定了这一理论。我们找到了公有制特别是国有制的有效实现形式——股份制和基本经济制度的重要实现形式——混合所有制，把国有大中型企业改革为现代股份公司，实现了公有制特别是国有制与市场经济的有机结合。

社会主义与市场经济的结合、公有制与市场经济的结合是有机的、相互渗透的。一方面，公有制特别是国有制要通过股份制等现代企业组织形式成为市场经济主体，允许个体、私营、外资经济存在和发展，形成多元市场主体；另一方面，市场经济的发展要适应社会主义实现公平正义、共同富裕的目标。总之，要努力使社会主义和市场经济各自的优势很好地发挥出来。

实现社会主义与市场经济有机结合的难度不小。比如，如何处理好政府与市场的关系，使市场在资源配置中起决定性作用和更好发挥政府作用，就是一个难度不小的课题。又如，1993年党的十四届三中全会就确定了国有企业改革的方向是建立现代企业制度。经过此后20多年的改革，国有企业基本上实现了公司制股份制改革。同时，现代企业制度仍有待完善，比如一些国有控股公司董事会还不能很好地履行公司法赋予的权力。国有企业和非公有制企业公平竞争的环境还有待改善，市场监管仍未很好到位。同时，怎样把社会主义市场经济的发展引导到实现共同富裕的目标上来，难度也很大。对此，应巩固和完善公有制为主体、多种所有制经济共同发展的所有制结构，健全按劳分配为主体、多种分配方式并存的分配制度，不断完善财税的再分配功能以促进发展成果人人共享，完善各项社会政策的托底功能包括精准扶贫、全面脱贫等。

由上可见，社会主义与市场经济的结合、公有制与市场经济的结合，是发展社会主义市场经济的核心，贯穿于社会主义市场经济活动的方方面面，社会主义市场经济体制就是在推进这种有机结合中不断完善和成熟的，也是在这一过程中推动经济社会发展的。因此，我们在构建中国特色社会主义政治经济学时，要把社会主义与市场经济的结合、公有制与市场经济的结合作为主线贯穿始终，形成逻辑严密、结构有序的理论体系。

CHAPTER 4

# 第四章

# 社会主义市场经济体制的“四梁八柱”（一）：所有制结构

1992年中国确立社会主义市场经济体制改革目标后，紧接着，就亟须明确这一新体制大厦是由哪些因素构筑而成的，是靠什么支撑的。1992年在确立社会主义市场经济体制改革目标时，党的十四大报告曾指出："我们要建立的社会主义市场经济体制，就是要使市场在社会主义国家宏观调控下对资源配置起基础性作用，使经济活动遵循价值规律的要求，适应供求关系的变化；通过价格杠杆和竞争机制的功能，把资源配置到效益较好的环节中去，并给企业以压力和动力，实现优胜劣汰；运用市场对各种经济信号反应比较灵敏的优点，促进生产和需求的及时协调。同时也要看到市场有其自身的弱点和消极方面，必须加强和改善国家对经济的宏观调控。"党的十四大报告也指出："建立社会主义市场经济体制，涉及我国经济基础和上层建筑的许多领域，需要有一系列相应的体制改革和政策调整，必须抓紧制定总体规划，有计划、有步骤地实施。"次年即1993年党的十四届三中全会，就是落实党的十四大提出的"制定总体规划"的要求，为社会主义市场经济体制确立"四梁八柱"，使社会主义市场经济体制目标具体化。

# 第一节

## 1993年明确社会主义市场经济体制“四梁八柱”

《中共中央关于建立社会主义市场经济体制若干问题的决定》从1993年6月1日起开始起草，经过近半年的努力，于11月14日在党的十四届三中全会上通过，决定对党的十四大确立的社会主义市场经济体制改革目标具体化，主要是确定了社会主义市场经济体制的基本框架。即：“建立社会主义市场经济体制，就是要使市场在国家宏观调控下对资源配置起基础性作用。为实现这个目标，必须坚持以公有制为主体、多种经济成分共同发展的方针，进一步转换国有企业经营机制，建立适应市场经济要求，产权清晰、权责明确、政企分开、管理科学的现代企业制度；建立全国统一开放的市场体系，实现城乡市场紧密结合，国内市场与国际市场相互衔接，促进资源的优化配置；转变政府管理经济的职能，建立以间接手段为主的完善的宏观调控体系，保证国民经济的健康运行；建立以按劳分配为主体，效率优先、兼顾公平的收入分配制度，鼓励一部分地区一部分人先富起来，走共同富裕的道路；建立多层次的社会保障制度，为城乡居民提供同我国国情相适应的社会保障，促进经济发展和社会稳定。这些主要环节是相互联系和相互制约的有机整体，构成社会主义市场经济体制的基本框架。”以上几条，也就是中国社会主义市场经济体制的“四梁八柱”。

需要指出，以上五大方面，为中国此后的市场化改革指明了具体的方向。随着市场化改革的不断深化，在社会主义市场经济体制的发展、完善过程中，有一些新的进一步的更加成熟的提法。其中最突出的是2013年用市场在资源配置中“起决定性作用”代替已沿用21年的“起基础性作用”的提法；在对外开放方面，则用“构建开放型经济新体制”代替“一般的对外开放”；1997年党的十五大提出依法治国方略和2014年党的十八届四中全会作出全面推进依法治国决定后，逐步明确社会主义市场经济是法治经济；1997年党的十五大确定公有制为主体、多种所有制经济共同发展，是社会主义初级阶段的一项基本经济制度，个体、私营等非公有制经济是社会主义市场经济体制的重要组成部分；2019年，党的十九届四中全会提出，公有制为主体、多种所有制经济共同发展，按劳分配为主体、多种分配方式并存，社会主义市场经济体制，都是社会主义基本经济制度；2004年以来，由于居民收入差距较大，党的文件已不再沿用“效率优先、兼顾公平”的提法；等等。尽管如此，上述社会主义市场经济体制基本框架总体是正确的、是经受得住历史考验的。还应当说，20多年前提出的一些改革举措，到2019年仍未很好实现，比如，国有企业的现代企业制度建设仍有不少需要完善的地方，统一开放、竞争有序的现代市场体系也有待健全，社会保障体系建设的任务也还相当繁重，等等。

# 第二节

## 所有制结构的调整和改革居于首位

在社会主义市场经济体制的基本框架中，所有制结构的调整和改革居于首位。这是因为，所有制结构是社会的经济基础。单一的公有制是传统社会主义计划经济的基础。社会主义市场经济的基础是怎样的呢？党的十四届三中全会提出，坚持公有制为主体、多种经济成分共同发展。1997年，党的十五大进一步确定公有制为主体、多种所有制经济共同发展，是社会主义市场经济的基本经济制度，也就是社会主义市场经济的基础。这就需要对原有的所有制结构进行调整和改革。这包括三大方面：一是个体私营经济的重生和发展，二是外资经济的引进和发展，三是公有制（国有制和集体所有制）的调整和改革，以及上述三大方面在社会主义市场经济发展中的角色变化和重新定位。

先说个体经济的重生和发展。

改革开放前，我国是公有制一统天下的局面。1978年，城市实行的是国有制经济，农村实行的是集体所有制经济，私营经济在1957年社会主义改造完成后不久就被“扫光”，个体经济只存在于一些缝隙中。据统计，改革开放前全国只留下个体经营户14万户，从业人员15万人（也有人估计是14万人）。

改革开放后，最早打破公有制一统天下格局的动因是解决城镇上千万人的就业问题。“文化大革命”期间，我国经济社会发展缓慢，劳动就业问题已经比较尖锐；“文化大革命”结束后，大批返城知青和落实政策后的各阶层人员就业问题尤为突出。据统计，截至1979年上半年，全国需要安排就业的人就高达2000万人。增加劳动就业岗位，成为党和政府最紧迫的任务。

1979年2月，国家工商行政管理局召开了“文化大革命”结束后第一次工商行政管理局局长会议。面对大批知青返城、大量城镇待业人员积压的巨大压力，会议提出并经党中央国务院批转的报告指出："各地可根据当地市场需要，在取得有关业务主管部门同意后，批准一些有正式户口的闲散劳动力从事修理、服务和手工业等个体劳动，但不准雇工。"[1]尽管这个文件作了种种规定，尤其是规定不准雇工，但它毕竟为城市个体经济开了绿灯。

1979年9月29日，叶剑英委员长在庆祝中华人民共和国成立三十周年大会上的讲话中指出，我国的社会主义制度还处于"幼年时期"，"我国现在还是发展中的社会主义国家，社会主义制度还不完善，经济和文化还不发达"，"目前在有限范围内继续存在的城乡劳动者的个体经济，是社会主义公有制经济的附属和补充"。

1980年8月，中共中央在《关于进一步做好城镇劳动就业工作》的文件中指出："宪法明确规定，允许个体劳动者从事法律许可范围内的，不剥削他人的个体劳动。这种个体经济是社会主义公有制经济的不可缺少的补充，在今后一个相当长的历史时期都将发挥积极作用，应当适当发展。有关部门对个体经济要积极予以支持，不得刁难、歧视。一切守法的个体劳动者，应当受到社会的尊重。"[2]

1980年12月11日，第一个"个体工商户营业执照"正式发放。当年年底，全国从事个体经济的人数迅速达到81万人。从1981年开始，由于党和政府鼓励和支持个体经济的各项政策陆续出台，我国城乡个体经济迅速发展，如表4-1所示。

表4-1　1978—1999年我国个体工商户发展情况

| 年份 | 户数/万户 | 从业人员/万人 | 注册资金/亿元 |
| --- | --- | --- | --- |
| 1978 | — | — | 14 |
| 1979 | — | — | 31 |
| 1980 | — | — | 81 |
| 1981 | 183 | 227 | — |
| 1982 | 261 | 320 | 8 |

[1]　黄孟复主编《中国民营经济史·纪事本末》，中华工商联合出版社，2010，第176页。

[2]　同上书，第177页。

（续表）

| 年份 | 户数/万户 | 从业人员/万人 | 注册资金/亿元 |
|---|---|---|---|
| 1983 | 590 | 746 | 31 |
| 1984 | 933 | 1304 | 100 |
| 1985 | 1171 | 1766 | 169 |
| 1986 | 1211 | 1846 | 180 |
| 1987 | 1337 | 2158 | 236 |
| 1988 | 1458 | 2305 | 312 |
| 1989 | 1247 | 1941 | 347 |
| 1990 | 1328 | 2105 | 397 |
| 1991 | 1417 | 2308 | 488 |
| 1992 | 1534 | 2468 | 601 |
| 1993 | 1767 | 2940 | 855 |
| 1994 | 2187 | 3776 | 1319 |
| 1995 | 2528 | 4614 | 1813 |
| 1996 | 2704 | 5017 | 2165 |
| 1997 | 2851 | 5441 | 2573 |
| 1998 | 3120 | 6114 | 3120 |
| 1999 | 3160 | — | 3439 |

资料来源：张厚义、明立志主编《中国私营企业发展报告（1978—1998）》，社会科学文献出版社，1999年版；大成企业研究院编著《民营经济改变中国：改革开放40年民营经济主要数据简明分析》，社会科学文献出版社，2018年版，第44页。

从表4-1可见，1981年，我国个体工商户为183万户，到1999年发展到3160万户，增加了16倍，年均增长17.1%；从业人数由1981年的227万人增加到1998年的6114万人，增加了近26倍，年均增长21.4%；注册资金由1978年的14亿元增加到1999年的3439亿元，增加了244.6倍，年均增长30.0%。这说明，个体经济的重生与快速发展，大大解放了社会生产力，有利于提高人民群众的收入和生活水平。

# 第三节

## 私营经济接踵而来

个体经济一发展，私营经济必然接踵而来，这是经济学的一般原理。个体经济发展以后，有些经营得好的个体工商户就要求扩大经营规模或增加经营项目，就需要增加劳动力，需要雇工。而城乡都有相当多的剩余劳动力等待就业，因此很容易找到雇工。这样，一些经营较好的个体工商户就出现了雇工经营。对于雇工，开始国家是有限制的。1981年7月7日，《国务院关于城镇非农业个体经济若干政策性规定》指出："个体经营户，一般是一人经营或家庭经营；必要时，经过工商行政管理部门批准，可以请一至两个帮手；技术性较强或者有特殊技艺的，可以带两三个最多不超过五个学徒。"[1]

1983年1月，在中共中央印发的《当前农村经济政策的若干问题》中，政策有所放宽。文件对一定范围内的雇工或换工，界定为"均属群众之间的劳动互助或技术协作，都应当允许"。"农村个体工商户和种养业的能手，请帮手、带徒弟，可参照《国务院关于城镇非农业个体经济若干政策性规定》执行。对超过上述规定雇请较多帮工的，不宜提倡，不要公开宣传，也不要急于取缔，而应因势利导，使之向不同形式的合作经济发展。"[2]这实际上为雇工松了绑。接着争论的是雇工多少人超出了个体经济范畴。马克思《资本论》第一卷第三篇第九章《剩余价值率和剩余价值量》中提出，雇工8人以下，自己也和工人一样直接参加生产劳动的，是"介于资本家和工人之间的中间人物"，也就是小业主；而超过8人的，则开始

[1] 黄孟复主编《中国民营经济史·纪事本末》，中华工商联合出版社，2010，第211页。

[2] 彭森、陈立等：《中国经济体制改革重大事件（上）》，中国人民大学出版社，2008，第183页。

“占有工人的剩余价值”，是资本家。以此为依据，雇工不到8人的，算个体工商户；雇工8人及以上的，就算是私营业主即私营经济了。此后一般以此作为划分个体经济和私营经济的标准。

经过一段时间的观察和实践，大家对允许私营经济存在和发展的认识逐渐明确。1987年10月，党的十三大报告指出：“社会主义初级阶段的所有制结构应以公有制为主体。目前全民所有制以外的其他经济成分，不是发展得太多了，而是还很不够。对于城乡合作经济、个体经济和私营经济，都要继续鼓励它们发展。”“私营经济是存在雇佣劳动关系的经济成分。但在社会主义条件下，它必然同占优势的公有制经济相联系，并受公有制经济的巨大影响。实践证明，私营经济一定程度的发展，有利于促进生产，活跃市场，扩大就业，更好地满足人民多方面的生活需求，是公有制经济必要的和有益的补充。”[1]1988年4月，第七届全国人民代表大会第一次会议通过的《中华人民共和国宪法修正案》规定：“私营经济是社会主义公有制经济的补充。国家保护私营经济的合法的权利和利益，对私营经济实行引导、监督和管理。”[2]从此，私营经济可以名正言顺发展了。1992年确立社会主义市场经济体制改革目标后，私营经济发展迅速，如表4-2所示。

表4-2　我国私营企业发展情况

| 年份 | 户数/万户 | 从业人员/万人 | 注册资金/亿元 |
|---|---|---|---|
| 1989 | 9.1 | 164 | 84 |
| 1990 | 9.8 | 170 | 95 |
| 1991 | 10.8 | 184 | 123 |
| 1992 | 14.0 | 232 | 221 |
| 1993 | 23.8 | 373 | 681 |
| 1994 | 43.2 | 648 | 1448 |
| 1995 | 65.5 | 956 | 2622 |
| 1996 | 81.9 | 1171 | 3752 |

[1] 中共中央文献研究室：《十二大以来重要文献选编（下）》，人民出版社，1988，第1237页。
[2] 中共中央文献研究室：《十三大以来重要文献选编（上）》，人民出版社，1991，第216页。

（续表）

| 年份 | 户数/万户 | 从业人员/万人 | 注册资金/亿元 |
|---|---|---|---|
| 1997 | 96.1 | 1349 | 5140 |
| 1998 | 120.1 | — | 7198 |
| 1999 | 150.9 | — | 10287 |

资料来源：张厚义、明立志主编《中国私营企业发展报告（1978—1998）》，社会科学文献出版社，1999年版；大成企业研究院编著《民营经济改变中国：改革开放40年民营经济主要数据简明分析》，社会科学文献出版社，2018年版，第42—43页。

私营经济的发展，到21世纪初，对我国发展社会主义市场经济起着积极作用。第一，随着个体私营经济的快速增长，其对国内生产总值的贡献率已从1979年的不到1%增加到2001年的20%以上。第二，扩大了社会就业。20世纪90年代以来，个体私营经济发展为新增就业的主渠道。1992—2000年，个体私营企业年均净增600万个工作岗位，提供的就业岗位占全社会新增就业岗位的3/4[1]。第三，推进了所有制结构的调整和优化。个体私营经济的发展，为社会主义市场经济创造了一个多元市场主体互相竞争、充满活力的体制与市场环境，改变了公有制一统天下的局面，调动了广大群众的积极性，为经济快速增长共同出力。

[1] 《〈中共中央关于完善社会主义市场经济体制若干问题的决定〉辅导读本》编写组编《〈中共中央关于完善社会主义市场经济体制若干问题的决定〉辅导读本》，人民出版社，2003，第45页。

# 第四节

## 进入21世纪后民营经济继续快速发展

1997年，党的十五大报告提出：“公有制为主体、多种所有制经济共同发展，是我国社会主义初级阶段的一项基本经济制度。”“非公有制经济是我国社会主义市场经济的重要组成部分。对个体、私营等非公有制经济要继续鼓励、引导，使之健康发展。这对满足人民多样化需要，增加就业，促进国民经济的发展有重要作用。”2002年，党的十六大进一步提出“两个毫不动摇”的方针，即必须毫不动摇地巩固和发展公有制经济，必须毫不动摇地鼓励、支持和引导非公有制经济发展。2013年，党的十八届三中全会决定进一步指出：“公有制为主体、多种所有制经济共同发展的基本经济制度，是中国特色社会主义制度的重要支柱，也是社会主义市场经济体制的根基。公有制经济和非公有制经济都是社会主义市场经济的重要组成部分，都是我国经济社会发展的重要基础。”在党的方针政策指引下，进入21世纪后，我国个体私营经济继续快速增长，如表4-3及表4-4所示。

表4-3　2000—2018年我国个体工商户发展情况

| 年份 | 户数/万户 | 注册资金/亿元 |
|---|---|---|
| 2000 | 2571 | 3315 |
| 2001 | 2433 | 3436 |
| 2002 | 2378 | 3782 |
| 2003 | 2353 | 4187 |
| 2004 | 2351 | 5058 |
| 2005 | 2464 | 5810 |
| 2006 | 2596 | 6469 |
| 2007 | 2742 | 7351 |
| 2008 | 2917 | 9006 |

（续表）

| 年份 | 户数/万户 | 注册资金/亿元 |
|---|---|---|
| 2009 | 3197 | 10857 |
| 2010 | 3453 | 13388 |
| 2011 | 3756 | 16178 |
| 2012 | 4059 | 19767 |
| 2013 | 4436 | 24338 |
| 2014 | 4984 | 29345 |
| 2015 | 5408 | 36997 |
| 2016 | 5451 | — |
| 2017 | 6579 | — |
| 2018 | 7329 | 64700 |

资料来源：大成企业研究院编著《民营经济改变中国：改革开放40年民营经济主要数据简明分析》，社会科学文献出版社，2018年版，第44—45页。

表4-4　2000—2018年我国私营经济发展情况

| 年份 | 户数/万户 | 投资者/万人 | 注册资本/亿元 |
|---|---|---|---|
| 2000 | 176 | 395 | 13308 |
| 2001 | 203 | 461 | 18212 |
| 2002 | 244 | 623 | 34756 |
| 2003 | 301 | 773 | 35305 |
| 2004 | 365 | 949 | 47936 |
| 2005 | 430 | 1110 | 61331 |
| 2006 | 498 | 1272 | 76029 |
| 2007 | 551 | 1397 | 93873 |
| 2008 | 657 | 1507 | 117357 |
| 2009 | 740 | 1651 | 146447 |
| 2010 | 846 | 1794 | 192055 |
| 2011 | 968 | 1986 | 257880 |
| 2012 | 1086 | 2200 | 310972 |
| 2013 | 1254 | 2486 | 393128 |

（续表）

| 年份 | 户数/万户 | 投资者/万人 | 注册资本/亿元 |
|---|---|---|---|
| 2014 | 1546 | — | 592100 |
| 2015 | 1908 | — | 905500 |
| 2018 | 3143 | — | 2335000 |

资料来源：大成企业研究院编著《民营经济改变中国：改革开放40年民营经济主要数据简明分析》，社会科学文献出版社，2018年版，第42—43页。

由于个体私营经济等的快速增长，到2018年，中国非公有制经济已具有“五六七八九”特征，即贡献了50%以上的税收，60%以上的国内生产总值，70%以上的技术创新成果，80%以上的城镇劳动就业，90%以上的企业数量。在世界500强企业中，我国民营企业由2010年的1家增加到2018年的28家和2019年的29家。正如习近平总书记说的：“我国民营经济已经成为推动我国发展不可或缺的力量，成为创业就业的主要领域、技术创新的重要主体、国家税收的重要来源，为我国社会主义市场经济发展、政府职能转变、农村富余劳动力转移、国际市场开拓等发挥了重要作用。”[1]

中国民营经济在进入21世纪后虽然快速发展，但并不是一帆风顺的。多少年来，一些民营企业家一直在抱怨市场准入难（存在“玻璃门”“旋转门”）、贷款难、贷款贵、用地难、用地贵、不平等竞争、对他们的财产保护不力等。2016—2018年，有人甚至认为民营经济发展太快了，动摇了社会主义的基础，在实际工作中也出现了排斥民营经济和侵犯民营企业家财产的现象，从而导致民营资本的固定资产投资增幅一度出现断崖式下滑。比如，2016年，民间固定资产投资（不含农户）只增长3.2%，而此前多年民间固定资产投资年增长率都在两位数或以上（2015年增长率为10%）。2018年以来，社会上又有人发表了一些否定、怀疑民营经济的言论。比如，有的人提出所谓“民营经济离场论”，说民营经济已经完成使命，要

[1] 习近平：《在民营企业座谈会上的讲话》，《人民日报》2018年11月2日第2版。

退出历史舞台；有的人提出所谓“新公私合营论”，把现在的混合所有制改革曲解为新一轮“公私合营”；有的人说加强企业党建和工会工作是要对民营企业进行控制；等等。对上述奇谈怪论，习近平总书记在2018年11月1日发表的《在民营企业座谈会上的讲话》中进行了批驳，说“这些说法是完全错误的，不符合党的大政方针”，并明确指出：“民营经济是我国经济制度的内在要素，民营企业和民营企业家是我们自己人。民营经济是社会主义市场经济发展的重要成果，是推动社会主义市场经济发展的重要力量，是推进供给侧结构性改革、推动高质量发展、建设现代化经济体系的重要主体，也是我们党长期执政、团结带领全国人民实现‘两个一百年’奋斗目标和中华民族伟大复兴中国梦的重要力量。在全面建成小康社会、进而全面建设社会主义现代化国家的新征程中，我国民营经济只能壮大、不能弱化，不仅不能‘离场’，而且要走向更加广阔的舞台。”其实，随着科学技术日新月异的发展，人们对美好生活的需求日益增长，生产将呈现分散化、个性化、差异化和多样化的趋势，社会化大生产并不是我们过去想象的那样会日益排挤小生产，规模经济效应将逐渐缩减，因此，现阶段（包括基本实现现代化成为发达经济体后一段时间）我们还看不到社会占有所有生产资料、建立单一的公有制、个体私营经济消亡的前景，否则只会带来生产力的大破坏和经济的大倒退。这说明，现阶段发展民营经济，是完全符合生产力标准的。相信在党和政府的鼓励、支持和引导下，我国民营经济将持续健康发展。

# 第五节

## 引进和利用外资

改革开放初期，对外开放主要是办经济特区和引进与利用外资。1980年8月26日，中华人民共和国第五届全国人民代表大会常务委员会第十五次会议，批准了国务院提出的《广东省经济特区条例》，正式宣告在广东省的深圳、珠海、汕头3个市设置经济特区。随后，全国人大常委会又批准了《福建省厦门经济特区条例》。1981年5—6月，《广东、福建两省和经济特区工作会议纪要》为特区建设提出了一系列政策性意见。其中主要内容包括：创办经济特区是为了吸收利用外资，引进先进技术，拓展对外贸易，加速经济发展，同时在实践中观察与研究当代资本主义经济，学习与增强参与国际交往的本领，进行经济体制改革试验；特区经济的所有制结构，为社会主义经济领导下多种经济成分并存；在工业生产方面，外商企业所占比重可以大于内地；特区经济活动在社会主义计划指导下充分发挥市场调节作用；等等[1]。

对于兴办经济特区和利用外资，从一开始就有不同意见，主要是提出经济特区姓“资”还是姓“社”的诘难。在党中央和邓小平的一直大力支持下，深圳特区在头几年就做出成绩。开始利用外资以后，深圳特区工农业产值、财政收入增长幅度很大，特别是工业产值，1982年达到3.6亿元，1983年跃升至7.2亿元。邓小平听到后，非常高兴，他在1984年1月26日考察深圳时，挥笔题写了“深圳的发展和经验证明，我们建立经济特区的政策是正确的”[2]。

在党中央和邓小平的支持和领导下，从经济特区到全国，利用外资规模逐步扩

[1] 彭森、陈立等：《中国经济体制改革重大事件（上）》，中国人民大学出版社，2008，第85页。

[2] 邓小平：《邓小平文选》第三卷，人民出版社，1993，第51页。

大，外商直接投资企业越来越多，外商投资企业逐渐成为我国市场主体的重要组成部分，如表4-5所示。

表4-5 1979—2012年中国实际使用外资概况

单位：亿美元

| 年份 | 总金额 | 外商直接投资额 | 外商其他投资额 |
|---|---|---|---|
| 1979—1984 | 141.87 | 41.04 | 10.42 |
| 1985 | 47.60 | 19.56 | 2.98 |
| 1986 | 76.28 | 22.44 | 3.70 |
| 1987 | 84.52 | 23.14 | 3.33 |
| 1988 | 102.26 | 31.94 | 5.45 |
| 1989 | 100.60 | 33.92 | 3.81 |
| 1990 | 102.89 | 34.87 | 2.68 |
| 1991 | 115.54 | 43.66 | 3.00 |
| 1992 | 192.03 | 110.08 | 2.84 |
| 1993 | 389.60 | 275.15 | 2.56 |
| 1994 | 432.13 | 337.67 | 1.79 |
| 1995 | 481.33 | 375.21 | 2.85 |
| 1996 | 548.05 | 417.26 | 4.10 |
| 1997 | 644.08 | 452.57 | 71.30 |
| 1998 | 585.57 | 454.63 | 20.94 |
| 1999 | 526.59 | 403.19 | 21.28 |
| 2000 | 593.56 | 407.15 | 86.41 |
| 2001 | 496.72 | 468.78 | 27.94 |
| 2002 | 550.11 | 527.43 | 22.68 |
| 2003 | 561.40 | 535.05 | 26.35 |
| 2004 | 640.72 | 606.30 | 34.42 |
| 2005 | 638.05 | 603.25 | 34.80 |
| 2006 | 670.76 | 630.21 | 40.55 |
| 2007 | 783.39 | 747.68 | 35.72 |
| 2008 | 952.53 | 923.95 | 28.58 |
| 2009 | 918.04 | 900.33 | 17.71 |
| 2010 | 1088.21 | 1057.35 | 30.86 |
| 2011 | 1176.98 | 1160.11 | 16.87 |
| 2012 | 1132.94 | 1117.16 | 15.78 |
| 1979-2012 | — | 12761.08 | 581.70 |

资料来源：国家统计局编《中国统计年鉴2013》，中国统计出版社，2013年版，第243页。

到2012年底，全国外商投资企业共计440609个，投资总额32610亿美元，注册资本18814亿美元，其中外方为14903亿美元。在中国吸引的外商直接投资中，前期较多投向制造业。这使外商投资企业对工业增长的贡献相当突出。2005年和2011年，在工业部门总资产中，外资所占比重分别达26.27%和23.97%[1]。自2011年起，第三产业外商投资金额所占比重上升到50.2%，2012—2016年全国累计实际引进外资4894.2亿美元。同时，外资结构进一步优化，服务业占全国吸引外资的比重于2016年末上升到70.1%，高技术行业引进外资年均增长11.7%，跨国公司在华设立的地区总部、研发中心等机构超过2000家。外商投资企业以不足全国各类企业总量的3%，创造了近一半的对外贸易、1/5的财政税收、1/7的城镇就业[2]。

2017—2019年，由于我国对外开放不断扩大，外商直接投资继续稳步增长，其具体数额为：2017年为1310.4亿美元、2018年为1349.7亿美元、2019年为1381.4亿美元，一直稳居世界第二位。这些均表明，外商投资企业已是中国相当重要的市场主体，对调整我国所有制结构，对经济和出口增长、增加就业、上缴税收、引进先进技术和管理经验等，作出了重要贡献。

---

[1] 郭克莎、胡家勇等：《中国所有制结构变化趋势和政策问题研究》，广东经济出版社，2015，第9页。

[2] 常修泽等：《所有制改革与创新——中国所有制结构改革40年》，广东经济出版社，2018，第76页、第95页。

# 第六节

## 农村集体所有制改革

农村集体所有制改革，是中国所有制调整和改革的重要组成部分。中国经济改革是从农村集体所有制改革、农村实行家庭联产承包责任制开始的。1978年12月，安徽省凤阳县梨园公社小岗村的18户农民，签订了“包产到户”的“地下协议”。小岗村和其他地方自发搞起来的包产到户或包干到户的星星之火，由于得到中央层面领导的支持，迅速成燎原之势在全国各地推开。1980年底，全国实行包产到户和包干到户的生产队从年初的占1.1%上升到占14.9%。1980年是中等年景，当年中国农村收获的情况是，仍然坚守人民公社的地方产量不增不减，实行包产到组的地方增产10%—20%，实行包产到户的地方增产30%—50%。事实证明，包产到户的责任制能大大解放生产力，这又反过来加速包产到户的推广。到1981年6月，全国实行农户家庭承包的生产队已占生产队总量的86.7%[1]。可见，农村推行家庭联产承包责任制，尽管没有改变土地的集体所有制性质，但是因为实现了所有权和经营权的分离，从而调动了农民的生产积极性，有力地促进了农业生产的恢复和发展，为中国改革开放的成功打响了第一炮！

此后，农村集体土地承包制不断完善。2013年，党的十八届三中全会决定提出：“在符合规划和用途管制前提下，允许农村集体经营性建设用地出让、租赁、入股，实行与国有土地同等入市、同权同价。”此后，又进一步明确：要从两权分离即农村集体土地所有权和农户土地承包权的分离，发展为三权分离即农村集体土地所有权、农户土地承包权、农村土地经营权的分离，发展土地承包经营权流转市场，发展多种形式的适度规模经营。

---

[1] 彭森、陈立等：《中国经济体制改革重大事件（上）》，中国人民大学出版社，2008，第72页。

在农村实行联产承包责任制的同时，乡镇企业异军突起。改革开放后，农村社队企业迅速发展。到1983年，社队企业职工人数达到3235万人，总产值1019亿元，利税总额177亿元，分别比1978年增长14.4%、104.5%和69%[1]。1984年3月，中共中央批转了农牧渔业部呈报的《关于开创社队企业新局面的报告》，文件把社队企业正式更名为乡镇企业，其中包括由个体私人办和联户办的企业。文件指出，乡镇企业是农业生产的重要支柱，是广大农民群众走向共同富裕的重要途径，是国家财政收入的重要来源，是国民经济的重要补充。此后，乡镇企业发展迅速，到1988年，乡镇企业从业人员达到9545万人，总产值7018亿元，实现利税836亿元。1989—1991年，国家实行治理整顿政策，乡镇企业发展趋缓。1992—1996年，乡镇企业发展加快。1996年，乡镇企业从业人员达1.35亿人，增加值近1.8万亿元，利税总额5787亿元[2]。

乡镇企业的崛起，既得益于较早形成了灵活的经营机制，也得益于产品短缺的外部经济环境。但是，随着改革开放的深化，特别是当整个经济由卖方市场于20世纪90年代中后期逐步转向买方市场后，市场体系逐步形成，市场机制作用增强，乡镇企业的一些深层次问题逐渐暴露出来，政企不分、产权不明晰成为制约乡镇企业进一步发展的障碍。因此，自20世纪90年代中后期以来，乡镇企业逐步开展了以改变政企不分、明晰产权关系为重点的改革。据原农业部统计，到2006年，在中国168万家乡镇企业中，95%实行了各种形式的产权制度改革，其中20多万家转成了股份制企业和股份合作制企业，130万家转成个体私营企业[3]。

[1] 张卓元、胡家勇、刘学敏：《论中国所有制改革》，江苏人民出版社，2001，第140页。

[2] 同上书，第143页、第144页、第149页。

[3] 常修泽等：《所有制改革与创新——中国所有制结构改革40年》，广东经济出版社，2018，第52页。

# 第七节

## 国有企业改革和国有经济布局调整

中国所有制结构调整和改革的重头戏，是国有企业改革和国有经济布局的调整。

中国的国有企业，从作为上级主管部门的附属物和“算盘珠”，改革成为政企分开、政资分开的独立的市场主体和法人实体，建设现代企业制度，经历了一个脱胎换骨的过程，其艰难困苦的程度可想而知。经过改革开放40多年的努力，可以认为，国有企业改革最困难的阶段已经过去，国有企业微观经济基础再造的任务已初步完成，绝大多数国有企业已基本上成为同社会主义市场经济相适应的市场主体，自主经营、自负盈亏。国有经济继续有力地在国民经济中发挥着明显的主导作用。

国有企业改革可以分为以下三大阶段：第一阶段为1979—1992年，主要是探索国营企业改革的正确方向；第二阶段为1993—2012年，以建立现代企业制度为方向，积极推行国有大中型企业公司制股份制改革；第三阶段为2013年以来，以国资改革带动深化国有企业改革，完善现代企业制度。下文先分别论述三大阶段改革，然后再论述从战略上调整国有经济布局、改革国有资产管理体制、推进混合所有制改革、发展混合所有制经济等问题。

### （一）1979—1992年：探索国营企业改革的正确方向

1978年10月，经国务院批准，四川省选择了重庆钢铁公司等6户地方国营工业企业，在全国率先进行“扩大企业自主权”试点。试点的主要内容是：逐户核定企业的利润指标，规定当年的增产增收指标，允许企业在年终完成计划后提留少量利润作为企业的基金，并允许企业给职工发放少量奖金。1979年5月25日，国家经委、财政部等六部委联合发出通知，确定在首都钢铁公司等8家企业进行扩大经营管理自主权的改革试点。1984年5月，《国务院关于进一步扩大国营工业企业自主权的暂行规定》颁布，规定了扩大企业十个方面的自主权，即生产经营计划权、产品销售权、产品定价权、物资选购权、资金使用权、资产处置权、机构设置权、人事劳动权、工资奖金使用权、联合经营权等。

1981年初，山东省等地以及以首钢为代表的企业在扩大企业自主权的基础上实行了利润包干的经济责任制。之后，全国各地陆续实行了一些不同的包干办法。首都钢铁公司制订向国家上缴利润每年递增7.2%的“上缴利润递增包干”经济责任制方案，得到国务院领导批准。于是，以山东省和首钢为代表的经济责任制改革在全国广大国营企业中蓬勃开展起来。

在这期间，还实行了两步利改税方案。1983年4月24日，国务院批转财政部《关于国营企业利改税试行办法（草案）的报告》，决定从1983年1月1日开始，对国营企业实行利改税办法。具体做法是：国营企业保留原来（按销售收入计征）的工商税，把相当于基数利润的部分改为所得税，凡有盈利的国营大中型企业，按55%的税率计征所得税，所得税后的利润一部分上缴国家，一定三年不变。剩余部分按照国家核定的留利水平留给企业。

1984年9月18日，国务院批转了财政部《关于在国营企业推行利改税第二步改革的报告》，决定从1984年9月开始实施第二步利改税方案。主要内容是：改变企业利润上缴形式，国家对国营企业实现利润分别征收所得税和调节税，调节税后的剩余利润作为企业留利；允许企业在征收所得税前从利润中归还技措贷款；调节税采取一户一率的办法分别核定；等等。

由于外部体制不配套，调节税“鞭打快牛”现象的出现以及当时历史条件的限制，利改税推行后国营企业利润连续22个月滑坡。利改税的作用尚未发挥就被承包制所取代，利改税改革事实上没有成功。

1987年3月召开的六届全国人大五次会议明确肯定了承包制。会议通过的《政府工作报告》指出："今年改革的重点要放在完善企业经营机制上，根据所有权与经营权适当分离的原则，认真实行多种形式的承包经营责任制。"从1987年开始，全国掀起了第一次承包热潮。到1987年底，全国预算内工业企业的承包面达78%，大中型企业达80%。1990年，第一轮承包到期的预算内工业企业有3.3万多户，占承包总数的90%。接着又开始第二轮承包。

从扩大经营自主权到承包制的放权让利改革，国营企业开始有了一定的活力。但是，承包制也有重大缺陷，承包制"一对一"谈判强化了政企不分，只有激励没有约束，所有权与经营权分离了，但所有者缺位，所有权不能约束经营权。经营者滥用经营自主权谋取私利或小集体利益，普遍出现"内部人控制"现象，以致不少企业承包一轮，国有资产流失一轮，"富了和尚穷了庙"，后果严重。实践告诉我们，国营企业改革不能以承包制为方向，必须另找出路，实行制度创新。

早在1987年，国家体改委委托中央和地方8个课题组做中期（1988—1995年）改革规划纲要时，北京大学课题组、中央党校课题组等就明确提出应以股份制和现代企业制度为国营企业改革的目标模式，而承包制由于存在着种种难以克服的缺陷和矛盾，不可能成为国营企业改革的目标模式。国家体改委综合规划司在汇总各家改革纲要时表示："各家方案较一致的看法是……经济运行的市场化，企业形态的公司化，宏观调控的间接化。""企业形态的公司化，就是要把竞争性行业的大中型国营企业改造成股份有限公司或有限责任公司，建立起真正的企业法人制度。"可见，中国许多经济学家对当时普遍实行承包制的做法是不赞成的，至少认为不能作为中国国营企业改革的目标模式。

### （二）1993—2012年：确定国有企业改革的方向是建立现代企业制度并推行公司制股份制改革

1992年，党的十四大报告确立了社会主义市场经济体制改革目标，明确市场在国家宏观调控下对资源配置起基础性作用。1993年11月，党的十四届三中全会作出了《中共中央关于建立社会主义市场经济体制若干问题的决定》，在党的文件中第一次提出国有企业改革的方向是建立现代企业制度，并指出现代企业制度的特征是产权清晰、权责明确、政企分开、管理科学。据执笔人回忆，这四个特征是文件起草组反复研究和讨论，并专门请当时有关主管部门的负责人和专家一起经过多次会议商议后敲定的。现在看来，这四个特征的概括还是比较准确的。从此，中国国有企业改革进入制度创新阶段。

1999年，党的十五届四中全会专门针对国有企业改革和发展问题作出决定，这是改革开放以来对国有企业改革和发展第一次由中共中央全会专门作出的决定。1999年，《中共中央关于国有企业改革和发展若干重大问题的决定》根据党的十五大报告关于国有企业改革和发展问题的论述，作了更为系统、深入和具体的阐发。决定专门论述了从战略上调整国有经济布局、推进国有企业战略性改组、建立和完善现代企业制度等问题。其中，对国有大中型企业实行规范的公司制改革作了新的完整的论述。决定提出：“公司制是现代企业制度的一种有效组织形式。公司法人治理结构是公司制的核心。要明确股东会、董事会、监事会和经理层的职责，形成各负其责、协调运转、有效制衡的公司法人治理结构。所有者对企业拥有最终控制权。董事会要维护出资人权益，对股东会负责。董事会对公司的发展目标和重大经营活动作出决策，聘任经营者，并对经营者的业绩进行考核和评价。发挥监事会对企业财务和董事、经营者行为的监督作用。国有独资和国有控股公司的党委负责人可以通过法定程序进入董事会、监事会，董事会和监事会都要有职工代表参加；董事会、监事会、经理层及工会中的党员负责人，可依照党章及有关规定进入党委会；党委书记和董事长可由一人担任，董事长、总经理原则上分设。充分发挥董事会对重大问题统一决策、监事会有效监督的作用。党组织按照党章、工会和职代会按照有关法律法规履行职责。股权多元化有利于形成规范的公司法人治理结构，除极少数必须由国家垄断经营的企业外，要积极发展多元投资主体的公司。”需要指出，健全公司法人治理结构，在1997年党的十五大报告起草时已提出，但因认识不一致（怕很多人看不懂）后来删掉了，时隔不到两年，公司法人治理结构已是公司制的核心，写入党的十五届四中全会决定中，说明改革进展之迅速和人们对改革认知程度提高之快。

国有企业由于多年来实行承包制不能适应市场经济的发展，还带来国有资产的流失，使许多国有企业包括大中型企业出现亏损，陷入困境。1997年底党和政府提出帮助国有大中型企业脱困的任务，其目标是从1998年起，用3年左右的时间，使大多数国有大中型亏损企业摆脱困境，力争到20世纪末大多数国有大中型骨干企业初步建立现代企业制度。到2000年底，这一目标已基本实现。1997年底，国有和国有控股大中型工业企业为16874户，其中亏损的为6599户，占39.1%。到2000年，亏损户减为1800户，减少近3/4。在帮助亏损企业脱困的同时，进行了现代企业制度试点，逐步推行公司制股份制改革，努力使国有和国有控股大中型企业成为适应社会主义市场经济发展的市场主体和法人实体。3年国有大中型工业企业脱困，用去银行呆账、坏账准备金1500亿元以上，技改贴息200亿元左右，实施债权转股权企业共580户，债转股总额4050亿元，债转股企业自2000年4月1日开始停息后，当年即减少企业利息支出195亿元[1]。

还要看到，国有大中型工业企业只占全部国有企业的一小部分。据财政部材料，1998年底，全国国有企业（不含国有金融企业）共23.8万户。其中大量小企业面临很多困难，连年亏损。据有关部门2000年初统计，我国国有小型工业企业超过5万户，职工人数约1400万人，盈亏相抵至1999年已连续6年亏损，亏损额为300亿元左右。在流通领域，国有物资企业连续7年亏损，商业企业连续5年亏损，粮食企业更是挂账几千亿元，外贸企业亏损面也很大。面对这种严峻形势，1997年党的十五大报告提出："采取改组、联合、兼并、租赁、承包经营和股份合作制、出售等形式，加快放开搞活国有小型企业的步伐。"全国各地按照"抓大放小"的方针采取了多种多样的形式，最主要的是出售的形式，放开搞活小企业。这里包括山东

[1] 柴今：《建立统一规范的国有资本与财务管理制度》，《经济日报》2001年6月19日第6版。

诸城模式（股份合作制）、广东顺德模式（出售）、湖南长沙模式（产权与职工身份双重置换）、四川宜宾模式（净资产转让）等。

国有中小企业改革最艰难的是约3000万职工下岗分流。1999年，国有企业用工人数为6400万人，经过10多年改革，截至2010年，国有企业职工人数已下降到3599万人。从1997年党中央国务院提出“鼓励兼并、规范破产、下岗分流、减员增效、实施再就业工程”的方针到2002年的5年间，党中央、国务院采取一系列政策措施做企业富余人员的分流安置工作。到2002年，累计分流达2750万人。当时中国尚未建立社会保障体系，这些下岗分流人员如何安置，成为关系近3000万人（及其家庭）的生活和社会稳定的大问题。各地按照“企业消化为主，国家帮助为辅，保障基本生活”的方针，积极探索各行业内和企业建立下岗职工再就业中心。其运作模式是：企业下岗职工离开企业但不直接进入社会，而是进入行业再就业中心，接受中心的管理。再就业中心对下岗职工进行培训，发放下岗生活费，办理各种社会保险，并根据劳动力供求信息推荐就业。需要说明的是，在近3000万下岗分流职工中，有一部分人并没有进入再就业中心，有一些人被买断了工龄，拿到的钱也很少，有的连1万元都不到就被推到社会，生活很艰难。此后，他们有时也找企业和政府，要求帮助。国务院国资委负责同志曾在一次会上说，2003年国资委成立后，有相当长一段时间，大部分精力都用于处理国企改革的历史遗留问题，最主要是下岗分流职工的生活安置问题。

国有企业经过3年脱困，放开搞活小型企业和一部分中型企业，近3000万职工下岗分流，特别是对国有大中型企业积极推行公司制股份制改革，使国有企业特别是大中型企业浴火重生，逐渐适应社会主义市场经济而发展壮大起来。

1994年，国务院就确定了100家国有企业进行现代企业制度试点，各地区、各部门随后也相继选择了一批企业进行试点。据统计，到1998年，全国各地共有2714家企业进行了试点工作。经过4年的努力，试点工作基本上达到了预期目标。按计划，1997年百家试点工作结束，不再组织新的试点，转入正常的规范过程，成熟一家，改制一家。在国务院确定的百家试点中，原来有74家独立的工厂制企业，另有26家为行政性总公司和行业主管局。试点后，有93家国有企业改制为公司制企业，其中70家国有企业由工厂制改为国有独资集团公司，在明确国有资产投资主体、理顺集团内部母子公司体制后，生产主体或子公司的投资主体实现了多元化。与此同时，在各地选择进入试点范围的2714家企业中，共有2066家企业实现了改制，其中有限责任公司712家，股份有限公司700家，国有独资公司654家。

经过20年的公司制股份制改革，到2012年底，90%的国有企业已完成了公司制股份制改革，中央企业净资产的70%已在上市公司，中央企业及其子企业引入非公有资本形成的混合所有制企业户数已占总户数的52%。

在改革的推动下，国有企业活力和竞争力不断增强，效益提高，国有经济快速发展。在美国《财富》杂志发布的2011年世界500强中，中国内地上榜的企业达70家，其中64家企业为国有或国有控股企业。表4-6是1998—2012年国有企业发展的若干经济指标。

表4-6　1998—2012年国有企业发展若干经济指标

| 项目 | 1998年 | 2003年 | 2012年 |
|---|---|---|---|
| 国有企业户数/万户 | 23.8 | 14.6 | 14.5 |
| 资产/万亿元 | 14.87 | 19.78 | 85.37 |
| 营业收入/万亿元 | — | 10.73 | 42.38 |
| 利润总额/亿元 | 213.7 | 3202.0 | 16100.0 |
| 上缴税金/亿元 | — | 8362 | 33500 |
| 中央企业户数/户 | — | 196 | 116 |
| 央企利润总额/亿元 | — | 3006 | 11315 |
| 央企税金总额/亿元 | — | 3563 | 14058 |

资料来源：邵宁主编《国有企业改革实录（1998—2008）》，经济科学出版社，2014年版；《党的十八届三中全会〈决定〉学习辅导百问》编写组编著《党的十八届三中全会〈决定〉学习辅导百问》，党建读物出版社、学习出版社，2013年版；迟福林主编《市场决定——十八届三中全会后的改革大考》，中国经济出版社，2014年版。

注：表中2012年的央企利润总额和央企税金总额均为2011年的数据。

### （三）2013年以来：以国资改革带动深化国有企业改革

2013年，党的十八届三中全会决定提出：“完善国有资产管理体制，以管资本为主加强国有资产监管，改革国有资本授权经营体制，组建若干国有资本运营公司，支持有条件的国有企业改组为国有资本投资公司。国有资本投资运营要服务于国家战略目标，更多投向关系国家安全、国民经济命脉的重要行业和关键领域，重点提供公共服务、发展重要前瞻性战略性产业、保护生态环境、支持科技进步、保障国家安全。”2015年8月24日，中共中央、国务院印发《关于深化国有企业改革的指导意见》（以下简称《意见》），对“以管资本为主”作了进一步解释。《意见》指出：“国有资产监管机构要准确把握依法履行出资人职责的定位，科学界定国有资产出资人监管的边界，建立监督权力清单和责任清单，实现以管企业为主向以管资本为主的转变。该管的要科学管理、决不缺位，重点管好国有资本布局、规范资本运作、提高资本回报、维护资本安全；不该管的要依法放权、决不越位，将依法应由企业自主经营决策的事项归位于企业，将延伸到子企业的管理事项原则上归位于一级企业，将配合承担的公共管理职能归位于相关政府部门和单位。”

各级国资委要实现从“以管企业为主”向“以管资本为主”转变，把原本属于企业的经营权归位于企业，是其职能的重大转变，涉及机构设置、人员配置、简政放权、利益调整等，是一种脱胎换骨的改变。同时，这也是重大的理论创新，既是实现国有企业政企分开、政资分开、所有权与经营权分离的治本之策，也有利于强化国有企业的市场主体地位、激发国有企业的活力和竞争力，有利于推进国有资本优化配置、向重点领域集中，还有利于维护国有资本的安全，防止国有资产流失。

根据中共中央决定精神，从2014年起，国务院国资委先后选择了神华集团有限责任公司、国家开发投资集团有限公司等8家央企开展国有资本投资公司试点，并选择了中国诚通控股集团有限公司、中国国新控股有限公司2家央企开展国有资本运营公司试点，而截至2017年底，各地国资委共改组组建国有资本投资公司、国有资本运营公司89家。时任国务院国资委主任肖亚庆在2018年3月提到：“两类公司试点取得了积极成果。在总结经验的基础上，今年进一步扩大两类公司试点范围，更重要的是要在推进综合性改革上下功夫，着力提高国有资本运作效率和水平。创新国有资本运营模式，推动各类国有资本基金规范运作、发展壮大。”[1]

国资委以管资本为主，逐步建立国有资本投资公司和运营公司这两类公司，这就有利于增强国有资本的流动性，让国资委专注于优化国有资本配置，提高国有资本运作效率。特别是，这两类公司也是市场主体，它们可以成为国有企业和国资监管机构的隔离层，今后国资委不是国有企业事事都要向其请示的顶头上司，国资委不再既是“老板”又是“婆婆”了。这就有利于国有企业真正做到政企分开、政资分开。最重要的是企业董事会对重大事项有决策权了。《中华人民共和国公司法》（简称《公司法》）对股份有限公司和有限责任公司董事会赋予十一项职权，包括：决定公司的经营计划和投资方案；制订公司的年度财务预算方案、决算方案，利润分配方案和弥补亏损方案，增加或减少注册资本以及发行公司债券的方案；决定公司合并、分立、解散或者变更公司形式的方案；决定公司内部管理机构的设置；决定聘任或者解聘公司经理及其报酬事项，并根据经理的提名决定聘任或者解聘公司副经理、财务负责人及其报酬等事项。因此，今后国企改革的一个重点，是健全董事会，落实董事会被《公司法》赋予的决策权，以此完善公司治理结构，完善现代企业制度即现代公司制。2017年，我国国企改革的一项重大举措是：6月26日，中央全面深化改革领导小组第三十六次会议通过了《中央企业公司制改制工作实施方案》。会议强调，公司制是现代企业制度的有效组织形式，是建立中国特色现代国有企业制度的必要条件，2017年底前基本完成国有企业公司制改制工作。2017年7月，国务院办公厅印发《中央企业公司制改制工作实施方案》，要求2017年底前，按照1988年《中华人民共和国全民所有制工业企业法》登记、国资委监管的中央企业（不含中央金融、文化企业）要全部改制为按照《公司法》登记的有限责任公司或股份有限公司，加快形成有效制衡的公司法人治理结构和灵活高效的

[1] 王璐、黄可欣：《国资国企改革全面步入质量提升年》，《经济参考报》2018年3月7日第2版。

市场化经营机制。此次改革涉及需要转制的69户央企集团公司总部（当时央企总共101户），改制的69户央企资产近8万亿元，以及3200余户央企子企业资产5.66万亿元[1]。这也是落实国资委以管资本为主的重要条件，因为这些央企集团公司只有真正转为公司制后，国资委今后才有可能不再去直接管这些企业，转为以管资本为主。此项改革任务已于2017年底完成。

国有企业股份制公司制改革的一个重要平台是上市。截至2020年10月，国资委系统控股上市公司共1024家，占全部A股上市公司的比重约为25%；国资委系统控股上市公司市值超过20万亿元，占A股市值总和超过30%[2]。

### （四）从战略上调整国有经济的布局和结构

1997年，党的十五大报告提出：“要从战略上调整国有经济布局。对关系国民经济命脉的重要行业和关键领域，国有经济必须占支配地位。在其他领域，可以通过资产重组和结构调整，以加强重点，提高国有资产的整体质量。只要坚持公有制为主体，国家控制国民经济命脉，国有经济的控制力和竞争力得到增强，在这个前提下，国有经济比重减少一些，不会影响我国的社会主义性质。”“把国有企业改革同改组、改造、加强管理结合起来。要着眼于搞好整个国有经济，抓好大的，放活小的，对国有企业实施战略性改组。以资本为纽带，通过市场形成具有较强竞争力的跨地区、跨行业、跨所有制和跨国经营的大企业集团。采取改组、联合、兼并、租赁、承包经营和股份合作制、出售等形式，加快放开搞活国有小型企业的步伐。”

1999年，党的十五届四中全会通过的《中共中央关于国有企业改革和发展若干重大问题的决定》进一步指出：“从战略上调整国有经济布局，要同产业结构的优化升级和所有制结构的调整完善结合起来，坚持有进有退，有所为有所不为。目

[1] 郑新立：《走出认识误区　深化国企改革》，《经济参考报》2017年7月27日第8版。

[2] 王璐：《多领域国企改革扩围升级红利加速释放》，《经济参考报》2020年12月16日第2版。

前，国有经济分布过宽，整体素质不高，资源配置不尽合理，必须着力加以解决。国有经济需要控制的行业和领域主要包括：涉及国家安全的行业，自然垄断的行业，提供重要公共产品和服务的行业，以及支柱产业和高新技术产业中的重要骨干企业。其他行业和领域，可以通过资产重组和结构调整，集中力量，加强重点，提高国有经济的整体素质。”在论述推进国有企业战略性改组部分，特别提出要放开搞活国有中小企业。这是对党的十五大报告“抓大放小”方针的进一步发展。

改革开放前，在城市是国有企业一统天下，光是工商企业就数以十万计。改革开放后，由于在经济活动中引入市场机制，开始出现市场竞争。在这种情况下，许多国有企业特别是国有中小型企业，由于其固有的体制机制弊端，逐渐出现亏损甚至资不抵债。这种情况，20世纪90年代中期以来由于整个市场格局逐渐出现买方市场而越发严重。不少地方政府逐渐把当地国有小型企业看成负担、包袱，所以大体从1995年以后，逐渐有地方政府想办法让这些国有小型企业转制，比如山东诸城将这些企业转为股份合作制，当时有人把诸城县委书记陈光说成“陈卖光”。广东顺德也是较早把国有小型企业出售的。其实这种情况是好的。没过几年，陈光调到山东菏泽当书记，他当时面临的是许多国有小型企业，想卖也卖不了，只能送出去，所以当时人们又说陈光是“陈送光”了。

正是在这样的背景下，中共中央先是提出“抓大放小”的方针，接着又提出“抓大放中小”的方针，调整国有经济的布局，主要是要抓好国有大中型企业特别是大型骨干企业。1997年提出帮助国有企业三年脱困，脱困对象就是国有大中型企业，而且主要是工业企业。与此同时，提出着眼于搞好整个国有经济，而不企求把每一个国有企业都搞好，因为这是不可能做到的。1999年，党的十五届四中全会还明确国有经济主要控制关系国民经济命脉的四大行业和领域，控制了这些行业和领域，国有经济就具有较强的控制力，就能有效地在国民经济中发挥主导作用，左右国民经济的发展。

抓住国有大型企业，从整体上搞好国有经济，在此后又有两大方面的发展：一是着力抓好中央企业；二是党的十九大报告提出的推动国有资本做强做优做大。

2003年，为加强对国有资产的监管，国务院和地方（省和地市两级）成立了国资委，划归国务院国资委监管的有196家中央企业。中央企业是国有企业的顶梁柱，当时在全国国有工商企业的国有资产总量中，中央企业占了一半多一点（56.7%），特别是，中央企业的资产质量普遍比较好，垄断行业中的大型骨干企业全部是中央企业。2003年，根据对中央企业的分析，在190家中央企业中，第一类是涉及国防军工、自然垄断、提供重要公共产品、战略资源等直接关系国家安全和国民经济命脉的重要行业和关键领域的企业，共有38家，占中央企业总数的20%，资产总额约占中央企业总资产的72%；第二类是涉及冶金、机械、电子、化工、建筑等国民经济支柱产业中的骨干企业和科技型企业，共有84家，占中央企业总数的44%，资产总额占中央企业总资产的16%（其中重要的大企业16家，占用的资产总额占中央企业总资产的10%）；第三类为其他行业领域的企业，共有68家，约占中央企业总数的36%，占用的资产总额约占中央企业总资产的12%。2003年成立国资委时，196家中央企业的资产总额为6.9万亿元，而到2017年底，中央企业的资产总额已发展到54.5万亿元。2016年，我国有83家国有企业进入《财富》世界500强，其中绝大部分是中央企业。2016年，中央企业研发经费约占全国研发经费支出总额的1/4。在2013—2016年国家科技奖励中，中央企业获得335个奖项，占获奖项目总数的1/3[1]。所以，要从整体上搞好国有经济，最关键的是要搞好中央企业，加快中央企业的改革和发展。

党的十九大报告提出要推动国有资本做强做优做大，这比从整体上搞好国有经济更加确切。因为国有经济中有部分公益性福利性企业或单位，它们的任务主要是做好服务，而不一定要求它们都去做强做优做大。国有资本做强做优做大，重要标志是培育出越来越多的具有全球竞争力的世界一流企业。另外，2013年，党的十八届三中全会提出的国有资本投资重点，也比党的十五届四中全会提出的四大行业和

[1] 白天亮：《这五年，国企风生水起》，《人民日报》2017年7月28日第10版。

领域更加确切和全面。党的十八届三中全会决定认为，国有资本投资运营要服务于国家战略目标，更多投向关系国家安全、国民经济命脉的重要行业和关键领域，重点提供公共服务、发展重要前瞻性战略性产业、保护生态环境、支持科技进步、保障国家安全。党的十五届四中全会决定要求国家控制自然垄断的行业，党的十八届三中全会决定则提出国有资本继续控股经营的自然垄断行业，实行以政企分开、政资分开、特许经营、政府监管为主要内容的改革，根据不同行业特点实行网运分开，放开竞争性业务，推进公共资源配置市场化。所以，国有资本需要控制的是垄断行业中的自然垄断业务，而竞争性业务则要放开。另外，党的十八届三中全会决定还把保护生态环境列为国有资本投资的一个重点，这是新提出来的。

1997年以来，由于贯彻落实上述调整国有经济布局和结构的方针，改革已取得明显成效。首先，国有工商企业的户数逐渐减少。1998年，全国国有企业户数为23.8万户，而到2012年，已减为14.5万户，中央企业也从2003年的196户减为2020年的不到百户。其次，国有企业资产大幅增加。1998年，全国国有企业资产总额为13.5万亿元，而到2018年，全国国有企业资产总额达到210.4万亿元，国有资本权益总额达到58.7万亿元。再次，国有企业资本进一步向重要行业和关键领域、前瞻性战略性产业、优势企业集中。到2017年，国有资产在军工、电信、民航、能源等领域占比达90%。最后，公司制股份制改革不断推进。截至2016年底，中央企业各级子企业公司制改制面达到92%，省级国资委监管企业改制面超过90%。而中央企业2017年下半年已将69家尚未进行公司制改革的企业转为公司制。

需要指出，直到2017年，从战略上调整国有经济布局和结构的任务尚未完成。党的十九大报告指出，“加快国有经济布局优化、结构调整、战略性重组”。存在的问题主要是，国有企业家数还是太多，很多还是处于一般竞争性行业，特别明显表现在涉足房地产行业的企业和资产太多，国有资本尚未很好地如党的十八届三中全会决定要求的那样向五个方面集中。垄断行业改革滞后，许多非自然垄断环节尚未放开，妨碍资源的优化配置。由于国资改革进展缓慢，这也影响国企改革的深化，包括影响国有经济布局和结构的优化。国有企业要真正成为政企分开、政资分开的市场主体，也有待国资改革的进一步深化。因此，今后要深化国有经济和国有企业改革，有赖于国资改革的进一步推进。

### （五）改革国有资产管理体制

中国有庞大的国有资产。改革开放后，随着国有经济的快速发展，国有资产包括总资产和净资产都在快速增长。为了更有效地运用好这笔劳动人民创造的巨大资产，需要改革国有资产管理体制，建立和健全适合社会主义市场经济的国有资产管理体制。1998年，国务院成立了国家国有资产管理局。上海、深圳、武汉、青岛等地分别建立了国有资产监督管理机构，探索国有资产管理模式。在改革试点方面，1994年，国务院决定将中国石化总公司等3个全国性行业总公司作为国家控股公司试点。1998年以来，国务院先后批准了石化、军工、电力等领域44家企业集团进行授权经营试点。1998年，国务院对大型国有企业实行稽查特派员制度，两年后过渡到向国有重点大型企业派出监事会。20世纪八九十年代，改革的深化暴露出国有资产管理存在两大问题：一是“九龙治水”、多头管理，有了成绩都抢着要算在自己名下，出了问题则互相推诿，谁都不负责任。二是“内部人控制”严重，常常造成国有资产流失。2002年，党的十六大报告在总结过去各地各方面经验的基础上，明确了国有资产管理体制改革的原则。这就是，建立由中央政府和地方政府分别代表国家履行出资人职责，享有所有者权益，权利、义务和责任相统一，管资产和管人、管事相结合的体制。此后，国有资产管理体制改革进程加快并取得进展。

继2003年国务院国资委成立后，到2004年6月，全国31个省（区、市）和新疆生产建设兵团国资委全部成立，地（市）级国有资产监督管理机构组建工作也基本完成。与此同时，制定了《企业国有资产监督管理暂行条例》和与此相配套的规章。经历14年起草的《中华人民共和国企业国有资产法》已于2007年12月列入全国人大常委会议程。2008年10月28日全国人大常委会通过《中华人民共和国企业国有资产法》，予以正式公布，自2009年5月1日起实施。

到2018年底，全国国资委系统国有企业资产总额达到210.4万亿元，比1998年的14.87万亿元增加了13倍多，其中中央企业资产总额达到80.8万亿元，地方国有企业资产总额达到129.6万亿元。1998年，进入《财富》世界500强的国有企业只有3家，而到2020年，则猛增到80家。这说明中国国有企业的竞争力大幅提升。此外，2018年，全国国有金融企业资产总额264.3万亿元，负债总额237.8万亿元，形成国有资产17.2万亿元[1]。

2003年党的十六届三中全会还提出建立国有资本经营预算制度的任务，2007年党的十七大报告进一步提出要建立国有资本经营预算制度。这是深化国有资产管理体制改革的重大举措。1994年以来，国有企业的利润是留归企业支配的，那时国有企业处境比较困难，利润不多。经过多年的发展，特别是进入21世纪后，国有企业利润大幅度增加，2007年达1.62万亿元，其中中央企业利润近万亿元。在这种情况下，利润全部留归企业已不合适，建立国有资本经营预算制度提上了议事日程。这样做，有利于为加快推进国有企业的资产重组和兼并破产支付必要的改革成本，还可用一部分收上来的利润支付对老职工的欠账等。

2003年开始建立的管资产和管人、管事相结合的国有资产监督管理体制，运行了10年时间后，人们发现，各级国资委都出现了对所监管的国有企业既当“老板”又当“婆婆”的现象，许多应当由企业董事会决定的事情，都要向国资委请示报告，企业的法人财产权得不到尊重，不少董事会形同虚设，政企和政资没有很好分开，影响企业的活力和创造力。这说明国资改革需要进一步深化。

2013年，党的十八届三中全会在《中共中央关于全面深化改革若干重大问题的决定》中提出：“完善国有资产管理体制，以管资本为主加强国有资产监管，改革国有资本授权经营体制，组建若干国有资本运营公司，支持有条件的国有企业改组

[1] 王璐、孙韶华、俞卜丹：《国资亮出最新“家底”行政事业性国资首“报账”》，《经济参考报》2019年10月25日第2版。

为国有资本投资公司。”“划转部分国有资本充实社会保障基金。完善国有资本经营预算制度，提高国有资本收益上缴公共财政比例，二〇二〇年提到百分之三十，更多用于保障和改善民生。”

这意味着，第一，国资委的职责有重大变化，要从以管企业为主向以管资本为主转变。国资委与国有企业中间将出现国有资本投资和运营公司，从二层架构变为三层架构，让国有资本投资和运营公司真正成为国有企业的老板，只履行“老板”的职责，不当“婆婆”。因此，国资委转变职能的当务之急，是尽快组建国有资本投资和运营公司，把国有企业出资人的职责尽快交给国有资本投资和运营公司，让国有企业真正拥有法人财产权和自主经营权。2014年，国资委确定的8家央企开展国有资本投资公司试点和2家央企开展国有资本运营公司试点后，已取得一定成效。一是基本完成了向投资、运营公司的转型。根据国有资本投资和运营公司的功能定位，各企业内部实施了总部职能调整、业务板块整合、子企业授权放权等多项改革，实现了管理体制的重塑和再造。二是充分发挥了国有资本投资、运营公司的平台作用。投资公司立足优势产业，推进产业重组整合，在产业引领和供给侧结构性改革中充分发挥表率作用。运营公司探索国有资本市场化运作，支持了央企结构调整、创新发展和提质增效。三是积极探索了企业内部机制改革的途径方式。不少试点企业开展综合性改革试点，率先推进落实董事会职权、职业经理人制度、薪酬分配差异改革、混合所有制改革等，推动企业加快形成市场化经营新机制，有力激发了企业活力[1]。2018年3月5日，李克强总理在《政府工作报告》中要求：“深化国有资本投资、运营公司等改革试点，赋予更多自主权。”相信在党和政府的推动下，两类公司试点将取得新进展。2018年，国资委出台了“出资人监管权力和责任清单”，明确9大类、36项权责事项，“清单之外无权力”。2019年6月，国资委授权放权清单（2019年版）发布，重点选取了规划投资与主业、产权、选人用人、薪

[1] 班娟娟：《陈进行委员：央企肩负加快新旧动能转换重任》，《经济参考报》2018年3月13日第3版。

酬激励、重大财务事项等5大类、35项授权放权事项[1]。

第二，着力健全公司法人治理结构，重点是加强董事会建设。要切实落实和维护董事会依法行使重大决策、选人用人、薪酬分配等权利，保障经理层经营自主权，法无授权任何政府部门和机构不得干预。加强董事会内部的制衡约束，国有独资、全资公司的董事会和监事会均应有职工代表，董事会外部董事应占多数，落实一人一票表决制度，董事对董事会决议承担责任。

第三，逐步提高国有资本收益上缴公共财政的比例。党的十八届三中全会决定要求到2020年国有资本收益上缴公共财政的比例提高到30%，这是一项相当高的要求。这项改革措施在2014年就有动作，3月25日财政部公布的2014年中央企业国有资本经营预算明确从2014年起，中央企业国有资本收益收取比例在现有基础上提高5个百分点[2]。此后这一比例也在逐步提高。

2015年8月，《中共中央　国务院关于深化国有企业改革的指导意见》出台，其后陆续推出与其相配套的一些政策文件，初步形成“1+N”政策体系。2016年2月，国务院国资委选择一些中央企业推动十项改革试点，即落实董事会职权、市场化选聘经营管理者、推行职业经理人制度、企业薪酬分配差异化改革、国有资本投资和运营公司、中央企业兼并重组、部分重要领域混合所有制改革、混合所有制企业员工持股、国有企业信息公开工作、剥离企业办社会职能和解决历史遗留问题。2018年8月，国务院国有企业改革领导小组办公室印发《国企改革“双百行动”工作方案》，近400家中央企业子公司、地方国有企业入选。不同于十项改革试点，实施“双百行动”的企业可以进行多项改革，只要符合企业实际且政策允许，需要什么样的改革就进行什么样的改革。“双百行动”实施一年多来，已取得实实在在的成果[3]。

[1] 刘志强：《国企改革推向纵深活力大增》，《人民日报》2020年1月8日第18版。

[2] 杨烨、赵婧：《财政部：央企上缴红利比例再提5%》，《经济参考报》2014年5月7日第1版。

[3] 刘志强：《央企双百行动任务完成过半》，《人民日报》2020年4月10日第1版。

### （六）积极推进混合所有制改革，发展混合所有制经济

党的十八届三中全会决定的一个重要亮点，是提出积极发展混合所有制经济。会议通过的决定说：“积极发展混合所有制经济。国有资本、集体资本、非公有资本等交叉持股、相互融合的混合所有制经济，是基本经济制度的重要实现形式，有利于国有资本放大功能、保值增值、提高竞争力，有利于各种所有制资本取长补短、相互促进、共同发展。允许更多国有经济和其他所有制经济发展成为混合所有制经济。国有资本投资项目允许非国有资本参股。允许混合所有制经济实行企业员工持股，形成资本所有者和劳动者利益共同体。”

党的十八届三中全会决定强调积极发展混合所有制经济，推动国有企业混合所有制改革，我们认为其背景主要有以下三点：

第一，充分动员国有资本和其他社会资本，更好地共同推动社会主义市场经济发展。中国经过30多年的改革开放，伴随着经济的高速增长，国有资本、集体资本、个体私营非公有资本都呈现几十倍的增长，2010年以来，每年利用外资均在1000亿美元以上。根据财政部2014年7月28日公布的数据，截至2013年底，全国国有企业资产总额104.1万亿元，所有者权益37万亿元。2012年底，私营企业注册资本达31万亿元。居民储蓄存款也大量增加，到2014年初，居民的银行储蓄存款余额达47万亿元，其中定期存款占一半以上。在这种情况下，积极发展混合所有制经济有利于更好地动员各类资本参与社会主义现代化建设。同时这也意味着，我国经济在宏观层面上，已经是混合经济了，即国有经济、集体经济、个体私营经济和外资经济共同发展。我们现在讲发展混合所有制经济，主要指微观层面的发展混合所有制企业，而且主要是推进国有企业的混合所有制改革，真正实现投资主体多元化。

第二，国有资本和非国有社会资本交叉持股、相互融合，可以更好地发挥各自优势，取长补短，实现高质量发展。众所周知，国有资本实力雄厚，而民营资本、社会资本更具活力，这两方面有机结合，能够取得“1+1＞2”的效应。而在党的十八届三中全会决定作出前一段时间，不少地方国企，却热衷于找央企合作，企求

靠央企雄厚的实力带动自己发展。实际上，这并不是地方国企改革的方向。地方国企改革的方向仍然是实现投资主体多元化的公司制、股份制、混合所有制。混合所有制是公司制和股份制的升级版。因为公司制可以是国有独资公司，股份制也可以是由多个国有投资主体组建的股份制企业，而混合所有制企业则一般应当是既有国有资本，又有非国有资本或非公有资本，从而真正做到投资主体多元化。

第三，为垄断行业改革打开一条通道。比较长的一段时间，垄断行业都以存在网络型自然垄断业务为由，拒绝引入非国有战略投资者，打着自然垄断的名义，行行政垄断之实。而随着科技进步，所有垄断行业都会出现越来越多的非自然垄断的竞争性业务。但是，中国垄断行业改革一直进展缓慢，困难重重，曾有专家甚至认为垄断行业改革是一个伪命题，也有专家认为中国经济面临的不是垄断问题，而是集中度不够的问题。以致垄断行业改革阻力较大，普遍效率不高，影响资源的优化配置，同时收费高、服务质量差。举一个例子，中国汽油价格长时期比美国高出不少，而品质并不高，成为大城市空气重要的污染源。这里面除了中国的税收较高外，重要的是原油进口长时期被“三桶油”垄断，炼油厂也被“三桶油”垄断，缺乏竞争，造成成品油质次价高，消费者利益受损。因此，各方面都要求加快垄断行业改革。党的十八届三中全会决定要求自然垄断行业放开竞争性业务，就是为了进一步推进垄断行业改革。而发展混合所有制经济，正是为垄断行业放开竞争性业务打开一条通道。也就是说，垄断行业可以把竞争性业务向社会引入非国有资本，组建混合所有制企业。这样做，不但可以放大国有资本的功能，更重要的是，在市场竞争推动下能提高效率，实现创新发展。我国经过40多年的改革开放，处于竞争性领域的国有企业，一般均已实行公司制股份制改革，投资主体已经多元化了，已经是混合所有制经济了。剩下国有独资的，主要是处于垄断领域的大型或特大型国有企业，它们的改革必须从打破垄断入手。2013年9月6日，国务院常务会议就提出尽快在金融、石油、电力、铁路、电信、资源开发、公用事业等领域向民间资本推出一批符合产业导向、有利于转型升级的项目，形成示范带动效应，并在推进结构改革中发展混合所有制经济。此后改革有一些进展。

2014年7月15日，国务院国资委宣布在中央企业启动混合所有制经济试点，并确定中国医药集团有限公司、中国建筑材料集团有限公司开展混合所有制经济试点。主要探索发展混合所有制经济的有效途径，目的包括六个方面：一是探索建立混合所有制企业有效制衡、平等保护的治理结构；二是探索职业经理人制度和市场化劳动用工制度；三是探索市场化激励和约束机制；四是探索混合所有制企业员工持股制度；五是探索对混合所有制企业的有效监管机制以及防止国有资产流失的方法和途径；六是探索在混合所有制企业开展党建工作的有效机制[1]。与此同时，全国许多省市也纷纷推出发展混合所有制经济的方案。如重庆市提出，用3—5年时间，使2/3左右的国有企业发展成为混合所有制企业，适宜上市的企业力争全部上市。广东省则计划2017年混合所有制企业户数比重超过60%等。从党的十八届三中全会到2016年底，中央企业及其下属企业共推进混合所有制改革1995项，中央企业及其下属企业中混合所有制企业（含参股）占比达到了68.9%，上市公司的资产、营业收入和利润总额在中央企业“总盘子”中的占比分别达到61.3%、62.8%和76.2%[2]。

2017年后，混合所有制改革有新进展。主要表现在：由国家发展改革委牵头的混合所有制改革试点企业第一批、第二批共19家，第三批31家，三批共50家。国家发展改革委新闻发言人介绍，试点企业通过混改，有三个明显成效，即投资实力明显增强、杠杆率明显降低、经济状况明显改善，特别是中国联通、东航物流等企业落地实施，改革力度大，市场反应积极，营造了良好的社会氛围。前两批试点的都是央企，进入第三批试点的有地方国企，而且有垄断行业大企业。三批混合所有制改革试点示范项目，不仅涵盖了中央企业和部分地方国企，而且实现了电力、石油、天然气、铁路、民航、电信、军工等七大重要领域全覆盖，并延伸到国有经济

[1] 白天亮：《新一轮国企改革拉开大幕》，《人民日报》2014年7月16日第3版。

[2] 白天亮：《这五年，国企风生水起》，《人民日报》2017年7月28日第10版。

较为集中的一些重要行业。2019年，又开展了第四批试点，共160家，其中中央企业系统107家，地方企业53家。从资产规模看，中央企业资产规模约1.7万亿元，地方企业资产规模约0.8万亿元。从行业领域看，既有传统制造业领域的试点企业，也有互联网、软件及信息技术服务、新能源、新材料和节能环保等战略性新兴产业的试点企业[1]。

作为第一批改革试点的企业，东航物流通过混改在2017年取得了营收同比增长三成、利润总额增长超七成的好成绩，同年净资产回报率也达到53.25%，远高于世界一流航空物流企业15%净资产回报率的平均水平。在混改中，东航物流成功引入了诸如普洛斯、德邦快递等外资和民营资本，外资和中高级管理人员、核心业务骨干等员工持股比例达到25%。第二批混改试点企业中国联通，是首例垄断领域央企，共引入包括腾讯、百度、阿里巴巴、京东等民资在内的14家战略投资者，联通集团持股比例由62.7%降至36.7%，集团公司管理职能人员编制减少51.3%，31个省级分公司压减机构205个，集团二级机构正副职退出14人，省级分公司中层干部受聘平均退出率15%，实现了组织扁平高效、资源内耗大幅减少。同时，中国联通向7800余名核心员工授予占总股比2.7%的限制性股票，调动了最核心要素的积极性[2]。2019年以来，全国已有181户国有控股混合所有制企业开展员工持股试点，央企层面10户试点子企业已全部完成出资入股[3]。

数据显示，2013年以来，截至2020年10月，中央企业累计实施混改4000多项，引入各类社会资本超过1.5万亿元。中央企业所属子企业中混合所有制企业户数占比已经超过70%[4]。

可以设想，通过新一轮混合所有制改革后，中国国有企业将出现如下格局：保

[1] 王璐：《国企混改加速批量落地》，《经济参考报》2019年5月20日第1版。

[2] 赵展慧：《国有企业改革向纵深推进》，《人民日报》2018年4月13日第10版。

[3] 刘志强：《国企改革推向纵深活力大增》，《人民日报》2020年1月8日第18版。

[4] 王璐：《多领域国企改革扩围升级　红利加速释放》，《经济参考报》2020年12月16日第2版。

留极少数国有独资企业，包括国有资本投资公司和运营公司、重要公益性企业等；垄断行业国企一般将发展为混合所有制企业，其中自然垄断环节业务国有资本控股，有一段时间还要绝对控股，竞争性业务国有资本控股或参股；竞争性行业一般实行混合所有制经营，国有资本可以控股或参股，参股的也可以采取国有资本投资公司持有优先股的办法，有些也可以退出。

# 第八节

## 如何理解公有制为主体

如何理解公有制为主体？2013年党的十八届三中全会决定以来，理论界、工商界人士对此就有两种差距很大的看法。理论界有的人士鉴于改革开放后非公有制经济的迅速增长，其对GDP的贡献率已超过50%甚至60%，对全社会固定资产投资的比重也已超过60%，对全社会新增就业岗位的贡献超过80%甚至90%，就认为公有制为主体已被突破，社会主义制度的根基受到动摇，主张限制非公有制经济的发展；有的甚至建议对财富积累特别多的富豪动手，实行再公有化。与此相反，另有理论界和工商界人士认为，中国现实经济活动已经发展到实际上是民营经济为主体，如果继续坚持以公有制为主体，似乎名不副实，也不利于民营经济的发展。他们建议基本经济制度改为以国有经济为主导、多种所有制经济共同发展。以上两种认识都是不全面的，都没有很好认识公有制为主体的含义。

1997年党的十五大报告在确立公有制为主体、多种所有制经济共同发展的基本经济制度时，对公有制为主体的含义曾作出明确规定："公有制的主体地位主要体现在：公有资产在社会总资产中占优势；国有经济控制国民经济命脉，对经济发展起主导作用。这是就全国而言，有的地方、有的产业可以有所差别。公有资产占优势，要有量的优势，更要注重质的提高。国有经济起主导作用，主要体现在控制力上。"[1]从1978年改革开放到2019年的41年，中国GDP从3679亿元增长到990865亿元，扣除价格变动实际增长了38.3倍，年均增长9.4%，人均GDP2019年首次突破1万美元[2]。中国GDP占世界总量的比重也已从1978年的1.8%上升到2019年的16%左

[1] 《十五大报告辅导读本》编写组编《十五大报告辅导读本》，人民出版社，1997，第21页。

[2] 国家统计局编《2020中国统计摘要》，中国统计出版社，2020，第23页、第28页。

右。国有经济、集体和合作经济、个体私营经济、外资经济以及不同所有制经济的混合经济，都获得巨大发展。在这种情况下，公有资产在社会总资产中占优势，国有经济控制国民经济命脉，对经济发展起主导作用，都没有发生根本性变化。

看看数据。根据财政部、国务院国资委、国家统计局等部门的公开数据测算，截至2015年底，经营性国有资产约为34.46万亿元，行政事业性国有资产约为11.23万亿元，金融性国有资产约为53.41万亿元，资源性国有资产值约为458万亿元（其中约43万亿元可直接出售或交易），4项国有资产合计达557.10万亿元[1]。这里说的国有资产指的是国有资产净值。《国务院关于2018年度国有资产管理情况的综合报告》显示，2018年，全国国有企业资产总额210.4万亿元，国有资本权益总额58.7万亿元；全国国有金融企业资产总额264.3万亿元，负债总额237.8万亿元；全国农村集体土地总面积65.5亿亩，账面资产6.5万亿元；全国国有土地面积50552.7万公顷，国有森林面积8436.6万公顷，全国水资源总量27462.5亿立方米，内水和领海面积38万平方公里。截至2018年末，全国行政事业性国有资产总额33.5万亿元[2]。从上可见，资源性国有资产占总资产的大头，公有资产一直在社会总资产中占优势。至于国有经济控制国民经济命脉，对经济发展起主导作用，则至今没有人对此产生怀疑，这里就不再论证了。

总之，经过40多年改革开放，各种所有制经济的资产都大幅增加，但公有资产在社会总资产中所占优势并没有变，而且按照党的十五大对公有制为主体的规定，为各种所有制经济的共同发展提供了很大的空间。因此，今后必须继续坚持和完善公有制为主体、多种所有制经济共同发展的基本经济制度。

---

[1] 常修泽等：《所有制改革与创新——中国所有制结构改革40年》，广东经济出版社，2018，第20页。

[2] 倪弋：《行政事业性国有资产首次亮出“家底”》，《人民日报》2019年10月24日第4版；郁静娴：《全国农村集体家底，摸清了》，《人民日报》2020年7月13日第10版。

C H A P T E R 5

# 第五章

# 社会主义市场经济体制的“四梁八柱”（二）：统一开放、竞争有序的现代市场体系

建设统一开放、竞争有序的现代市场体系，是由市场机制决定资源配置的基础。为此，必须加快形成企业自主经营、公平竞争，消费者自由选择、自主消费，商品和要素价格市场形成、自由流动的现代市场体系，着力消除各种各样的市场壁垒，提高资源配置效率。

# 第一节

## 从行政定价制度转变为市场定价制度

放开价格，从行政定价制度转变为市场定价制度，才能真正形成市场。因此，改革开放后，要建立新的市场体系，首先要推进价格改革，主要是价格形成机制改革。改革开放以来，中国价格改革特别是商品和服务价格改革常常走在经济体制改革前面，对搞活整个国民经济、带动市场繁荣、促进经济快速增长，起了很大作用。

### （一）商品和服务价格改革走在改革前列

改革开放初期，党和政府就高度重视价格改革，不断出台价格改革举措，动手既早又快。众所周知，中国经济体制改革是从引入市场机制、尊重价值规律开始启动的。改革开放之初，国家就大幅度提高农产品收购价格，提价的有18种主要农产品，提价幅度达24.8%，初步调整工农业产品价格结构扭曲状态。这一举措，同农村实行家庭联产承包责任制一起，大大刺激了农产品增产和农民收入增加。还陆续恢复了农村集市贸易，农民可以拿出一部分产品按市场价格在集市出售。1982年、1983年、1984年，分三批放开工业品中的小商品价格。有的城市，如广州市，从1978年8月开始到1984年11月率先在全国全部放开蔬菜、水果等的价格，几个月后，又放开猪肉和塘鱼价格，结果是“放到哪里活到哪里”。价格一放开，开始产品价格会有所上涨，从而刺激生产者增产，市场供应迅速增加，之后价格会逐渐稳定下来，各种票证跟着被一个一个取消，这充分显示出市场机制神奇的力量。全国其他城市，都先后效仿广州市的做法，整个经济开始活跃起来，市场日益繁荣。这是改革开放初期改革给老百姓带来的最大实惠。

党和政府及时总结调整价格和放开价格的经验。1984年，党的十二届三中全会《中共中央关于经济体制改革的决定》提出："价格是最有效的调节手段，合理的价格是保证国民经济活而不乱的重要条件，价格体系的改革是整个经济体制改革成败的关键。"这就把价格改革的重要性提到前所未有的高度。党的十二届三中全会决定作出后，价格改革步伐加快。1985年1月1日，中央一号文件规定，从当年起，除个别品种外，放开农产品价格。1986年，全部放开小商品价格，并放开自行车、电冰箱、洗衣机等7种主要工业消费品价格。1985年1月，放开工业生产资料中属于企业自销和完成国家计划后超产部分的出厂价格，实行工业生产资料价格双轨制（1991年并为市场价格单轨制）。这些都显示中国价格改革从1985年起进入以放开价格为主的阶段，即走上用市场定价制度取代行政定价制度的阶段。从此可以看出，价格改革是最早明确市场化改革目标的。

1987年，党的十三大报告明确提出，"要逐步建立少数重要商品和劳务价格由国家管理，其他大量商品和劳务价格由市场调节的制度"。这实质上是要建立市场价格制度，以党的文件明确中国价格改革的目标模式。1987年市场价格改革目标的确立，比1992年党的十四大确立社会主义市场经济体制改革目标整整早5年。这正是改革开放初期中国价格改革常常走在整个经济体制改革前面的主要原因。一个明显的例子是，在商品和服务价格市场化改革有序推进的期间，1987—1992年，国有企业还在实行强化政企不分的承包制，直到1993年党的十四届三中全会，才明确国有企业改革的方向是建立与社会主义市场经济体制相适应的现代企业制度，即现代公司制，国有企业改革才开始真正走上制度创新的道路。

1984年《中共中央关于经济体制改革的决定》公布后，随着确认社会主义经济是有计划的商品经济，经济学家对价格改革目标模式的讨论有重大进展。1984年11月25—30日在江苏省常州市举行的中国价格学会（当时的会长是国家物价局局长刘卓甫）第三次价格理论研讨会上，就对中国价格改革目标展开了热烈的讨论。有三种意见：第一种，国家统一定价、浮动价、自由价并存，以浮动价为主；第二种，中央定价、地方定价、企业定价并存，以企业定价为主；第三种，谁经营谁定价。有的经济学家明确提出，我们必须放弃行政集中定价制度。定价的基本原则是，在符合国家政策法律的前提下，充分考虑国内外市场的供求情况[1]。1986年后，参加讨论的多数经济学家已逐渐明确价格改革的目标——用市场价格制度代替行政定价制度。

随着1985年起价格改革以放开价格为主，价格的市场化改革进展迅速。到1990年，在社会商品零售总额中，市场调节价比重已过半数，达53%。到1992年，市场调节价比重在商品零售环节已占93%，在农产品收购环节已达82%，在工业生产资料出厂环节已达74%，在服务业中也已达64%。可以认为，在其他领域明确建立社会主义市场经济体制时，价格领域的市场价格制度已先期初步建立起来了。如表5-1所示。

表5-1　1978—2008年实物商品市场调节价比重变化（%）

| 年份 | 商品零售环节 | 农产品收购环节 | 生产资料出厂环节 |
|---|---|---|---|
| 1978 | 3.0 | 5.6 | — |
| 1984 | 16.0 | 18.1 | — |
| 1988 | 34.0 | 40.0 | 40.0 |
| 1990 | 53.0 | 51.6 | 36.4 |
| 1992 | 93.0 | 81.8 | 73.8 |
| 1995 | 88.8 | 78.6 | 77.9 |
| 2000 | 95.8 | 92.5 | 87.4 |
| 2004 | 95.3 | 96.5 | 87.8 |
| 2008 | 95.6 | 97.1 | 96.5 |

资料来源：成致平：《价格改革三十年（1977—2006）》，中国市场出版社，2006年版，第163页。

注：2008年的数据见《中国物价》2012年第8期。

中国的服务价格市场化改革也快速推进，到1992年，市场调节价比重已占优势。如表5-2所示。

[1]　张卓元主编《中国价格模式转换的理论与实践》，中国社会科学出版社，1990，第46—47页。

表5-2　1992年中国第三产业服务价格形式构成

| 价格形式 | 行业 | 产值比重/% |
|---|---|---|
| 市场价格 | 服务业 | 64.4 |
| 管制价格 | 交通运输业、邮电通信业 | 15.5 |
| 非经济价格 | 教育、卫生、国家机关等 | 20.1 |

资料来源：据《1991—1992中国首次第三产业普查资料摘要》（中国统计出版社，1995年版）第174—187页计算。

### （二）推进资源产品价格市场化改革

2005年，党的十六届五中全会发布的《中共中央关于制定国民经济和社会发展第十一个五年规划的建议》，又一次提出了我国必须转变经济增长方式的重大任务。这是因为，经过改革开放20多年经济的高速增长，资源和环境的“瓶颈”制约越来越突出。大家开始明白，中国是一个人均资源占有量短缺的国家，耕地面积为世界人均水平的40%，淡水为25%，石油、天然气和煤炭分别为11%、4.5%和79%，铁、铜和铝分别为1/6、1/6和1/9。与此同时，资源利用效率低下。2004年，我国GDP按当时的汇率计算占全球的4%，但消耗了全球8%的原油、10%的电力、19%的铝、20%的铜、30%的钢材和煤炭。单位产值的能耗是世界平均水平的2倍多，是比较典型的粗放式增长。而我国高投入、高消耗、高污染、低效益的粗放型经济增长方式之所以难以根本转变，一个重要原因在于长期以来我国资源产品价格受政府管制，明显偏低，人们滥用浪费。这表现在：

一是地价低。长期以来，一些地方政府利用行政权力向农民低价征地，然后办开发区等，以低价出让土地使用权招商引资。

二是水价低。2003年，我国城市每立方米水价为0.15美元，农用水几乎是免费的，而国外每立方米水价则比我国高得多，例如南非是0.47美元，美国是0.51美元，德国是1.45美元。

三是能源价格低。能源价格长时期没有包括开采石油、煤炭等造成的环境损害成本。大量高耗能产品之所以能够争着出口，是因为中国的能源价格严重偏低。

四是矿产品价格低。到2005年，我国15万个矿山企业中仅有2万个矿山企业是要付费才能取得矿山开采权的，绝大部分是通过行政授予无偿占用的。矿产资源补偿费平均为1.18%，而国外一般为2%—8%。

要建设资源节约型、环境友好型社会，形成节能、节地、节水、节材的生产方式和消费模式，就必须深化资源产品价格市场化改革，使它们的价格能很好地反映市场供求关系、资源稀缺程度和环境损害成本。总的是要逐步提高它们的价格，用价格杠杆迫使生产企业和消费者节约使用资源，提高资源利用效率。

2005年以后，特别是2013年党的十八届三中全会以后，资源产品价格市场化改革逐步展开。这包括煤炭价格已放开由市场调节。成品油市场化价格形成机制逐步完善，成品油价格与国际市场原油价格挂钩，但设置了成品油价格调控的上下限（上限为每桶原油130美元，下限为每桶原油40美元），逐步简化调价操作方式。放开液化石油气出厂价格。到2017年，已经全面完成了省级电网输配电价改革，市场交易电量占电网企业销售电量的23%左右。理顺了非居民用天然气价格，占消费总量80%以上的非居民用气价格主要由市场主导形成。长输、短输、配气等天然气全产业链和输配电价格科学化、精细化监管框架已基本建立[1]。

居民阶梯价格制度顺利推进。居民阶梯电价制度、水价制度、气价制度已普遍实施。各地还合理调整水资源费、排污费、污水处理费等资源环保价格，对高耗能、高污染和产能严重过剩行业实行差别电价、水价和排污费收费标准，促进节能减排、结构调整和转型升级[2]。

经国务院批准，2020年3月，国家发展改革委对《中央定价目录》（2015年版）进行了修订，修订后的定价项目缩减近30%，自2020年5月1日起施行。修订后

[1] 李志勇：《价格改革进入攻坚阶段》，《经济参考报》2017年10月17日第3版。

[2] 《中共中央　国务院关于推进价格机制改革的若干意见》，《人民日报》2015年10月16日第1版。

的《中央定价目录》主要包括输配电、油气管道运输、基础交通运输、重大水利工程供水、重要邮政服务、重要专业服务、特殊药品及血液等7类16项。可见，政府定价范围已按照党的十八届三中全会决定规定的主要限定在重要公用事业、公益性服务、网络型自然垄断环节。自2017年起，我国商品和服务市场调节价的比重已超过97%。

### （三）生产要素价格市场化改革

随着实物商品和服务价格包括资源产品价格市场化改革的展开和深化，生产要素价格市场化改革必然提上议事日程。特别是1992年确立社会主义市场经济体制改革目标后，要使市场在资源配置中发挥基础性和决定性作用，生产要素要实行市场化配置，生产要素价格必须推进市场化改革，完善主要由市场决定要素价格的机制。这是一项基础性的更深层次的改革。

生产要素价格主要包括资本要素价格——利息和人民币对外币的比率汇价、劳动力的价格——工资、土地的价格——地租和地价、技术要素中科技成果资本化、数据要素市场价格等。按照发展社会主义市场经济的要求，它们都要由市场形成和调节，以免最重要的市场信号失真，影响要素配置效率的提高。

在生产要素价格中，资本要素价格——利息特别重要，因为资本是市场经济国家最重要的稀缺资源。经过多年的渐进式改革，先是实现贷款利率和债券利率的市场化，2015年最终放开银行存款利率上限，这就标志着利率市场化已基本实现。当前存在的问题是贷款利率“双轨制”，即银行给国有大中型企业的贷款利率较低，给民营企业和小微企业的贷款利率较高，有关部门正在采取措施缩小价差。与此同时，人民币汇率市场化形成机制不断完善。2016年，人民币正式纳入国际货币基金组织特别提款权货币篮子，标志着人民币资本项目可兑换向前迈了一大步。要增强人民币汇率弹性，同时保持人民币汇率在合理均衡水平上的基本稳定。2020年，开始在部分自由贸易区内部试行人民币资本项目自由兑换。

工资是劳动力的价格，工资体制改革的方向也是市场化，即工资应在劳动力市场上通过竞争形成。劳动力的价格——工资的市场化，是企业成为真正的市场活动主体的前提。改革开放后，我国各种各样的就业市场逐步建立和发展，大批农民工到城市就业，国有企业也有大批职工下岗或转岗，劳动力价格逐步由市场形成。据统计，2015年，全国2.7亿名农民工的平均工资每月已达3000元，且呈继续上升趋势。中国劳动力市场发展的最大障碍是现行的户籍制度，由于户籍没有放开，严重阻碍劳动力的流动，从而影响劳动力市场价格的形成。进入21世纪后，开始探索和实施户籍制度改革。党和政府正在积极推动超大、特大城市调整完善积分落户政策，探索推动在长三角、珠三角等城市群率先实现户籍准入年限同城化累计互认。放开放宽除个别超大城市外的城市落户限制，试行以经常居住地登记户口制度。建立城镇教育、就业创业、医疗卫生等基本公共服务与常住人口挂钩机制，推动公共资源按常住人口规模配置。此外，还要健全最低工资标准调整、工资集体协商和企业薪酬调查制度；深化国有企业工资决定机制改革，完善事业单位岗位绩效工资制度；建立公务员和企业相当人员工资水平调查比较制度，落实并完善工资正常调整机制。

土地价格市场化。党的十八届三中全会决定提出：“建立城乡统一的建设用地市场。在符合规划和用途管制前提下，允许农村集体经营性建设用地出让、租赁、入股，实行与国有土地同等入市、同权同价。”过去，地方政府在向农民征地时，由于作价低，常常采用强征手段，而农民又是弱势群体，造成大量遗留问题，政群关系紧张，有时甚至影响社会稳定。有的专家指出，1999—2015年，是中国土地资产化最迅猛的时期，这16年间，全国土地（主要是农民的土地）出让收入总额为27.29万亿元，年均达1.6万亿元。扣除征地拆迁补偿支出、土地出让前期开发支出、补偿被征地农民支出等，地方政府纯收入（按2008—2014年共6年的数据）约占总收入的29.2%。这是一个很大的数字，有时还能占有些地方财政收入的30%甚至50%[1]。多少年来，中国已形成地方土地财政概念，一些地方政府靠征地卖地过日子，而被征地农民则深受其害，致使群体性事件此起彼伏。因此，建立城乡统一用地市场，形成市场化的土地价格和地租，显得十分重要、十分紧迫。今后，要完善城乡基准定价、标定地价的制定与发布制度，逐步形成与市场价格挂钩的动态调整机制。

技术要素价格市场化程度较高，技术市场发展也较快。技术市场成交金额，2000年为651亿元，2010年为3907亿元，2018年为17697亿元，2019年达22398亿元。

数据要素价格市场化正在积极探索中。首先要研究数据性质，完善产权制度，培育数字经济新产业、新业态和新模式，支持构建农业、工业、交通、教育、安防、城市管理、公共资源交易等领域规范化数据开发利用的场景。在这当中推进数据要素价格市场化。

### （四）若干结论

第一，中国价格改革已经取得巨大成功，经过40多年的改革开放，市场价格制度已经比较全面地建立了起来，正在根据新时代经济高质量发展和全面建设现代化经济体系的需要不断完善。取得巨大成功的主要原因有两个：一是坚持了市场化改革方向，由于改革开放初期试着放开价格很快搞活了市场、搞活了经济，这使得1987年党的十三大报告即基本明确价格改革的目标是建立市场价格制度，并一直坚持下来。二是采取逐渐推进的策略，没有接受有的经济学家推荐的一步到位的建议，而是先主要放开商品和服务的价格，然后着重推进资源产品价格的市场化改革，最后是推进生产要素价格的市场化改革。这就使价格改革同市场发育紧密相连，同逐步构建现代市场体系紧密结合。

第二，着重抓价格形成机制改革，以此促进价格体系合理化。价格改革包含价

[1] 《减去征地拆迁，地方政府年均赚6千亿“土地利润”》，《第一财经日报》2016年2月19日第A12版。

格形成机制改革和价格体系、价格结构合理化两大方面。改革初期，大家就逐步认识到，靠行政调整价格来理顺已经扭曲的价格体系和结构，是做不到的。苏联和中国改革前每次对不合理的价格结构进行调整，不仅费时（三四年）费力，而且由于时过境迁，原来以为调顺了的价格结构很快又不合理了。因此，下决心主要从改革价格形成机制入手，让价格回到市场交换中形成，由市场决定，而不再由行政部门制定和调整价格，包括拒绝按计算价格、理论价格、影子价格来调整价格的建议。正是由于抓对了着力点，价格改革推进比较顺利。由市场决定和调节价格是市场经济活动的一般条件，社会主义市场经济也是如此。

第三，价格改革要排除通货膨胀的干扰，才能顺利进行。价格改革的难点和主要矛盾是既要理顺价格关系，又要保持物价水平的基本稳定，要在保持物价总水平大体稳定的条件下推进价格改革。20世纪80年代初中期，经过讨论，多数经济学家和物价主管部门都认为，在推进价格改革过程中，稳定物价的口号和方针不能放弃。这就要排除通货膨胀的干扰，因为在物价上涨率超过5%特别是达到两位数的情况下，价格改革是很难推进的。中国1988年“价格闯关”未成，就是这个原因。由于当年出现明显的通货膨胀，物价上涨幅度大，《人民日报》当年10月19日载，国家统计局通报，1988年前3个季度全国物价指数上涨16%，由于物价不断上涨，老百姓就到市场抢购商品，并且到银行挤兑存款。针对上述经济运行中出现的不正常状况，9月26—30日，中共中央举行党的十三届三中全会，提出治理经济环境、整顿经济秩序、全面深化改革的方针，国务院也宣布年内不再出台新的调价措施，原定价格改革“闯关”计划以失败告终。改革开放40多年来，中国先后出现过两次严重的通货膨胀和物价的两位数上涨，都因治理及时和有力，很快就克服了，从而没有对价格改革进程造成太大的负面影响。

# 第二节

## 现代市场体系的建立和发展

构建统一开放、竞争有序的市场体系，是市场机制发挥作用的基础，也是使市场在资源配置中起基础性作用和决定性作用的基础。改革开放后，价格改革的步步推进，为市场体系的发育和发展提供了良好的条件，党和政府一贯重视市场体系的建设和发展。改革开放后，中国市场体系的发育大体可以分为以下四个阶段。

第一阶段，1978—1991年，在价格改革大步推进带动下，各类市场主要是商品市场蓬勃发展。自1985年起，随着农副产品和工业消费品价格的逐步放开，全国各地的农副土特产品市场包括批发市场和零售市场纷纷建立和不断扩大，工业消费品市场也越来越繁荣昌盛，凭票供应商品现象逐渐减少。中国从20世纪80年代初起实行工业生产资料价格双轨制。据1988年统计，在重工业品出厂价格中，按国家定价销售的比重，采掘工业品为95.1%，原材料产品为74.6%，加工工业产品为41.4%，其余均为按市场价格销售的部分[1]。由于1985—1988年经济过热，双轨价差很大，有的产品市场价高出计划价两三倍之多，助长了“走后门”和贪污腐败等不正之风与违法乱纪现象，各方面对价格双轨制批评之声不绝于耳。1988年底，由于出现严重的通货膨胀，“价格闯关”未成，中央采取治理整顿措施，抑制投资过热和通货膨胀，缓解供求矛盾，促使工业生产资料价格回落。到1990年，双轨价差大幅缩小至0.5~1倍之间，有的产品双轨价甚至非常接近。在这种情况下，党和政府及时采取措施，于1991年基本上实现了工业生产资料价格双轨制并轨，一般并为市场单轨价，为工业生产资料价格双轨制画上圆满的句号。从此，工业生产资料市场走上正常运行的轨道。这一时期，在商品和服务市场全面发展的同时，生产要素市场也开

[1] 蔡昉等：《中国经济改革与发展（1978～2018）》，社会科学文献出版社，2018，第118页。

始起步。最突出的是在1990年12月，上海证券交易所和深圳证券交易所先后成立和营业。从此中国有了自己的资本市场，中国市场体系建设开始向中高端迈步。

第二阶段，1992—2001年，各类市场向纵深发展，国有企业逐步从行政部门附属物向真正的市场主体转变，并同改革开放后迅速崛起的民营企业、外资企业等市场主体展开竞争，市场格局也从卖方市场向买方市场转变。首先，打破福利分房后房地产市场逐渐兴起和发展。到1999年底，全国可售公房的60%以上已经出售给居民家庭，城镇居民住房自有率达到70%[1]。1998年，全国新建商品房销售面积为12185万平方米，而到2001年，全国新建商品房销售面积达到22412万平方米，增长近84%。这就基本上打破了单一的住房公有制，形成了以居民自有产权为主、多种产权形式并存的产权格局。到2001年，我国城镇居民人均住房建筑面积由1978年的7.2平方米增加到21平方米（2019年更增加到近40平方米），缺房户占全国总户数的比重也由47.5%下降到1.1%。另外，房地产市场发展到今天，在体制上存在的一个最大问题是许多大城市都有大量的小产权房，有的城市甚至占到半数。这是完善现代市场体系必须解决的。其次，国有企业从1993年明确改革方向是“建立现代企业制度”后，通过公司制股份制改革，已逐渐成为自主经营、自负盈亏的市场主体和法人实体。与此同时，个体、私营和外资经济发展迅速，已逐渐成为社会主义市场经济的重要组成部分，公有制为主体、多种所有制经济共同发展的基本经济制度已经确立。这对形成多元的市场竞争主体、发展市场体系意义十分重大。再次，市场格局也从卖方市场转向买方市场。原国家国内贸易局（部）自1995年以来对600多种主要商品供求状况的调查结果表明，从1995年开始，供过于求的迹象开始出现，到1998年上半年，中国消费品零售市场上已经没有供不应求的商品，而供过于求的商品的比例已达25.8%[2]。

[1] 彭森、陈立等：《中国经济体制改革重大事件（下）》，中国人民大学出版社，2008，第639页。

[2] 刘国光主编《中国十个五年计划研究报告》，人民出版社，2006，第613页。

第三阶段，2002—2012年，以加入世界贸易组织为契机，构建开放型现代市场体系。首先，外商投资企业逐渐成为我国市场主体的重要组成部分。我国1992年确立社会主义市场经济体制改革目标，2001年底加入世界贸易组织，使中国吸收和利用外资走上了“快车道”。到2012年，全国外商投资企业共计达440609个，投资总额32610亿美元，注册资本18814亿美元。2012年以后，一直到2019年，我国每年实际利用外资都在1000亿美元以上。其次，对外贸易迅速发展。加入世界贸易组织使我国加快融入经济全球化进程。改革开放之初的1978年，中国货物进出口总额只有206亿美元，居世界第32位。改革开放后，对外贸易迅速发展。加入世界贸易组织后，大大推动了货物进出口贸易的高速增长。2004年中国货物进出口总额突破1万亿美元大关，3年后又翻了一番，到2007年突破2万亿美元大关。2011年，中国货物进出口总额超过3万亿美元。2013年，中国货物进出口总额达4.16万亿美元，一举超过美国成为世界第一大货物进出口贸易国，一直到2019年。与此同时，服务贸易迅速发展。20世纪80年代初期，中国服务贸易规模只有40多亿美元。加入世界贸易组织后，服务贸易增长加快。2003年服务贸易总额首次突破1000亿美元，此后服务贸易不断发展，2013年已超过5000亿美元。2019年服务贸易总额进一步提高到7848亿美元。对外贸易的高速增长，有力地推动了中国经济的快速增长。2005—2007年，我国货物和服务净出口对国内生产总值的贡献率在10%以上。再次，2005年、2006年股权分置改革是完善我国资本市场的重大举措。由于历史因素，我国上市公司中普遍存在流通股和非流通股两类股票。上市公司向社会公开发行的、在上海证券交易所和深圳证券交易所上市交易的股票，称为流通股；而同样由上市公司发行但暂不上市交易的股票，则称为非流通股。流通股比非流通股价格高很多，这种状况显然不利于资本市场的健康发展。为解决股权分置问题，2005年4月，经国务院批准，证监会发布了《关于上市公司股权分置改革试点有关问题的通知》，开始启动股权分置改革试点工作。同年9月，证监会等发布了《上市公司股权分置改革管理办法》等配套文件，指导股权分置改革逐步推进。截至2006年底，沪深两市已完成或者进入股权分置改革程序的上市公司共1301家，占应改革上市公司的97%，对应市值占比98%[1]。这标志着股权分置改革基本完成。

第四阶段，2013年以后，明确市场在资源配置中起决定性作用，争取到2020年完善现代市场体系。首先，2013年，党的十八届三中全会决定提出“市场在资源配置中起决定性作用”。用“决定性作用”代替沿用了21年的“基础性作用”，主要是为了更好地深化市场化改革，力争到2020年，在经济的重要领域和关键环节，取得决定性成果，使社会主义市场经济体制更加成熟更加定型。其次，商事制度改革激发市场主体活力，改善营商环境。由“先证后照”改为“先照后证”，把注册资本实缴登记制逐步改为认缴登记制，新设立企业和市场主体快速增长。商事制度改革前的2013年，全国平均每天新设企业6900户，2014年改革后，到2019年底，全国平均每天新设企业都在万户以上，2018年达1.8万户，2019年进一步提高到2万户。由于各类市场主体蓬勃发展，到2019年底，我国已有市场主体1.23亿户，其中企业3858万户，个体工商户8261万户。这些市场主体是我国经济活动的主要参与者、就业机会的主要提供者、技术进步的主要推动者，在国家发展中发挥着十分重要的作用。再次，生产要素市场加快发展。国内上市公司数（A股、B股）2013年为2489家，股票市价总值为239077亿元；而到2020年12月，国内上市公司数（A、B股）为4120家，股票市价总值为83.17万亿元。从1990年12月上交所成立到2020年12月整整30年，我国企业通过证券市场累计融资规模达15.99万亿元[2]。债券成交金额2013年为678405亿元，而到2019年则为2473724亿元。2019年，全国土地出让面积和金额分别达到22.58万公顷、6.98万亿元。城镇新增就业人数2013—2019年均在1000万人以上，2013年为1310万人，2019年为1352万人。全国技术合同成交额2013年为7469亿元，而到2019年则为22398亿元。最后，国内消费市场的主体部分——

[1] 北京师范大学经济与资源管理研究院：《2008中国市场经济发展报告》，北京师范大学出版社，2008，第80页。

[2] 吴黎华：《三十而立　资本市场见证中国经济发展改革创新》，《经济参考报》2020年12月14日第3版。

社会消费品零售总额快速增长，已经成为世界数一数二的巨大消费市场，其中网上零售额更是跳跃式发展。如表5-3所示。

表5-3　2013—2019年社会消费品零售总额和网上零售额情况

| 年份 | 社会消费品零售总额/亿元 | 网上零售额/亿元 |
|---|---|---|
| 2013 | 242843 | 18970 |
| 2014 | 262384 | 27898 |
| 2015 | 300931 | 38773 |
| 2016 | 332316 | 51556 |
| 2017 | 366262 | 71751 |
| 2018 | 380987 | 90065 |
| 2019 | 411649 | 106324 |

资料来源：2014—2020年《中国统计摘要》，中国统计出版社。

到2019年，实物商品网上零售额占社会消费品零售总额的比重已达20.7%，可见这一新业态发展之快。

# 第三节

## 健全公平开放透明的市场规则和秩序

建设现代市场体系除了要大力发展各类市场、完善市场体系外，还要健全公平开放透明的市场规则和秩序，这是现代市场体系的“软件”。

2013年党的十八届三中全会决定提出：“建立公平开放透明的市场规则。实行统一的市场准入制度，在制定负面清单基础上，各类市场主体可依法平等进入清单之外领域。探索对外商投资实行准入前国民待遇加负面清单的管理模式。推进工商注册制度便利化，削减资质认定项目，由先证后照改为先照后证，把注册资本实缴登记制逐步改为认缴登记制。推进国内贸易流通体制改革，建设法治化营商环境。”

在决定指引下，2018年12月25日我国《市场准入负面清单（2018年版）》正式公布。实施市场准入负面清单制度，说明我国在市场准入方面确立了统一公平的规则体系，可以做到“非禁即入”了。这份清单主体包括“禁止准入类”和“许可准入类”两大类，其中禁止准入类4项、许可准入类147项，一共有151项、581条具体管理措施，与2016年的《市场准入负面清单草案（试点版）》相比，事项减少了177项，具体管理措施减少了288条。2020年12月16日，国家发展改革委、商务部公布《市场准入负面清单（2020年版）》，2020年版负面清单与2018年版负面清单相比，事项数量由151项缩减至123项，缩减比例为18%[1]。

随着对外开放的不断扩大，我国从2011年开始，就试行对外商投资实行负面清单管理。此后经过多次修订，2018年版保留的限制措施与2011年版相比减少约

[1] 孙韶华、王璐：《23项降成本“清单”兑现　数万亿红利直达实体》，《经济参考报》2020年12月17日第1版。

3/4，制造业基本放开，服务业与其他领域也有序推进开放。2019年6月30日，国家发展改革委、商务部发布《外商投资准入特别管理措施（负面清单）（2019年版）》《自由贸易试验区外商投资准入特别管理措施（负面清单）（2019年版）》和《鼓励外商投资产业目录（2019年版）》。与2018年版相比，2019年版进一步缩短了清单长度，新推出了一批开放措施。其中，全国外资准入负面清单条目由48条减至40条，自贸试验区外资准入负面清单条目由45条减至37条。2019年版鼓励目录总条目1108条，其中全国目录415条，与2017年版相比增加67条、修改45条；中西部目录693条，与2017年版相比增加54条、修改165条。外资可以在更多行业领域依法享受优惠政策[1]。2018年以来服务业开放力度加大。到2020年初，在金融领域，已明确取消银行业外资股比限制，放宽证券公司、基金管理公司、期货公司、寿险公司外资股比限制；在交通运输领域，取消铁路旅客运输公司、国际海上运输、国际船舶代理外资限制；在商贸流通领域，取消加油站、粮食收购批发外资限制；在文化领域，取消禁止外商投资互联网上网服务营业场所的规定；等等。

中国的营商环境也在持续改善。世界银行2018年10月31日发布的《2019年营商环境报告：为改革而培训》称，世界各地政府在消除国内私营部门面临的官僚障碍方面创出新纪录，在过去一年里实施营商环境改革314项。其中，中国在2019年营商环境评估中排名上升30多位，从2018年的第78位上升到第46位。根据营商环境报告，中国在过去一年里为中小企业改善营商环境实施的改革措施创纪录，2019年营商环境改善排名前十[2]。2019年10月，国务院公布《优化营商环境条例》，共72条。世界银行发布的《全球营商环境报告2020》显示，2020年中国营商环境得分排名31位，比2019年又提升15位[3]。尽管如此，营商环境仍需继续完善，要着重推动企业取得营业执照后尽快开张经营。一些企业取得营业执照后，还需办理不少经营

[1] 陆娅楠：《一减一增，外资准入再放宽》，《人民日报》2019年7月1日第2版。

[2] 周武英：《中国营商环境改善突出挑战与机遇并存》，《经济参考报》2019年3月13日第1版。

[3] 钟声：《主动开放，与世界共赢》，《人民日报》2019年10月28日第3版。

许可证才能正常开业，解决这个问题的一个关键举措就是推行“证照分离”改革。2019年有关部门已梳理出中央层面涉企经营许可事项523项，全部纳入清单管理，并定期调整和向社会公布。对上述经营许可，按照直接取消审批、审批改为备案、实行告知承诺、优化审批服务等4种方式分类进行改革。自2019年12月1日起，“证照分离”改革在所有自贸区推开，2020年要力争在全国实现全覆盖[1]。还要继续推进国内贸易流通体制改革，建立健全法治化营商环境。

建设现代市场体系，还必须改革市场监管体系，实行统一的市场监管，清理和废除妨碍全国统一市场和公平竞争的各种规定和做法，严禁和惩处各类违法实行优惠政策行为，反对地方保护，反对垄断和不正当竞争；建立健全社会征信体系，褒扬诚信，惩戒失信；健全优胜劣汰市场化退出机制，完善企业破产制度；等等。

[1] 国务院研究室编写组：《十三届全国人大三次会议〈政府工作报告〉辅导读本2020》，人民出版社，2020，第160页。

CHAPTER 6

# 第六章

## 社会主义市场经济体制的“四梁八柱”（三）：不断完善的宏观经济调控体系

社会主义市场经济制度不是放任自流的，而是有国家宏观调控的，但国家不是直接用行政手段进行调控，而主要是用经济手段和法律手段进行间接调控，同时辅之以必要的行政手段进行调控。社会主义市场经济活动主要是由“看不见的手”即价值规律进行调节，同时也用“看得见的手”即国家的经济调控，促进经济的持续稳定健康运行。

# 第一节

## 1985年“巴山轮会议”首次研讨宏观经济调控问题

在改革开放前的计划经济时期，我国主要用指令性计划对整个国民经济进行调节，以实现财政、信贷、物资、外汇的平衡和它们之间的综合平衡。当时还没有宏观经济、国内生产总值、总供给、总需求、财政政策、货币政策等概念。

1978年底实行改革开放后，推行市场取向改革，首先放活微观经济，农村实行家庭联产承包责任制后，农民开始成为独立的商品生产者和经营者，城市则扩大国有企业自主权，允许非公有制经济存在和发展，各种商品和服务价格逐步放开，市场竞争逐步展开，呈现你追我赶的喜人景象，国民经济开始活跃起来。

与此同时，市场竞争也带来某种无序状态。投资、消费的膨胀带来国民收入的超分配，货币超经济发行引发通货膨胀和物价上涨。在这种情况下，沿用计划经济时期那一套以指令性计划为主要标志的方式进行国民经济管理已经不行了，无法奏效了，迫切需要探索在新的条件下宏观经济管理的有效手段、途径和方法。经济学家们首先从书本上了解到，在市场经济条件下，市场除了具有优化资源配置等优点外，还有自身的弱点和消极方面，需要政府对宏观经济进行调节和管理。但市场经济国家对宏观经济的管理，并不是采取直接管理的方式，而是实行以间接管理为主，主要运用经济和法律手段，辅之以必要的行政手段，对经济总量（总供给与总需求）和重大经济结构进行调控。这还不够，一些有识之士认为，还应当请一些这方面的国外专家到国内来，介绍他们所在国家市场经济条件下宏观经济管理的理论和经验，以便结合中国的国情，创造性地加以运用，改进和完善我们对宏观经济的管理和调节，促使国民经济稳定健康运行。

在这个背景下，1985年，由有关部门委托当时世界银行驻北京办事处主任林重庚先生邀请了一批国外著名的专家学者，包括美国诺贝尔经济学奖获得者詹姆斯·托宾、英国皇家经济学会前会长阿莱克·凯恩克劳斯、联邦德国中央银行原行长奥特玛·埃明格尔、匈牙利经济学家科尔奈·亚诺什、法国保险公司董事长米歇尔·阿尔伯特、南斯拉夫经济政策执行委员会委员亚历山大·巴伊特、美国波士顿大学教授里罗尔·琼斯、波兰经济学家弗拉基米尔·布鲁斯、日本兴业银行董事小林实和世界银行中国处首席经济学家艾德林·伍德10位专家，同中国的专家学者薛暮桥、马洪、安志文、刘国光、吴敬琏、童大林、高尚全、陈如龙、尚明、洪虎、杨启先、宫著铭、项怀诚、周叔莲、张卓元、赵人伟、陈吉元、戴园晨、楼继伟、郭树清、田源、吴凯泰、李振宁等一起，共30多人，举行宏观经济管理国际研讨会。会议由中国社会科学院、中国经济体制改革研究会和世界银行联合主办，于1985年9月2—7日在从重庆至武汉的长江“巴山轮”游船上进行。这次会议，就市场经济国家宏观经济管理问题，特别是中国经济体制改革中碰到的宏观经济管理和其他重要问题进行了深入的研讨。由于这次会议国外著名专家学者比较系统地介绍了市场经济国家宏观经济管理的理论、政策和经验，并对中国市场化改革过程中如何进行和改进宏观经济管理问题，以及市场化改革中碰到的其他重大问题，包括中国市场取向改革的目标模式选择问题，同中方的权威专家学者交流看法，达成了许多共识，并引起高层领导的重视，时任国务院总理还会见了外方专家和中方代表，肯定了研讨会成果，因此可以说，1985年“巴山轮会议”开启了我国宏观经济管理理论研究和政策实施的新阶段。

“巴山轮会议”讨论涉及宏观经济管理方面的议题和看法，主要有以下几点。

### （一）关于从直接管理转为间接管理为主

与会专家学者一致认为，要推进市场取向改革，国家对企业微观经济活动的直接控制必须放开。与此同时，要加强宏观经济的间接控制，其核心是要有效控制总需求的合理增长，相应地建立和完善各种间接管理的调控手段。这就要改革和完善金融货币、财政税收、收入分配、国际收支和计划等体制。

首先，要建立广义的货币总量指标或基础货币指标。有的专家认为，鉴于中国还处在建立新的金融制度过程中，货币流通规律很不稳定，科学的货币总量指标短期内不可能建立起来，因此可以暂时用规定信贷总额的办法来控制通货膨胀，保持经济的稳定增长。美国著名经济学家托宾则认为，是否需要有一个广义的货币总量指标，在发达国家中还有争议，对中国现阶段的改革不一定适用。只要是非通货膨胀性的货币增长，就可以不加控制。对中国来说，储蓄存款是目前居民唯一的积累办法，如果把长期存款也纳入货币总量指标，等于是限制了储蓄的增长，对经济发展是不利的。因此，应该通过控制基础货币（即现金和相当于现金的中央银行负债）的办法，来控制货币供应量和通货膨胀。

其次，要健全与改进准备金制度。各商业银行按吸收存款的一定比例向中央银行缴纳存款准备金，这是西方国家限制商业银行发放贷款的能力，保证货币稳定的重要金融手段。专家们认为，中国各专业银行向中央银行缴10%的准备金率是不低的，但没有按照不同的存款期限规定不同的准备金率，中央银行对准备金还支付利息，并且要计划而不是按上缴准备金的多少向专业银行提供资金，这就抵消了准备金制度应有的作用，是不利于宏观经济的控制和调节的。

再次，要充分发挥利率的调节作用。利率是进行宏观经济间接调控的重要信号，对资源的有效配置、产业结构的调整和微观效率的提高，都有重大的引导作用。总的来说，利率应当放开，除了中央银行可以根据市场货币供求状况确定统一的再贷款利率外，对商业银行的贷款利率不应加以行政干预。根据中国目前的情况，还不可能完全用利率来调节经济活动，但必须改变存贷款利率低于通货膨胀率的负利率状况。可以用行政规定利率的办法，逐步过渡到根据经济发展的需要和市场货币情况实行浮动利率的办法，促使企业对利率作出必要的反应。

最后，要建立完善的银行体系。上述金融货币手段作用的发挥，责任主要在中央银行，因此必须强化中央银行的地位。西方国家中央银行的地位，基本上有两种：一种是受议会领导，有较大的独立性，如联邦德国、美国、瑞士、荷兰等；另一种是受政府领导，互相之间存在依赖性，如英国、法国、意大利等。两种地位的中央银行对控制货币稳定和通货膨胀的效果是不一样的。我国的中央银行要独立于政府之外，是不可想象的，但保持一个强有力的中央银行是必要的。不能将中国人民银行变成计划、财政部门的货币管理单位和出纳机构。同时，要逐步建立一个在中央银行控制下的，由各专业银行、地方银行等多种银行形式组成的银行体系。对中央银行以外的其他各种银行，要逐步实行企业化，并且通过它们的竞争来更好地发挥金融手段的作用。

### （二）财政税收

专家们认为，预算是宏观控制的有力手段。财政政策对经济的影响主要有两类：一是直接影响，即政府的预算收入与支出；二是间接影响，即政府依靠银行贷款弥补财政赤字。政府的财政政策，可以是紧缩性的，即增加税收，减少支出；可以是扩张性的，即增加支出，减少税收；也可以是中性的，即通过发行公债来解决政府财政赤字问题。

财政政策与货币政策存在密切的关系，必须结合使用。一般认为，在当前中国经济增长过热和存在过度需求的情况下，政府和银行都应采取紧缩政策。从长期来看，在经济发展比较协调的情况下，则应采取紧缩的财政政策和较松的货币政策，尽可能避免采取较松的财政政策和紧缩的货币政策。美国当前实行的就是后一种做法，结果不是令人满意的。但日本经济学者小林实提出，日本在经济高速增长时期，曾经实行过类似美国现行的扩大财政、紧缩金融的政策，结果在有些年度并没有出现财政赤字。因为随着经济的增长，企业和个人上缴政府的所得税大幅度增加。这里，关键的问题是如何健全税收制度，充分发挥税收的作用，以保证经济增长后政府的财政收入能相应地增长。与会专家一致强调，在任何情况下，财政赤字都不能转嫁给银行，不能靠发钞票弥补，主要应该通过发行债券解决。在存在通货膨胀的情况下，除了银行要紧缩信贷外，财政如有盈余，应由中央银行予以冻结，以减少市场货币流通量，保持货币和价格的稳定。

### （三）收入分配

与会专家学者一致指出，工资增长过快、消费需求过度膨胀，是导致当前西方发达国家和部分东欧国家经济困难和通货膨胀的一个重要原因。西方国家一般采用的工资增长率由通货膨胀率加劳动生产率的增长幅度确定，现在证明这不是一种好办法。因为通货膨胀率和劳动生产率的增长都很难事先准确预计，工资增长以此为基础，实际上是为未来的通货膨胀率定下了基调，必然造成工资与通货膨胀螺旋式上升的局面。这种教训，在中国经济改革中制定收入分配政策时，应当引起足够的重视。因此，他们认为，对国有企业实行工资增长与利润挂钩不一定是好办法。因为国有企业利润的增长，同国家投资多少和资源条件等外部因素有直接关系，企业间的工资水平不宜过于悬殊，否则就不能真正体现社会主义的按劳分配原则。如果部分企业工资增长过快，就会蔓延到其他企业，一些企业就会把工资成本的提高转移到产品价格上去。从而在社会上形成一股强大的压力，互相攀比，推动工资全面增长，导致通货膨胀。专家们主张，对平均工资增长的幅度，国家必须严格控制，企业和职工工资增长，超过社会平均增长水平的，必须是真正作出超额贡献的单位和个人。中国现行的征收超额奖金税的制度，从目前来看，不失为一个好的办法，要严格和普遍执行；但从长期来看，必须寻求更好的改革工资制度的途径，例如实行小时工资制和使工资与实物产量相联系的办法等。

### （四）国际收支

波兰经济学家布鲁斯提出，控制对外经济关系、控制投资与收入分配，是进行国家经济计划管理不可缺少的因素。控制对外经济关系，不是要垄断对外贸易，而是要使国家保持应有的支付能力，以利于在经过评价和过滤后，有选择地把国外的先进技术和管理经验引进来，为我国所用。这种评价和过滤的过程，也许会导致某些直接控制，如控制外汇、控制部分产品的进口与出口等。像中国这样的大国，国内经济不能时时受国外的影响，必须保持必要的独立自主。托宾也认为，用间接办法控制外汇平衡，对中国来说，还不是目前或近期的事，而是未来的事，没有必要牺牲国内宏观经济的平衡来换取外汇的平衡。不要在可以预见的未来，放弃对国际资本流动的控制。无论是现在还是在相当长的时间内，都不应使公民拥有随便取得外汇的自由。

专家们认为，为了保持国内经济增长、维持就业和供给与需要的平衡，可以有计划地对外借款，也可以在外贸经常账户上保持合理的逆差。因为，利用外资来保持一定的投资水平和利用外资来保持较高的生活水平，二者的性质是不一样的。但必须充分重视外汇使用的效益，以保证今后有偿还的能力。实行开放式的经济，建立和保持均衡的汇率是一个关键问题。在外汇经常账户不平衡、出口不景气、人民币汇率高估的情况下，调整汇率是不可避免的。但只有在国内过度需求得到控制的条件下，才能发挥作用，否则，调整汇率的好处，将很快被国内价格上涨所抵消。

### （五）关于实行宏观经济间接控制的必要条件

与会专家学者认为，宏观经济间接控制的影响作用在很大程度上取决于微观经济单位的反应。在实行间接控制的情况下，如果企业对利率、税率、汇率、工资、价格等，不能作出灵敏的反应，宏观经济的间接控制手段就不起多大作用了。因此，必须下决心创造能够促使企业对宏观经济间接控制手段作出灵敏反应的各种外部条件和内部条件。这些条件包括：一是要建立比较完善的市场体系，特别是要建立健全商品市场与资金市场。二是要积极果断地进行价格改革，比如要建立完善的商品市场，必须放开商品价格，改变价格扭曲的状况。三是要实行多样化的所有制形式和经营方式，合理的所有制结构和经营方式对企业的效益有非常重要的影响，中国农业改革的突出成就和非国有经济活力增强所取得的效果，已经明显地证明了这一点。阿尔伯特还认为，市场的作用远比生产资料所有制的问题更重要，在某些领域实行国有化是必要的，但前提是国有企业也要参与市场竞争，而不能阻碍市场的运转。四是要给企业以必要的独立性。对于国有企业，可以实行董事会制度。董事会应由代表国家利益、职工利益和消费者利益三方面的人士组成，其中代表国家利益的人应占多数。五是要建立健全经济信息与经济监督系统。

1985年“巴山轮”宏观经济管理国际研讨会对于中国改革开放后由原来对宏观经济的直接管理逐步转变为以间接管理为主，主要运用财政政策和货币政策进行调控，具有里程碑式的意义。而且，当时许多专家学者的许多建议，虽然已经过了30多年，但依然有一定的现实意义。

# 第二节

## 确立社会主义市场经济体制改革目标后深化宏观经济调控改革

1992年确立社会主义市场经济体制改革目标后，我国继续深化宏观经济管理体制改革，主要是确立与完善同发展社会主义市场经济相适应的宏观调控体系。

### （一）明确宏观经济调控的目标

1992年党的十四大确立社会主义市场经济体制改革目标时，就明确提出，要看到市场有其自身的弱点和消极方面，必须加强和改善国家对经济的宏观调控。1993年党的十四届三中全会决定进一步提出："社会主义市场经济体制必须有健全的宏观调控体系。宏观调控的主要任务是：保持经济总量的基本平衡，促进经济结构的优化，引导国民经济持续、快速、健康发展，推动社会全面进步。"2002年，党的十六大报告指出："要把促进经济增长，增加就业，稳定物价，保持国际收支平衡作为宏观调控的主要目标。"此后，这四大目标一直作为中国宏观调控的主要任务。

### （二）宏观经济调控的主要手段

1993年党的十四届三中全会决定即明确指出："宏观调控主要采取经济办法，近期要在财税、金融、投资和计划体制的改革方面迈出重大步伐，建立计划、金融、财政之间相互配合和制约的机制，加强对经济运行的综合协调。计划提出国民经济和社会发展的目标、任务，以及需要配套实施的经济政策；中央银行以稳定币值为首要目标，调节货币供应总量，并保持国际收支平衡；财政运用预算和税收手段，着重调节经济结构和社会分配。运用货币政策与财政政策，调节社会总需求与总供给的基本平衡，并与产业政策相配合，促进国民经济和社会的协调发展。”此后，中国宏观经济调控主要采取财政政策、货币政策，以及产业政策、区域政策等，但产业政策的作用在经济学界中有争议，有的认为产业政策有助于国家急需加快发展的战略性新兴产业的发展，有的则认为产业政策往往妨碍资源优化配置。《中共中央　国务院关于推进价格机制改革的若干意见》（2015年10月12日）提出“逐步确立竞争政策的基础性地位”后，产业政策的重要性已逐渐有所下降。

与此相联系，宏观经济调控权必须集中在中央政府。党的十四届三中全会决定指出，宏观经济调控权，包括货币的发行、基准利率的确定、汇率的调节和重要税种税率的调整等，必须集中在中央。这是保证国民经济总量平衡、经济结构优化和全国市场统一的需要。当然，由于我国面积大，人口多，必须赋予省、自治区和直辖市必要的权力，使其能够按照国家法律、法规和宏观政策，制定地区性的法规、政策和规划；通过地方税收和预算，调节本地区的经济活动；充分运用地方资源，促进本地区的经济和社会发展。

### （三）1994年实行分税制改革

1994年，我国对财政体制进行重大改革，用适用市场经济发展的分税制代替实行了多年的财政包干制，即在中央和地方两级财政之间实行分税制，改变原来实行的地方财政包干的办法。在分税制中，增值税是最大的税种，实行中央和地方分成，中央得75%，地方得25%。消费税则全归中央。增值税和消费税比上年增长部分以1∶0.3的比例返还地方。这一改革一方面促进了财政收入的迅速增长，1993年，全国财政收入为4348.95亿元，而到2010年，全国财政收入跃增至8.3万亿元，增长了18倍；另一方面是中央财政收入占全国财政收入的比重迅速提高，1993年，中央财政收入占全国财政收入的比重为22%，而到2007年，中央财政收入占全国财政收入的比重提高到51.2%，这就使中央对地方财政转移支付的能力大大增强，有利于中央实施宏观经济调控。进入21世纪后，财政体系又有重大改变，即从经济建设型财政逐步向公共服务型财政转变，承诺逐步实现对全体居民基本公共服务均等化。这就意味着财政支出结构将作重大调整，即要求大幅度提高用于基本公共服务的部分、提高用于改善民生的部分、提高扶贫和用于欠发达地区与低收入群体的部分。

### （四）强化中央银行宏观调控职能

20世纪90年代以来，强化中央银行调控职能改革不断推进。首先是从1993年开始，围绕提高中央银行独立性推进改革。1993年《国务院关于金融体制改革的决定》明确指出，货币政策的目标是“保持货币的稳定，并以此促进经济发展”。这一目标不久又被写进了1995年的《中华人民共和国中国人民银行法》。这一银行法规定禁止以向中央银行透支的方式弥补财政赤字。同时，中央银行宏观调控体系从多层调控转化为调控权集中，提高了中央银行的独立性。1993年的金融改革取消了中国人民银行省级分行再贷款权和7%的信贷规模调剂权。从1993年7月开始，中国人民银行省级分行只有7天的头寸调剂权。

其次，在贷款规模最高限额管理的货币政策直接调控工具逐步淡出的同时，发展和完善中央银行间接调控工具体系。1997年底，中国人民银行颁布了《关于改进国有商业银行贷款规模管理的通知》，决定从1998年1月1日起，取消对国有商业银行贷款限额控制，在推行资产负债比例管理和风险管理的基础上，实行“计划指导，自求平衡，比例管理，间接调控”的新的管理体制。对国有商业银行不再下达指令性贷款计划，而改为按年（季）下达指导性计划。该指导性计划作为中央银行宏观调控的监测指标，供各银行自编资金计划时参考。1998年国有商业银行贷款限额控制的取消，标志着中央银行由主要依靠贷款规模最高限额管理的货币政策直接调控工具，转向主要运用货币政策间接调控工具等多种手段进行宏观调控。2003年修订的《中华人民共和国中国人民银行法》规定，中央银行的货币政策工具包括：

一是要求银行业金融机构按照规定的比例缴存存款准备金；二是确定中央银行基准利率；三是为在中国人民银行开立账户的银行业金融机构办理再贴现；四是向商业银行提供贷款；五是在公开市场上买卖国债、其他政府债券和金融债券及外汇；六是国务院确定的其他货币政策工具。其中前五类工具均为货币政策间接调控工具。

再次，改革利润留成的财务制度，消除中央银行营利动机，促使中央银行更加专注于宏观调控。20世纪80年代，财政部门因财政困难加强了银行利润上缴工作。1986年规定中国人民银行和各专业银行的财务管理实行利润留成制度。中国人民银行每年利润的7%可以留作奖励基金、福利基金和发展基金，留成后的利润再按62%和38%分成，38%充实信贷基金，62%上缴财政。1993年的金融体制改革对中国人民银行财务制度进行了重大改革，取消中国人民银行总行和分支行的利润留成制度和缴税制度，实行独立的财务预算管理制度。中国人民银行体系的财务预算纳入财政预算，接受财政监督；中国人民银行体系各项收支相抵后，实现利润全部上缴中央财政，亏损由中央财政拨补。1995年的《中华人民共和国中国人民银行法》肯定了上述改革措施，以法律条文形式规定了中国人民银行的独立预算制度[1]。

### （五）2004—2007年是否出现经济过热？

2004—2007年，我国每年国内生产总值都以10%以上的速度增长，年固定资产投资增速也在20%以上。所以从2004年以来，经济学家对中国是否出现经济过热一直有不同看法，并且在全国政协经济委员会几次讨论这个问题。一些经济学家认为，GDP连年增速超过两位数，已超过潜在的经济增长率，到2007年下半年，CPI上涨率也已超过5%，这说明中国经济已陷入过热状态并且未能有效克服。另一些经济学家则认为，经过政府这几年的宏观调控，虽然存在“三过”问题，即固定资产投资增速过快、信贷投放过多、外贸顺差过大问题，但总体上经济并未过热。

[1] 张磊：《金融理论创新》，载张卓元主编《中国经济学30年（1978—2008）》，中国社会科学出版社，2008，第201—203页。

2007年12月，中央经济工作会议提出了“双防”任务，即要把防止经济增长由偏快转向过热，防止价格由结构性上涨变为明显通货膨胀作为当前宏观调控的首要任务，说明决策层并不认为中国经济已经过热，而只存在走向过热危险。

### （六）抑制通货膨胀

改革开放初期，有的经济学家就提出，一定程度的通货膨胀可以刺激经济短期快速增长，有的甚至认为稳定物价的口号已经过时，应当抛弃。较多的经济学家不赞成用通货膨胀来刺激经济快速增长，国家物价局也坚持稳定物价的方针。但是，随着改革开放的不断深入，还是出现了两次比较严重的通货膨胀。一次是1988年，当年CPI上涨率为18.8%；一次是1992—1994年，1994年CPI上涨率达24.1%。经过国家实施从紧的财政政策和货币政策，加强宏观经济调控，恢复总供给和总需求的平衡，才逐步抑制了通货膨胀，把物价年上涨率控制在5%以下，使国民经济重新走上持续健康发展的轨道。1979—2019年的40年间，中国年均GDP增速高达9.4%，而同期年均CPI则在5%以下，这两组数据的搭配，充分说明中国这40年的宏观调控是非常成功的。

# 第三节

## 党的十八大后宏观调控制度建设日臻完善

党的十八大后，中国宏观经济调控与时俱进，宏观调控制度建设与政策日臻完善。

2013年，党的十八届三中全会决定提出：“宏观调控的主要任务是保持经济总量平衡，促进重大经济结构协调和生产力布局优化，减缓经济周期波动影响，防范区域性、系统性风险，稳定市场预期，实现经济持续健康发展。健全以国家发展战略和规划为导向、以财政政策和货币政策为主要手段的宏观调控体系，推进宏观调控目标制定和政策手段运用机制化，加强财政政策、货币政策与产业、价格等政策手段协调配合，提高相机抉择水平，增强宏观调控前瞻性、针对性、协同性。”这同党的十六大提出的四大目标相比更加具体，只是其中防范区域性风险的提法后来被删去了，只留下防范系统性风险。这是切合实际的，因为中国那么大，个别区域性风险是很难完全防范的，但系统性风险必须始终严加防范。

2017年，习近平总书记在党的十九大报告中，提出进一步创新和完善宏观调控，深化财税金融体制改革新举措。党的十九大报告说：“创新和完善宏观调控，发挥国家发展规划的战略导向作用，健全财政、货币、产业、区域等经济政策协调机制。”与党的十八届三中全会决定对照，宏观调控体系在财政货币政策与其他政策手段协调融合方面，党的十九大报告不再提价格政策，但增加了区域政策。我们认为，这是因为这几年价格改革进展较快，到2017年，97%以上的商品和服务价格均已放开由市场调节，剩下3%不到政府定价部分主要限定在重要公用事业、公益性服务、网络型自然垄断环节，因此已很难运用价格政策参与宏观调控。党的十九大报告加上区域政策是必要的。中国那么大，区域经济协调发展是优化重大结构的内涵，而促进重大经济结构协调和生产力布局优化，正是宏观调控的主要任务之一。党的十九大报告提出："着力构建市场机制有效、微观主体有活力、宏观调控有度的经济体制，不断增强我国经济创新力和竞争力。"其中宏观调控有度是新提法，是前两者的重要条件，要求政府宏观调控既不越位，也不缺位。

在财税改革方面，党的十九大报告提出："加快建立现代财政制度，建立权责清晰、财力协调、区域均衡的中央和地方财政关系。建立全面规范透明、标准科学、约束有力的预算制度，全面实施绩效管理。深化税收制度改革，健全地方税体系。"这些，都为此后财税改革进一步发展指明了方向。

在金融体制改革方面，党的十九大报告指出："深化金融体制改革，增强金融服务实体经济能力，提高直接融资比重，促进多层次资本市场健康发展。健全货币政策和宏观审慎政策双支柱调控框架，深化利率和汇率市场化改革。健全金融监管体系，守住不发生系统性金融风险的底线。"这次专门提出健全货币政策和宏观审慎政策双支柱调控框架，这是很重要的。因为货币政策一般主要关注物价稳定，货币政策要不要关注资产价格变动一直有争议。2008年国际金融危机爆发前，美国的物价是稳定的，但是金融并不稳定，金融资产价格大幅上涨。危机爆发后，大家反思认为，要维持金融系统的稳定，只关注物价的货币政策是不够的，还要关注宏观审慎政策。2017年7月14—15日举行的全国金融工作会议，就提出了双支柱调控框架。按照有关部门负责人的说法，所谓宏观审慎框架主要包括三个方面的内容：一是在2011年正式引入差别准备金动态调整机制，要求金融机构"有多大本钱做多大生意"；2016年将差别准备金动态调整机制升级为宏观审慎评估体系，将更多金融活动和金融行为纳入管理，实施逆周期调节。二是将跨境资本流动纳入宏观审慎评估体系，使跨境资本流动趋于稳定。三是继续加强房地产市场的宏观审慎管理，其核心是形成以城施策、差别化住房信贷政策为主要内容的住房金融宏观审慎管理框架[1]。

[1] 张莫、孙韶华、吴黎华、向家莹：《双支柱调控框架日趋清晰》，《经济参考报》2017年10月20日第3版。

2020年5月11日发布的《中共中央　国务院关于新时代加快完善社会主义市场经济体制的意见》，第一次将就业优先政策同财政政策、货币政策一起，列为宏观调控的主要政策手段。这突显出中国现阶段稳就业保就业问题的重要性和紧迫性，同时在宏观经济理论研究方面很值得进一步论证。意见提出：“加快建立与高质量发展要求相适应、体现新发展理念的宏观调控目标体系、政策体系、决策协调体系、监督考评体系和保障体系。健全以国家发展规划为战略导向，以财政政策、货币政策和就业优先政策为主要手段，投资、消费、产业、区域等政策协同发力的宏观调控制度体系，增强宏观调控前瞻性、针对性、协同性。”

2020年，中国碰上了严重的新冠肺炎疫情，经济运行在第一季度几乎处于停滞状态。面对疫情的冲击，党和政府采取强有力和有效措施加以应对。加大宏观调控力度，保居民就业、保基本民生、保市场主体、保粮食能源安全、保产业链供应链稳定、保基层运转。李克强总理在当年5月22日《政府工作报告》提出，积极的财政政策要更加积极有为。财政赤字规模比上年增加1万亿元，同时发行1万亿元抗疫特别国债。这2万亿元主要用于保就业、保基本民生、保市场主体。稳健的货币政策要更加灵活适度。综合运用降准降息、再贷款等手段，引导广义货币供应量和社会融资规模明显高于上年。就业优先政策要全面强化。要坚持现行脱贫标准，增加扶贫投入，强化扶贫举措落实，确保剩余贫困人口全部脱贫。

2020年，面对新冠肺炎疫情的严重冲击，党中央及时提出构建以国内大循环为主体、国内国际双循环相互促进的新发展格局。构建新发展格局，是与时俱进提升我国经济发展水平的战略抉择，也是塑造我国国际经济合作和竞争新优势的战略抉择。

由于应对政策对头，中国2020年第二季度GDP增速已由负转正，达到3.2%，第三季度及以后经济继续保持向稳向好，如期在2020年实现全面建成小康社会的目标。之前国际组织均预测中国将是全球2020年GDP唯一能实现正增长的主要经济体，这充分体现了中国特色社会主义制度的巨大优越性，同时也表明中国宏观经济调控的成功有效。

CHAPTER 7

# 第七章

# 社会主义市场经济体制的“四梁八柱”（四）：实行按劳分配为主体、多种分配方式并存的分配制度和建立健全社会保障制度

分配是社会再生产的重要环节。马克思在《〈政治经济学批判〉导言》一文论述生产、消费、分配、交换（流通）的关系时说："分配关系和分配方式只是表现为生产要素的背面。……分配的结构完全决定于生产的结构。"又说："一定的生产决定一定的消费、分配、交换和这些不同要素相互间的一定关系。当然，生产就其片面形式来说也决定于其他要素。……例如，随着资本的集中，随着城乡人口的不同的分配等等，生产也就发生变动。"[1]社会主义市场经济体制实行以公有制为主体、多种所有制经济共同发展的基本经济制度，因此，其分配制度自然是以按劳分配为主体、多种分配方式并存。与此同时，要健全可持续的与我国发展水平相适应的社会保障体系，织好社会安全网，让改革发展成果更多更公平惠及全体人民。这一制度安排有利于调动广大人民群众发展经济的积极性和主动性，有利于走向共同富裕。

[1] 马克思、恩格斯：《马克思恩格斯选集》第2卷，人民出版社，1972，第98页、第102页。

# 第一节

## 提出按生产要素参与分配，打破单一的按劳分配方式

1978年底实行改革开放后，在收入分配理论和实践方面取得的最大突破，是提出了在社会主义初级阶段，除了要以按劳分配为主体外，还要按生产要素参与分配。国内最早提出按生产要素分配的是谷书堂和蔡继明教授，他们于1988年就提出按劳分配与按生产要素分配结合的观点[1]。当时有一些经济学家不赞成他们的观点，展开过相当热烈的讨论。随着1992年社会主义市场经济体制改革目标的确立，按生产要素分配被党的文件确认，成为国家的重要分配政策。1997年，党的十五大报告指出：“坚持按劳分配为主体、多种分配方式并存的制度。把按劳分配和按生产要素分配结合起来，坚持效率优先、兼顾公平，有利于优化资源配置，促进经济发展，保持社会稳定。”2002年，党的十六大报告提出：“确立劳动、资本、技术和管理等生产要素按贡献参与分配的原则，完善按劳分配为主体、多种分配方式并存的分配制度。”2007年，党的十七大进一步重申了上述方针，指出：“要坚持和完善按劳分配为主体、多种分配方式并存的分配制度，健全劳动、资本、技术、管理等生产要素按贡献参与分配的制度，初次分配和再分配都要处理好效率和公平的关系，再分配更加注重公平。”2020年3月30日确定的《中共中央　国务院关于构建更加完善的要素市场化配置体制机制的意见》，提出了土地、劳动力、资本、技术、数据五个要素领域的改革方向和举措，这就意味着生产要素从原来的四个扩展为六个，即上述劳动、资本、技术、管理、土地和数据共六个，特别是把数据列为生产要素，体现出新的数字经济增长的客观要求。这也说明，随着科学技术的进步和经济的发展，按对财富创造的贡献参与收入分配的生产要素也是会逐步扩大范围

[1] 谷书堂、蔡继明：《按贡献分配是社会主义初级阶段的分配原则》，《经济学家》1989年第2期。

的。

2000年，《中共中央关于制定国民经济和社会发展第十个五年计划的建议》提出："鼓励资本、技术等生产要素参与收益分配。随着生产力的发展，科学技术工作和经营管理作为劳动的重要形式，在社会生产中起着越来越重要的作用。在新的历史条件下，要深化对劳动和劳动价值理论的认识。"此后，社会各界特别是经济学界对深化马克思主义劳动价值理论展开了热烈的讨论。大家一致认为，随着科技进步和生产力发展，科技劳动和经营管理劳动在社会生产中的确起着越来越重要的作用，是"倍加"的简单劳动，应该在收入分配中有所体现，进行激励。在讨论中，多数学者认为，随着第三产业特别是现代服务业的快速发展，服务劳动除了极少数像走私、贩毒等违法活动外，应肯定其也参与了价值的创造，从而允许其参与按劳分配。这就意味着创造价值的劳动范围扩大了，是马克思主义劳动价值论在新的条件下与时俱进的发展。

按生产要素贡献参与分配，会不会违背马克思主义劳动价值论？这是各方面都关注的问题。曾有个别文章认为，按生产要素贡献参与分配，就是指按生产要素对价值创造的贡献参与分配。多数经济学家则认为，按生产要素贡献参与分配，应是指按生产要素对财富创造的贡献参与分配，而不是指各个生产要素对价值创造都有贡献从而参与分配。有的文章指出，按要素分配并不违背劳动价值论。劳动价值论是指商品价值由人的劳动创造，涉及的是生产领域，而按生产要素分配是指在生产过程中创造的价值如何分配，涉及的是分配领域，根本不涉及价值是如何创造的。萨伊的要素参与分配理论是要素创造价值，而我们所说的要素参与分配，并不涉及要素创造价值，而是指要素在形成财富中的作用[1]。

[1] 黄泰岩：《论按生产要素分配》，《中国经济问题》1998年第6期。

# 第二节

## 从效率优先、兼顾公平发展为体现效率、促进公平

1993年，党的十四届三中全会通过的《中共中央关于建立社会主义市场经济体制若干问题的决定》中，提出实行效率优先、兼顾公平的原则。此前在1986年，年轻的经济学家周为民、卢中原曾提出了这一主张[1]，但当时未引起讨论的热潮。1993年，党的十四届三中全会决定确认效率优先、兼顾公平后，一直到2003年党的十六届三中全会的《中共中央关于完善社会主义市场经济体制若干问题的决定》，党的历次重要文件都肯定和重申效率优先、兼顾公平。在这10年间，党有关分配的方针政策、经济学家的主流观点，都是贯彻和确认效率优先、兼顾公平，都是着力于首先把国民经济的蛋糕做大，然后再考虑如何把做大的蛋糕合理地进行分配。当然也有经济学家不赞成效率优先、兼顾公平的原则[2]。20世纪末特别是进入21世纪后，由于我国居民收入分配差距逐步扩大，基尼系数突破0.4的警戒线，因此逐渐有经济学家写文章建议放弃效率优先、兼顾公平的原则，改为效率与公平并重，以扭转居民收入分配差距扩大的趋势[3]。从党的文件看，从2004年党的十六届四中全会决定开始，已不再提效率优先、兼顾公平。据笔者所知，党的十六届四中全会决定征求意见稿中仍保留效率优先、兼顾公平的提法，在征求意见过程中，有几十个单位和一些老同志都提出，鉴于当时居民收入分配差距不断扩大，群众反映强烈，需要在居民收入分配方面更多注重公平，不宜再提效率优先、兼顾公平。党的十六届四中全会决定最后吸收了上述意见，把效率优先、兼顾公平删掉了。此

[1] 周为民、卢中原：《效率优先、兼顾公平——通向繁荣的权衡》，《经济研究》1986年第2期。

[2] 于祖尧：《中国经济转型时期个人收入分配研究》，经济科学出版社，1997，第42页。

[3] 刘国光：《不能迷信“效率优先、兼顾公平”的口号》，《经济研究资料》2003年第10期。

后，党的文件已不再提效率优先、兼顾公平。2007年党的十七大报告指出："走共同富裕道路，促进人的全面发展，做到发展为了人民、发展依靠人民、发展成果由人民共享。""要坚持和完善按劳分配为主体、多种分配方式并存的分配制度，健全劳动、资本、技术、管理等生产要素按贡献参与分配的制度，初次分配和再分配都要处理好效率和公平的关系，再分配更加注重公平。逐步提高居民收入在国民收入分配中的比重，提高劳动报酬在初次分配中的比重。着力提高低收入者收入，逐步提高扶贫标准和最低工资标准，建立企业职工工资正常增长机制和支付保障机制。……逐步扭转收入分配差距扩大趋势。"党的十八大报告也指出："实现发展成果由人民共享，必须深化收入分配制度改革，努力实现居民收入增长和经济发展同步、劳动报酬增长和劳动生产率提高同步，提高居民收入在国民收入分配中的比重，提高劳动报酬在初次分配中的比重。初次分配和再分配都要兼顾效率和公平，再分配更加注重公平。"

2004年以后，一般论述认为，在改革开放初期，为了在分配方面打破计划经济体制下的平均主义，尽快把国民经济搞上去，把经济蛋糕做大，提出和实行效率优先、兼顾公平的原则是对的、必要的。进入21世纪后，由于居民收入分配差距过大的问题越来越突出，居民收入分配政策需要更加注重公平，遏制收入差距过大的趋势，应择机放弃效率优先、兼顾公平的原则，转而实行效率与公平兼顾的原则，也就是实行体现效率、促进公平的收入分配制度，以利于全体人民共享发展成果，走共同富裕的道路。

在实践上，党的十七大和党的十八大提出上述要求，缘于那时收入分配结构严重失衡，储蓄与消费失衡，储蓄率太高，消费率太低。1978年，中国储蓄率为38.6%，2008年，储蓄率上升至50.8%，比当时世界平均储蓄率23.9%高26.9个百分点。其中，2002—2007年储蓄率从39.4%上升至49.9%。与此同时，消费率大幅度下降，1978年中国消费率为61.4%，2007年下降为50.1%，其中2002—2008年消费率连年下降，平均每年下降2.1个百分点。消费率下降主要是由居民消费率下降造成的，1978年居民消费率为48.4%，2006年为38%，2007年为36.7%[1]。多年来中国内需不足，主要就是居民消费需求不足。居民消费率太低的主要原因，是劳动报酬在初次分配中的比重下降，居民收入在国民收入中的比重下降。据测算，1992年，劳动报酬占国内生产总值的比重为49.4%，2004年下降到42.14%。随着劳动报酬在国内生产总值中的比重下降，居民收入在国内生产总值中的比重呈下降趋势。1992年，居民收入在国内生产总值中的比重为65%左右，2012年下降到41.6%[2]。

在理论界，一直有经济学家认为，中国在进入21世纪后，经济结构失衡突出地表现为储蓄与消费的失衡，消费特别是居民消费在国内生产总值中的比重过低，同时，居民收入分配差距过大。因此，调整经济结构应着力于调整积累与消费的结构，扩大内需应着力于扩大消费需求，加大力度提高低收入群体的收入，提高中等收入群体的比重，缩小居民收入分配差距，真正做到发展成果由人民共享。

[1] 中华人民共和国国家统计局编《2018中国统计摘要》，中国统计出版社，2018，第32页。

[2] 张卓元、胡家勇、万军：《中国经济理论创新四十年》，中国人民大学出版社，2018，第143页。

# 第三节

## 提出共享发展理念

党的十八大以后，2015年，习近平总书记进一步提出创新、协调、绿色、开放、共享新发展理念，把共享提升为新发展理念。《中共中央关于制定国民经济和社会发展第十三个五年规划的建议》说："共享是中国特色社会主义的本质要求。必须坚持发展为了人民、发展依靠人民、发展成果由人民共享，作出更有效的制度安排，使全体人民在共建共享发展中有更多获得感，增强发展动力，增进人民团结，朝着共同富裕方向稳步前进。"党的十八大以后，2013—2019年，居民收入年实际增速分别为8.1%、8.0%、7.4%、6.3%、7.3%、6.5%、5.8%，同期国内生产总值年增速分别为7.8%、7.4%、7.0%、6.8%、6.9%、6.7%、6.1%，同期人均国内生产总值年增速分别为7.2%、6.9%、6.5%、6.3%、6.4%、6.3%、5.7%。可见，2013—2019年，全国居民人均可支配收入增长除2016年相同外均超过人均国内生产总值增长[1]。与此同时，居民生活质量显著提高。2019年全国居民恩格尔系数为28.2%，比2015年下降2.4个百分点；全国居民人均服务性消费支出9886元，占居民人均消费支出比重为45.9%，比2015年提高4.8个百分点。特别是，脱贫攻坚成效突出。我国农村贫困人口从2012年末的9899万人减少到2019年底的551万人，年均减贫1300万人以上，贫困发生率从10.2%降至0.6%，并于2020年底全部脱贫。贫困群众收入水平大幅提高。2015—2019年，贫困地区农民人均可支配收入由7653元增加到11567元，2016—2019年年均增长8.5%，比同期全国农民人均可支配收入增速高1.9个百分点。贫困地区生产生活条件明显改善。具备条件的建制村全部通硬化路，村村都有卫生室和村医，10.8万所义务教育薄弱学校的办学条件得到改善，农

[1] 2014—2020年国家统计局发布的统计公报、国家统计局编《2020中国统计摘要》。

网供电可靠率达到99%，深度贫困地区贫困村通宽带比例达到98%。这些都是了不起的举世瞩目的成就。

与此同时，也要看到，居民人均可支配收入增长仍不够快。2019年，全国居民人均可支配收入为30732.8元，只占当年人均国内生产总值70892元的43.4%，占比太低了，比一般市场经济国家占60%—70%低很多。至2019年，每人每月收入1000元及以下的，全国仍有6亿人之多。我们现在要扩大内需，主要不是要扩大投资需求，而是要着力扩大消费需求，而要扩大消费需求，首先要提高居民可支配收入，特别是提高低收入群体的收入，低收入群体的消费倾向高，能最有效扩大消费需求。看来这应是今后调整经济结构的最紧迫任务。

2020年，是中国全面建成小康社会的收官之年。突如其来的新冠肺炎疫情对我国经济社会发展造成严重冲击。受疫情影响，一季度经济同比下降了6.8%，就业压力明显增大，贫困地区农村居民实际收入减少。经过全国人民在党的领导下的奋力拼搏，我国二季度经济由负转正，实现难得的3.2%的增长，就业形势逐步稳定，居民收入随之逐步稳定，人民生活也逐步走向正轨，9月全国大中小学有序复课，抗疫工作取得明显成效。一直到2020年底，新冠病毒仍在肆虐全球，而中国是最安全的国家。全世界都公认，中国是全球2020年唯一能实现经济正增长的主要经济体。在党的正确领导下，2020年中国全面建成小康社会目标如期实现，农村贫困人口在现行标准下全部脱贫，中国消除绝对贫困，中国人民的收入和生活水平再上一个台阶！

# 第四节

## 建设社会保障体系，织就世界最大民生安全网

1993年党的十四届三中全会决定提出，“建立多层次的社会保障体系，对于深化企业和事业单位改革，保持社会稳定，顺利建立社会主义市场经济体制具有重大意义。社会保障体系包括社会保险、社会救济、社会福利、优抚安置和社会互助、个人储蓄积累保障。社会保障政策要统一，管理要法制化。社会保障水平要与我国社会生产力发展水平以及各方面的承受能力相适应。城乡居民的社会保障办法应有区别。提倡社会互助。发展商业性保险业，作为社会保险的补充”“按照社会保障的不同类型确定其资金来源和保障方式。重点完善企业养老和失业保险制度，强化社会服务功能以减轻企业负担，促进企业组织结构调整，提高企业经济效益和竞争能力。城镇职工养老和医疗保险金由单位和个人共同负担，实行社会统筹和个人账户相结合，进一步健全失业保险制度，保险费由企业按职工工资总额一定比例统一筹交。普遍建立企业工伤保险制度。农民养老以家庭保障为主，与社区扶持相结合。有条件的地方，根据农民自愿，也可以实行个人储蓄积累养老保险。发展和完善农村合作医疗制度”“建立统一的社会保障管理机构”，等等。2013年党的十八届三中全会决定提出：“建立更加公平可持续的社会保障制度。坚持社会统筹和个人账户相结合的基本养老保险制度，完善个人账户制度，健全多缴多得激励机制，确保参保人权益，实现基础养老金全国统筹，坚持精算平衡原则。推进机关事业单位养老保险制度改革。整合城乡居民基本养老保险制度、基本医疗保险制度。推进城乡最低生活保障制度统筹发展。建立健全合理兼顾各类人员的社会保障待遇确定和正常调整机制。完善社会保险关系转移接续政策，扩大参保缴费覆盖面，适时适当降低社会保险费率。研究制定渐进式延迟退休年龄政策。加快健全社会保障管理

体制和经办服务体系。健全符合国情的住房保障和供应体系，建立公开规范的住房公积金制度，改进住房公积金提取、使用、监管机制。”中国的社会保障体系建设，在不同时期基本上就是按上述思路进行和发展的。

1978年底实行改革开放后，首先恢复和改进干部和工人的退休养老制度、劳动保险医疗制度。此后，由于我国出现个体、私营和外资经济，原来只针对国有企事业单位的社会保障制度已不适用，开始对劳动保险制度改革进行探索。1992年我国确立社会主义市场经济体制改革目标后，社会保障制度改革进入全面试点、基本制度确立和逐步健全阶段。党的十八大以后，社会保障体系不断发展、完善，社会保险覆盖范围日益扩大，社会保险基金不断增加，社会保障水平逐步提高，人民群众获得感日渐增强。中国社会保障经过改革开放40多年发展，世界上规模最大的社会保障体系已经建成，成为名副其实的社会稳定器、安全网。

多层次、广覆盖是新的社会保障制度的特征。改革开放前，传统的退休养老制度和医疗保险制度只是国家单一层次的；改革开放后，社会保障突破了单一的公有经济——主要是国有经济和国家机关与事业单位，扩大为包括各类非公有制经济，农民也纳入保障对象。各项社会保障制度的覆盖人数逐步增加。如基本养老保险的参保人数从20世纪90年代的不到2亿人，增加到2019年底全国参加城镇职工基本养老保险人数43482万人，参加城乡居民基本养老保险人数53266万人。城镇职工基本医疗保险覆盖人数从1998年的509万人增加到2019年底的32926万人，参加城乡居民基本医疗保险人数102510万人。同期失业保险覆盖人数从7927.9万人增加到20543万人，工伤保险覆盖人数从3781.3万人增加到25474万人，生育保险覆盖人数从2776.7万人增加到21432万人。2019年底，全国共有861万人享受城市最低生活保障，3456万人享受农村最低生活保障，439万人享受农村特困人员救助供养，全年临时救助918万人次。现阶段城乡社会保障区别还比较大，随着社会主义现代化建设的推进，将逐步实施统一制度、同等待遇。

社会保障基金持续增加。随着经济社会发展，中国各项社会保险基金持续扩大。2018年，全国基本养老保险、失业保险、工伤保险3项社会保险基金收入合计57089亿元，3项社会保险基金支出合计49208亿元。2018年末，3项社会保险基金累计结存为65753亿元。基本养老保险基金累计结存58151亿元，其中城镇职工基本养老保险基金累计结存50901亿元，城乡居民基本养老保险基金累计结存7250亿元。失业保险基金累计结存5817亿元，工伤保险基金累计结存1785亿元。2000年，国家还专门建立了社会保障储备基金。基金由中央财政预算拨款（2000年起步时国家财政注入200亿元）、国有资本划转、基金投资收益和国务院批准的其他方式筹集的资金组成，专门用于人口老龄化高峰时期的养老保险等社会保障支出的补充、调剂。截至2017年末，全国社保基金资产总额22231.24亿元，其中直接投资资产9414.91亿元，占42.35%；委托投资资产12816.33亿元，占57.65%。财政性拨入全国社保基金资金和股份累计8577.8亿元。全国社保基金自成立到2017年，年均投资收益率达8.44%[1]。企业年金不断发展，职业年金初步建立。2000年，国务院印发《关于完善城镇社会保障体系的试点方案》（简称《试点方案》），明确将企业补充养老保险更名为企业年金。2004年，《企业年金试行办法》和《企业年金基金管理试行办法》颁布实施。2015年，作为机关事业单位养老保险制度改革的重要配套政策，职业年金制度正式建立。自党的十八大以来，企业年金和职业年金制度覆盖范围不断扩大，市场监管力度不断加大，基金规模稳步增长。截至2018年末，全国有8.74万户企业建立了企业年金，参加职工2388万人，年末企业年金基金累计结存14770亿元。

国家财政补贴是社会保障基金的重要来源。改革后社会保障制度由国家、企业和个人共同承担筹资责任。以城镇职工基本养老保险和医疗保险为主体的社会保险制度的资金来源由用人单位缴费、个人缴费和财政补贴三部分组成，其中财政补贴的地位相当明显。根据财政部公布的数据，2017年，城镇职工基本养老保险基金收入33542.04亿元，其中财政补贴收入4955.13亿元，占基金收入总额的14.8%；城

[1] 全国社保基金理事会：《全国社会保障基金理事会社保基金年度报告（2017年度）》。

乡居民基本养老保险基金收入3339.3亿元，其中财政补贴收入2319.19亿元，占基金收入总额的69.5%；城乡居民基本医疗保险基金收入6838.33亿元，其中财政补贴收入4918.68亿元，占基金收入总额的71.9%。在城乡居民最低生活保障方面，中央和地方财政支出低保资金逐步增加，其中中央财政支出占大头。2007年各级财政支出低保资金386.5亿元，其中中央财政支出占49.1%；2016年各级财政支出低保资金1702.4亿元，是2007年的4倍多，其中中央财政支出占78.8%[1]。

社会保障待遇水平逐步提高。2005—2018年，国家连续14年调整企业退休人员基本养老金，2005年月人均水平为698元，2018年增加到2597元，近6年年均名义增长7.5%。2019年继续提高退休人员基本养老金。从2016年开始，实行企业和机关事业单位退休人员基本养老金同步调整，惠及1亿多名退休人员。城乡居民基本养老保险待遇也不断提高。2014年7月，全国城乡居民基本养老保险基础养老金最低标准从每人每月55元提高到70元，2018年1月又提高到每人每月88元。全国所有省份都在国家每人每月88元的标准之上提高了基础养老金，2018年全国城乡居民养老保险月人均养老金约为150元。2018年共为452万名失业人员发放了不同期限的失业保险金。2018年失业保险金月均1266元，比2012年提高559元。2018年有199万人次享受工伤保险待遇。2012年以来，一次性工亡补助金、一次性伤残补助金以及伤残津贴、供养亲属抚恤金、生活护理费等工伤保险待遇水平都有较大幅度提高[2]。此外，困难群众住房保障持续推进。2018年全国棚户区住房改造开工626万套，基本建成511万套，农村地区建档立卡贫困户危房改造157万户；2019年全国各类棚户区住房改造开工316万套，基本建成254万套，农村地区建档立卡贫困户危房改造63.8万户。居民居住条件显著改善。2019年，城镇居民和农村居民人均住房建筑面积分别为39.8平方米和48.9平方米，分别比2015年增加4平方米和5平方米。

---

[1] 张卓元、张晓晶主编《新中国经济学研究70年》上卷，中国社会科学出版社，2019，第576页、第578页。

[2] 《辉煌70年》编写组编《辉煌70年：新中国经济社会发展成就 1949—2019》，中国统计出版社，2019，第267页。

中国社会保障体系和制度经过改革开放40多年的建设，已取得巨大的成就，也使全国人民得到巨大的实惠。与此同时，也要看到，社会保障体系和制度建设仍需完善，面临的实际困难也不少。首先，人口老龄化快速发展带来的压力不小。中国是真正“未富先老”的国家，2019年人均国内生产总值才1万美元出头，尚未进入高收入国家行列，但60岁以上老人人口却占到总人口的18.1%。联合国的预测显示，到2030年60岁及以上老年人口的比重可达25.1%，到2050年将达35.1%[1]，这意味着养老金支付压力将很大，而且有可能越来越大。养老金支付缺口是由财政填补的，养老金支付压力实质上是财政压力。其次，养老金和医疗保险等是按省统筹的，而由于不同地区之间经济差距较大，有的省如东部各省养老基金有大量结余，而有的省如西部和东北地区则存在缺口，这也在一定程度上使不同地区居民的养老金待遇有一定的不合理的区别。医疗费用不能完全跨省报销也不利于劳动力的正常流动。比较理想的也许是养老金支付和医疗费用均实行全国统筹，但现实情况是实现难度很大，短时间内只能部分做到而难以全面做到。这也算是一个难题。另外，我们现在提出的是完善个人账户制度，原来打算逐步做实个人账户，但是因资金不足近期还做不到，今后如何完善值得认真研究。

针对上述情况，2020年5月11日发布的《中共中央　国务院关于新时代加快完善社会主义市场经济体制的意见》提出：“完善覆盖全民的社会保障体系。健全统筹城乡、可持续的基本养老保险制度、基本医疗保险制度，稳步提高保障水平。实施企业职工基本养老保险基金中央调剂制度，尽快实现养老保险全国统筹，促进基本养老保险基金长期平衡。全面推开中央和地方划转部分国有资本充实社保基金工作。大力发展企业年金、职业年金、个人储蓄性养老保险和商业养老保险。深化医药卫生体制改革，完善统一的城乡居民医保和大病保险制度，健全基本医保筹资和待遇调整机制，持续推进医保支付方式改革，加快落实异地就医结算制度。完善失

[1] 联合国经济和社会事务部：《世界人口老龄化报告》，https：//www.un.org/en/development/desa/population/publications/pdf/ageing/WPA2015_Report.pdf。

业保险制度。开展新业态从业人员职业伤害保障试点。统筹完善社会救助、社会福利、慈善事业、优抚安置等制度。加强社会救助资源统筹，完善基本民生保障兜底机制。加快建立多主体供给、多渠道保障、租购并举的住房制度，改革住房公积金制度。”这就为今后健全社会保障制度指明了方向。

CHAPTER 8

# 第八章

# 加快建设更高水平开放型经济新体制

对外开放是中国的基本国策。党的十一届三中全会以来，中国不断扩大开放规模，提升开放水平，充分利用国际国内两个市场、两种资源，将“引进来”和“走出去”有机结合起来，优化对外开放区域布局，推进实施“一带一路”建设，积极参与全球经济治理，已经形成了全方位、多层次、宽领域的对外开放新格局。当今世界正处于百年未有之大变局，正在经历新一轮大发展、大变革、大调整，为了更好地应对国际政治经济环境的新变化，中国积极构建以国内大循环为主体、国内国际双循环相互促进的新发展格局。随着综合国力和国际影响力的不断增强，中国在促进世界经济增长和完善全球治理体系方面也将发挥越来越大的作用。

# 第一节

## 从积极参与国际经济大循环到构建双循环经济发展新格局

作为中国改革开放和社会主义现代化建设的总设计师，邓小平在中国对外开放体制的形成和完善中发挥了重要的作用。邓小平曾就中国对外开放的总体思路进行过透彻的阐述。他指出，“现在的世界是开放的世界”“三十几年的经验教训告诉我们，关起门来搞建设是不行的，发展不起来”“我们提出要发展得快一点，太快不切合实际，要尽可能快一点，这就要求对内把经济搞活，对外实行开放政策”[1]。中国之所以要实行对外开放政策，既是对历史经验教训的总结，也是顺应世界经济新变化的需要。作为一个地域广阔、人口众多的大国，中国的对外开放应该遵循怎样的原则和路径呢？他指出，“像中国这样大的国家搞建设，不靠自己不行，主要靠自己，这叫做自力更生。但是，在坚持自力更生的基础上，还需要对外开放，吸收外国的资金和技术来帮助我们发展”[2]“我们开放了十四个沿海城市，都是大中城市。我们欢迎外资，也欢迎国外先进技术，管理也是一种技术”[3]。在对外开放的领域上，他认为中国应当面向更多的国家开放。“要扩大对外开放，现在开放得不够。要抓住西欧国家经济困难的时机，同他们搞技术合作，使我们的技术改造能够快一些搞上去。同东欧国家合作，也有文章可做，他们有一些技术比我

[1] 邓小平：《建设有中国特色的社会主义》，载《邓小平文选》第三卷，人民出版社，1993，第64—65页。

[2] 邓小平：《我们的宏伟目标和根本政策》，载《邓小平文选》第三卷，人民出版社，1993，第78—79页。

[3] 邓小平：《建设有中国特色的社会主义》，载《邓小平文选》第三卷，人民出版社，1993，第65页。

们好，我们的一些东西他们也需要。中国是一个大的市场，许多国家都想同我们搞点合作，做点买卖，我们要很好利用。这是一个战略问题。”[1]他特别强调，对外开放不是权宜之计，而是长期国策。“对内经济搞活，对外经济开放，这不是短期的政策，是个长期的政策，最少五十年到七十年不会变。为什么呢？因为我们第一步是实现翻两番，需要二十年，还有第二步，需要三十年到五十年，恐怕是要五十年，接近发达国家的水平。两步加起来，正好五十年至七十年。到那时，更不会改变了。即使是变，也只能变得更加开放。否则，我们自己的人民也不会同意。”[2]他极富前瞻性地预见到，随着中国经济融入世界经济体系，中国将对世界经济发展作出积极的贡献。“现在中国对外贸易额占世界贸易额的比例很小。如果我们能够实现翻两番，对外贸易额就会增加许多，中国同外国的经济关系就发展起来了，市场也发展了。所以，从世界的角度来看，中国的发展对世界和平和世界经济的发展有利。”[3]邓小平对外开放思想已经成为中国特色社会主义理论的重要组成部分，对中国的对外开放起到了指引作用。

20世纪80年代，大家普遍认为，要想推动对外开放，使出口成为经济增长的引擎，就应当制定与中国国情相适应的对外经济发展战略。“进口替代”战略和“出口替代”战略都曾经在发展中国家风行一时，中国应该选择何种战略呢？一种观点主张中国应当长期实行以进口替代为主的战略[4]。在充分发挥社会主义制度优越性的基础上，吸收“进口替代”战略和“出口替代”战略各自的优点，实行以“进口替代”为主，同时能将二者有机结合的战略[5]。但更多的人则主张应当以“出口替代”战略为主，因为“进口替代”战略实际上是一种内向型战略，尽管“进口替

[1] 邓小平：《利用外国智力和扩大对外开放》，载《邓小平文选》第三卷，人民出版社，1993，第32页。

[2] 邓小平：《我们的宏伟目标和根本政策》，载《邓小平文选》第三卷，人民出版社，1993，第79页。

[3] 同上。

[4] 刘昌黎：《进口替代是我国赶超世界工业大国的长期战略》，《经济研究》1987年第8期。

[5] 张培基：《关于我国对外贸易发展战略的探讨》，《国际贸易》1984年第1期。

代”战略有助于建立相对完整的独立工业体系，但它在某些情况下，也可能会出现进口剧增而出口缩减的局面，导致外汇短缺甚至债务危机。因此，应当尽快推动对外经济战略从进口替代向出口导向的转变[1]。

在当时，以外国直接投资为载体的经济全球化方兴未艾。从学术界到决策层都在深入思考，如何更好地抓住这个难得的发展契机，充分利用中国劳动力充裕的优势，积极利用外资，发展劳动密集型产品的出口。原国家计划委员会投资研究所副研究员王建提出了国际经济大循环发展战略[2]，主张充分利用我国农村劳动力充裕的资源禀赋，大力发展劳动密集型产业。具体而言，就是鼓励沿海地区大力发展加工贸易，进口原材料加工增值后再返销国际市场，形成原材料和销售市场两头在外、大进大出的外向型经济。在大力发展劳动密集型加工工业的同时，按照同样的模式再发展创汇农业。通过这种模式使农村劳动力参与国际经济大循环，并通过劳动密集型产业的出口创汇支持农业和基础产业发展。尽管从现在的视角来看，这种发展战略存在着很大的局限性，它将小国经济发展模式照搬到大国经济发展之中[3]，只适用于发展劳动密集型的低端产品市场[4]，容易导致中国在国际分工中被锁定于产业低端的依附地位[5]。但这种观点具有鲜明的时代特征，既反映了经济增长对开放战略的现实需求，也体现了理论界对深化对外开放的不懈探索和追求。

积极参与国际经济大循环的战略构想得到了当时中央领导的肯定，也在一定程度上推动了中国向出口导向型经济发展模式的转变。在王建所提出建议的基础上，

---

[1] 黄方毅：《当前我国引进和对外经济贸易的制约因素和改进设想》，《经济研究》1985年第12期。

[2] 王建：《选择正确的长期发展战略——关于“国际大循环”经济发展战略的构想》，《经济日报》1988年1月5日。

[3] 梁桂全：《不合国情的“国际大循环”构想——兼论开放的多元优势次阶跃推进战略》，《学术研究》1988年第4期。

[4] 闵建蜀：《国际大循环理论之我见——香港中文大学工商管理学院院长闵建蜀教授谈国际大循环》，《经济管理》1988年第7期。

[5] 贾根良：《国际大循环经济发展战略的致命弊端》，《马克思主义研究》2010年第12期。

中央有关部门结合沿海地区经济发展的实际情况，形成了《沿海地区经济发展的战略问题》的报告。1988年1月，邓小平对此作出批示："完全赞成。特别是放胆地干，加速步伐，千万不要贻误时机。"1988年2月6日，中央政治局会议通过了实施中国区域发展战略的决定。在1988年3月召开的中共十三届二中全会上，讨论了关于加强沿海地区经济发展的有关问题[1]。在改革开放之初，中国的经济建设既缺乏资金也缺乏先进的设备，只有经济促进出口创汇，才能为工业化和技术引进积累资金。沿海经济发展战略在很大程度上顺应了当时的现实需要。在这个战略的推动下，中国逐步形成了出口导向的外向型经济模式，中国经济成为世界经济体系不可或缺的重要组成部分。

从20世纪90年代直到全球金融危机之前，全球经济总体上处于较快增长阶段，经济增长也带动了国际贸易的繁荣。总体而言，当时国际市场环境对中国经济发展较为有利。中国充分利用了这个难得的战略机遇期，大力发展外向型经济，通过实施沿海发展战略，将国内产业部门聚积起来的生产能力在国际市场上释放了出来。在主动融入世界经济体系的同时，中国以对外开放促对内改革，大力推进市场化取向的经济体制改革，建立起社会主义市场经济体制，市场机制在大多数经济领域起着决定性的作用。市场化改革和对外开放使中国的要素配置状况明显改善，产业部门效率显著提升，推动了中国的产业成长和经济发展。

全球金融危机和新冠肺炎疫情深刻改变着世界经济发展格局。自全球金融危机爆发以来，世界经济一直欲振乏力，一些国家奉行本国利益至上和经济单边主义，导致多边贸易体制受到严重破坏，经济全球化遭遇逆流。而突如其来的新冠肺炎疫情更使得全球经济复苏雪上加霜，各国经济普遍陷入负增长的窘境，国际金融市场出现大幅波动，国际贸易和跨国直接投资严重萎缩。各国的疫情防控措施也导致国家之间的商品、要素和人员流动明显受限，经济全球化受到新的冲击。如果全球技

[1] 徐奇渊：《如何理解"双循环"？》，中国社科院世经政所全球发展展望研究系列，No. 20.008，2020年。

术创新迟迟不能取得重大突破，各国未能就积极推动结构性改革达成共识，世界经济增长有可能陷入长期停滞状态。

尽管国际环境的不确定性和不稳定性明显增加，但中国经济依然表现出潜力足、韧性强、回旋空间大的特点。虽然中国也遭受了新冠肺炎疫情的严重冲击，但中国不仅迅速控制了国内疫情的蔓延，还充分发挥了产业链、供应链齐全的优势，在全球经济基本停摆的情况下，为世界各国源源不断地提供了大量的抗疫物资和生产生活必需品，成为主要经济体中唯一实现经济正增长的国家。面对错综复杂的国际环境带来的新矛盾、新挑战，中国正在构建一个能够更好统筹国内国际两种资源和两个市场的经济发展新格局，在继续参与国际市场竞争的同时，使日益扩大的国内市场成为经济增长的主要推动力量。基于对国内外形势的深刻分析，2019年5月14日召开的中央政治局常委会会议指出，要深化供给侧结构性改革，充分发挥我国超大规模市场优势和内需潜力，构建国内国际双循环相互促进的新发展格局。在2019年10月底召开的中共十九届五中全会上，审议通过了《中共中央关于制定国民经济和社会发展第十四个五年规划和二〇三五年远景目标的建议》，“加快构建以国内大循环为主体、国内国际双循环相互促进的新发展格局”成为“十四五”时期经济社会发展指导思想的重要内容。正如习近平总书记所指出的，“构建新发展格局，要坚持扩大内需这个战略基点，使生产、分配、流通、消费更多依托国内市场，形成国民经济良性循环。要坚持供给侧结构性改革的战略方向，提升供给体系对国内需求的适配性，打通经济循环堵点，提升产业链、供应链的完整性，使国内市场成为最终需求的主要来源，形成需求牵引供给、供给创造需求的更高水平动态平衡。新发展格局决不是封闭的国内循环，而是开放的国内国际双循环。推动形成宏大顺畅的国内经济循环，就能更好吸引全球资源要素，既满足国内需求，又提升我国产业技术发展水平，形成参与国际经济合作和竞争新优势”[1]。

[1] 习近平：《关于〈中共中央关于制定国民经济和社会发展第十四个五年规划和二〇三五年远景目标的建议〉的说明》，《人民日报》2020年11月4日第2版。

# 第二节

## 优化对外开放的区域布局

自党的十一届三中全会以来，中国的区域开放取得了长足的进展。区域开放起步于经济特区的建设。1979年7月15日，中共中央、国务院批转广东省委和福建省委关于对外经济活动实行特殊政策和灵活措施的两个报告，决定对广东、福建两省的对外经济活动给以更多的自主权，同时决定在深圳、珠海两市划出部分地区先试办出口特区，待取得经验后，再考虑在汕头、厦门设置特区。1980年8月底，全国人大审议通过了《广东省经济特区条例》。条例第一条就宣布“在深圳、珠海、汕头三市分别划出一定区域，设置经济特区”，这标志着经济特区建设开始启动。1984年初，邓小平视察了深圳等经济特区后，对经济特区所取得的成绩给予了充分肯定。随后，中共中央批转沿海部分城市座谈会会议纪要，决定进一步开放天津、上海、大连等14个沿海港口城市。1988年海南岛也被划定为经济特区。从20世纪90年代到21世纪之初，中国又相继建立了上海浦东新区，实施“开发大西北”“振兴东北”“中部崛起”等区域发展战略，对外开放的区域布局从沿海开放进一步扩展到沿江开放、沿边开放，开放范围从东部地区发展到中西部地区，中国经济呈现出全方位、多层次对外开放的新格局。为了在新形势下继续推进改革开放，从2013年开始，中国又在上海等地相继建立了21个自由贸易试验区，海南自由贸易港的建设也开始启动。

兴办经济特区是党中央、国务院为推进改革开放和社会主义现代化作出的一项重大决策。作为一个承载特殊经济职能的行政区域，经济特区从诞生到现在已经走过了40多年的历程，在其发展成长的每一个阶段几乎都伴随着质疑和争论。作为改革开放初期出现的新生事物，经济特区获得了广泛的关注，但经济特区的性质问题也曾引起激烈争论。当时社会上有一种反对兴办经济特区的声音，认为经济特区是一块资本主义飞地，甚至认为经济特区与旧社会的租界在性质上相同。但更多的观点认为经济特区有利于社会主义建设。尽管在经济特区内国家资本主义的经济成分占有较大比重，因为经济特区利用外资的方式包括来料加工、补偿贸易、合作经营、中外合资、独资经营等，这使得经济特区既包括社会主义成分，又包括私人资本成分，是比较典型的国家资本主义方式，但它是社会主义政权领导下的国家资本主义，是列宁所说的“能够加以限制、能够规定其活动范围”的国家资本主义。它有利于吸引外国资本，有利于引进新的技术和设备，有利于学习先进的经营管理方法，同时，其活动领域只能被限制在规定范围之内，是一种受制约的资本主义，是可以利用来为社会主义服务的资本主义[1]。有观点认为，经济特区内的外资或侨资独营企业，基本上不是国家资本主义经济，而是资本主义企业[2]。在经济特区内的中外合资企业或独资企业都存在着剥削。但之所以让它们取得利润，在某种意义上也是一种赎买政策，有利于经济特区引进新技术并吸引更多外资来建立新企业，使经济特区的外汇收入能够逐年增加。发展经济特区的实质，就是利用外资为我国的社会主义现代化建设服务。尽管对经济特区的性质和作用存在着较大的争议，但大家逐渐认识到，应该从两个方面来认识经济特区的性质，国家资本主义的存在只是问题的一个方面，这些国家资本主义经济形式中还包括我国社会主义的经济活动、社会主义劳动者的劳动和社会主义的资金，以及我国社会主义的组织力量等，这才是问题的主要方面。从这个方面来看，其性质不是国家资本主义的，而是社会主义的[3]。

20世纪80年代，当时国内经济总体还处在从中央集权的计划经济体制向有计划的商品经济体制转轨的阶段，而特区经济已经表现出了经济结构多元化、经济运行

[1] 方卓芬：《论经济特区的性质》，《经济研究》1981年第8期。

[2] 许涤新：《积极、稳步地办好经济特区》，《福建论坛》1981年第4期。

[3] 于光远：《谈谈对深圳经济特区几个问题的认识》，《经济研究》1983年第2期。

市场化、以外向型经济为主导等新特征。如何认识经济特区在中国经济中的地位和作用？如何更好地协调特区经济与内地经济的关系？深圳等经济特区用改革开放的成就回答了这个问题：经济特区不仅应当发挥推动沿海外向型经济的发展，为全国现代化经济建设引进资金技术、提供信息、开辟出口渠道的“窗口”作用，它更重要的作用是成为经济运行市场化的“实验场”和经济体制改革的探索者、先行者[1]。经济特区建设在较短时间里取得了飞速发展，但也有人认为经济特区发展主要得益于特殊政策和灵活措施，它们的发展资金主要来自内地，因而挤占了内地发展的资金；同时，经济特区的高工资、高消费和高物价又会通过各种渠道传导到内地，对内地产生不利影响。对于前一个问题，曾任深圳市市长的郑良玉指出，在深圳经济特区前10年的总投资中，国家投资还不到2%，直接利用外资和内联投资也分别只占20.95%和11.23%，而深圳地方财政和企业用“滚雪球”的办法积累起来的投资则高达51.19%[2]。因此，深圳的迅速发展既得益于对外来投资和外来资金的充分利用，更主要的是依靠自我积累和滚动发展。对于后一个问题，一些学者在调研后认为，由于特区经济和内地经济之间定位不同，在内地总体上实行进口替代工业化战略，而在经济特区实行出口导向经济发展战略，因此特区经济和内地经济在现实经济联系中既相互促进，又存在很多摩擦，同时，经济特区在对外经济关系上也在很多方面表现为体制不顺[3]。为了更好地发挥经济特区的作用，就要让经济特区实现经济自由和自治，使经济特区能够真正建立既符合社会主义市场经济原则，又符合国际经济规则的新的经济运行模式。

经过40多年的发展，深圳经济特区的建设取得了巨大成就。深圳地区生产总值从1980年的2.7亿元增至2019年的2.7万亿元，年均增长26.6%，经济总量位居全国城市第三位，亚洲城市第五位，深圳从一个边陲小镇成长为具有全球影响力的国际

[1] 高伟梧：《“经济特区创办十周年理论研讨会”论点综述》，《经济研究》1991年第1期。

[2] 郑良玉：《深圳特区十年发展的回顾与展望》，《经济研究》1991年第1期。

[3] 朱铁臻、周天勇：《特区经济双向运行困境及其出路的剖析和思考》，《经济研究》1989年第8期。

化大都市。经济特区的实践充分证明，经济特区“勇于突破传统经济体制束缚，率先进行市场取向的经济体制改革，在我国实现从高度集中的计划经济体制到充满活力的社会主义市场经济体制的历史进程中发挥了重要作用”，“探索和积累了实现快速发展、走向富裕的成功经验；坚持对外开放，有效实行‘引进来’和‘走出去’，积极利用国际国内两个市场、两种资源，成功运用国外境外资金、技术、人才和管理经验，为我国实现从封闭半封闭到全方位开放进行了开拓性探索；坚持服务国家发展大局，全国支持经济特区发展，经济特区回馈全国，促进东中西部协调发展，对全国发展起到重要辐射和带动作用”[1]。在全面建设社会主义现代化国家的新征程中，深圳作为中国改革开放的排头兵，又开始了建设中国特色社会主义先行示范区的探索。在新发展阶段，深圳将“努力在重要领域推出一批重大改革措施，形成一批可复制可推广的重大制度创新成果”，“要在内外贸、投融资、财政税务、金融创新、出入境等方面，探索更加灵活的政策体系、更加科学的管理体制”，“加快推动城市治理体系和治理能力现代化，努力走出一条符合超大型城市特点和规律的治理新路子”[2]。

随着改革开放的不断深化，作为中国最大的工商业城市和金融、贸易中心，上海在中国对外开放总格局中的战略地位日益显现。中国改革开放的总设计师邓小平敏锐地认识到了这一点，他在20世纪90年代初视察上海时，曾经高瞻远瞩地指出：“浦东如果像深圳经济特区那样，早几年开发就好了。开发浦东，这个影响就大了，不只是浦东的问题，是关系上海发展的问题，是利用上海这个基地发展长江三角洲和长江流域的问题。”[3]1990年4月18日，党中央、国务院宣布了开发开放浦东的重大决策，这是深化改革、扩大开放的又一个重大部署。浦东新区获得了比经济特区更加特殊的优惠政策，除了税收减免等政策之外，还在服务业开放上有所

[1] 胡锦涛：《在深圳经济特区建立30周年庆祝大会上的讲话》，人民出版社，2010。

[2] 习近平：《在深圳经济特区建立40周年庆祝大会上的讲话》，《人民日报》2020年10月15日第2版。

[3] 邓小平：《视察上海时的谈话》，《邓小平文选》第三卷，人民出版社，1993，第366页。

突破，允许外资企业在浦东设立金融机构和大型商场等。浦东开发开放也成为20世纪90年代中国深化改革、扩大开放的标志性事件。党的十四大报告要求，以上海浦东开发开放为龙头，进一步开放长江沿岸城市，尽快把上海建成国际经济、金融、贸易中心之一，带动长江三角洲和整个长江流域地区经济的新飞跃。在此后历次党的代表大会中，继续对浦东开发开放提出新的更高的要求。以浦东开发开放为标志，上海开始进入探索改革开放的快车道，成立了中国第一家保税区——外高桥保税区、第一个金融贸易区——陆家嘴金融贸易区、第一家证券交易所——上海证券交易所、第一个自由贸易区——中国（上海）自由贸易试验区（简称“上海自贸区”）等，充分发挥了改革开放的开路先锋和全面建设社会主义现代化国家排头兵的重要作用[1]。

为了更好地探索与高标准国际投资和贸易规则接轨，提升中国的对外开放水平，近年来中国实施了更加主动的对外开放政策。加快实施自由贸易区战略，是我国新一轮对外开放的重要内容。上海自贸区于2013年8月应运而生。在中国新一轮对外开放的整体布局中，上海自贸区不仅仅是区域经济增长的新引擎，更是中国深化改革开放的试验田。正如它的全称“中国（上海）自由贸易试验区”所昭示的，它是位于上海的中国自由贸易试验区。上海自贸区承担着探索与高标准国际投资和贸易规则体系相适应的制度创新的重大使命，它以制度创新为核心任务，以风险防控为重要底线，是我国进一步融入经济全球化的重要载体。

与国外通行的自由贸易区不同，上海自贸区的功能定位不仅仅局限在促进区域经济发展方面，而是通过先行先试，主动对接国际投资贸易的高标准和新规则，为进一步改革开放积累经验，引领全国的开放创新。上海自贸区自成立以来，在建立以负面清单管理为核心的外商投资管理制度、以贸易便利化为重点的贸易监管制度、以资本项目可兑换和金融服务业开放为目标的金融创新制度、以政府职能转变为核心的事中事后监管制度等方面进行了大量的探索。《自由贸易试验区外商投资

[1] 习近平：《在浦东开发开放30周年庆祝大会上的讲话》，《人民日报》2020年11月13日第2版。

准入特别管理措施（负面清单）》经过5次修订，由2013版的190条缩减到2019版的37条，缩减了80%。截至2019年8月，上海自贸区累计形成的202项可复制推广的制度创新成果，涵盖投资便利化81项，贸易便利化64项，金融开放创新23项，事中事后监管34项[1]。在建立与国际通行的投资贸易规则相衔接的基本制度框架方面，上海自贸区已经形成了一批可复制、可推广的改革创新成果。

为了在全国更好地推动实施新一轮高水平对外开放，国务院决定在更大范围推广上海自贸区试点经验，于是相继在天津、福建、广东、辽宁、湖北等地设立了21个自由贸易试验区。党的十九大报告不仅提出要“赋予自由贸易试验区更大改革自主权”，还进一步提出“探索建设自由贸易港”。2020年6月，《海南自由贸易港建设总体方案》正式发布，海南将聚焦贸易投资自由化便利化，建立与高水平自由贸易港相适应的政策制度体系，建设具有国际竞争力和影响力的海关监管特殊区域，将海南自由贸易港打造成为引领我国新时代对外开放的鲜明旗帜和重要开放门户。自由贸易试验区和自由贸易港建设将为全面深化改革和扩大开放探索新途径、积累新经验，对于中国新一轮对外开放将产生深远的影响。

[1] 《上海自贸区：制度创新供给的“领头雁”》，http://www.zqrb.cn/finance/hongguanjingji/2019-08-21/A1566323633573.html。

# 第三节

## 推进贸易高质量发展

改革开放以来，尤其是加入世界贸易组织（WTO）之后，中国的对外贸易获得了巨大的发展。1978年中国货物进出口总额仅为206亿美元，居世界第32位。2004年中国对外贸易总额突破1万亿美元大关，仅仅3年后又翻了一番，2007年突破2万亿美元，在全球金融危机的阴影尚未散去的2011年，中国的进出口总额超过3万亿美元，2013年进出口总额达到4.16万亿美元，一举超越美国而成为世界上最大的货物贸易国。2019年中国货物贸易进出口总值4.58万亿美元，继续保持全球最大货物贸易国的地位。在新冠肺炎疫情严重冲击国际贸易的2020年，中国的货物贸易进出口总值高达32.16万亿元，比2019年增长1.9%[1]，成为拉动中国经济迅速复苏的重要因素。中国已经成为名副其实的贸易大国，但随着国内外经济环境的变化，外贸发展也面临着严峻的考验。中国正在加快培育外贸竞争新优势，推进贸易创新发展，增强对外贸易综合竞争力。

中华人民共和国成立后很长一段时间里，国内对于外贸在社会主义经济建设中的地位和功能的认识存在着很大的局限性，认为外贸的作用仅仅是“互通有无，调剂余缺”，只是在局部范围内调节经济结构，弥补物资短缺。在计划经济时期，国营外贸企业是开展对外贸易的主体，外贸企业不能自行决定进出口规模和商品结构，而是完全按照国家计划来执行，盈亏也是由国家统负而不是由企业承担。随着对外开放的不断扩大，外贸对于经济发展的积极意义逐渐显示出来。但传统外贸管理体制中政企不分、“吃大锅饭”、产销脱节等问题也日益突出，越来越不能适应

[1] 《2020年我国外贸规模与份额双创新高》，http：//www.gov.cn/xinwen/2021-01/15/content_5580073.htm。

外贸快速发展的需要。原对外贸易部部长郑拓彬曾经系统分析过传统外贸体制的弊端[1]，他认为：一是外贸部门的独家垄断经营体制不利于调动各方面的积极性；二是工业企业的产品生产与国际市场需求脱节，工业企业缺乏自主经营权，难以及时回应国际市场的需求；三是政企不分，解决经济问题时不是遵循经济规律而是偏好行政干预，管得过多过死；四是外贸活动所需的各种手续烦琐，导致效率低下，不能适应对外开放、对内搞活的需要。

自党的十一届三中全会之后，对高度集中的国家垄断外贸体制的改革取得了很大进展[2]：从外贸经营主体来看，外贸企业逐渐拥有经营自主权，进出口代理制的推行进一步激发了外贸企业的经营活力；从外贸活动的管理体制来看，国家对外贸规模和商品结构的直接管理大大削弱，相对灵活的指导性计划与生产调节逐渐代替僵化的指令性计划；从对外贸易的激励机制来看，开始通过外汇留成、部分出口商品退税等与出口绩效挂钩的措施来推动出口增长。到20世纪90年代末，与社会主义市场经济体制相适应的对外贸易体制基本建立，极大地推动了对外贸易的迅速发展。

2001年11月10日，世界贸易组织第四届部长级会议通过了中国加入WTO的法律文件。加入WTO既是中国深入参与经济全球化进程的自身需求，也是WTO体现多边贸易体制普遍性和公正性的内在需要。从1986年7月中国提出恢复关税与贸易总协定缔约方地位的申请开始，中国在经历了16年的艰难谈判之后，才最终成为WTO的第143个成员。加入WTO对中国经济产生了极为深远的影响，“中国扩大了在工业、农业、服务业等领域的对外开放，加快推进贸易自由化和贸易投资便利化。在履行承诺过程中，中国深化外贸体制改革，完善外贸法律法规体系，减少贸易壁垒和行政干预，理顺政府在外贸管理中的职责，促进政府行为更加公开、公正和透

[1] 郑拓彬：《我国对外贸易体制改革问题》，《经济研究》1984年第11期。

[2] 薛荣久：《50年的探索——对建国以来中国外贸理论的回顾与思考》，《国际贸易》1999年第10期。

明，推动开放型经济进入一个新的发展阶段”[1]。加入WTO是中国改革开放进程中一个具有历史意义的事件，它显著改善了我国的外部经济环境，使中国更好地融入世界经济和国际社会，极大地推动了中国对外开放的总体进程。

改革开放以来，特别是加入WTO以来，中国的对外贸易获得了长足发展，进出口规模不断扩大，外贸商品结构明显改善，贸易伙伴更趋多元化。一是在外贸规模不断扩大的同时，出口商品结构有了很大改善。与中国的产业结构升级同步，出口商品结构也实现了持续升级。在改革开放之初，出口商品以资源性产品和农产品等初级产品为主，20世纪八九十年代轻纺产品等劳动密集型产品成为出口主要品种，21世纪以来，机电产品及高新技术产品成为出口主导产品。工业制成品在出口产品中所占比重不断上升，从20世纪70年代末期的不到50%上升到2019年的94.6%，工业制成品已经占据了中国出口商品的绝对主导地位。二是进口结构的变化与经济结构变化相适应。在中国出口规模迅速扩张的同时，中国的进口规模也增长很快。1978年中国的进口额只有108.9亿美元，2019年就增长到20784亿美元，40余年时间增长了近190倍。21世纪以来，中国重化工业发展较快，能源资源类初级产品的进口一直增长很快。中国经济的转型升级必然要求进口更多技术密集的资本品，高新技术产品的进口增速明显加快，2019年，生物技术、电子技术、材料技术等方面的产品进口较上年分别增加了26.3%、1.9%和7.6%。先进设备进口的持续增加，能够为中国制造业向价值链高端攀升提供良好的技术支撑。三是服务贸易发展迅速。在20世纪80年代初期，中国的服务贸易规模只有44亿美元。加入WTO之后，服务贸易发展步伐明显加快，2003年服务贸易进出口总额才第一次突破千亿美元大关，2019年服务贸易总额就达到了7850亿美元，中国已成为世界第二大服务贸易国。

尽管取得了巨大的成就，但中国的对外贸易仍面临着一些挑战。对外贸易大而不强，仍然未能摆脱粗放式增长方式的束缚。因此，转变外贸发展方式、培育外贸

[1] 国务院新闻办公室：《中国的对外贸易》白皮书，http：//www.scio.gov.cn/ztk/dtzt/66/2/Document/1061092/1061092.htm。

新优势的要求更加迫切。

一是要加快推动外贸发展方式的转变。中国出口主导产品正在实现从以劳动密集型产品为主向以资本和技术密集型产品为主的升级，但中国外贸竞争力长期建立在要素禀赋所决定的综合成本优势之上，国际竞争力较强的优势产业仍然主要集中在劳动密集型产业，以及资金技术密集型产业的劳动密集型、低附加值的环节，总体上处于全球产业链和价值链的中低端。在世界经济低位徘徊、国际贸易欲振乏力的背景下，这种以大规模生产、低成本扩张为特点的外贸增长方式不仅会增加国内的资源环境压力，也容易加剧与其他出口国之间的贸易摩擦。外贸结构不平衡还会导致贸易顺差扩大和国际收支失衡，给宏观调控造成很大压力。在新的发展阶段，要想实现外贸的高质量发展，就应当在保持外贸规模稳定增长的同时，积极优化贸易结构。从全球价值链的角度来看，加工贸易能够增加进出口额，但它对于提升附加值的作用不如一般贸易。要提升一般贸易出口产品附加值，推动加工贸易产业链升级，实现对外贸易从数量扩张型向效益提升型的转变。鼓励外贸企业以创新为主导，通过技术创新和商业模式创新，增加产品的技术含量、提升产品的用户体验、提高产品的质量、丰富产品的销售渠道，打造行业知名品牌，形成以技术、品牌、质量、服务为核心的外贸竞争新优势。

二是要积极发展服务贸易。现代服务业已经成为许多国家国民经济的重要产业和经济发展的新增长点。与之相适应的是，服务贸易在国际贸易中的占比也在提升。近年来中国的服务贸易发展也很快，2019年服务进出口总额7850亿美元，其中，服务出口2836亿美元，进口5014亿美元，服务逆差2178亿美元[1]，服务进出口规模连续6年保持全球第2位。由于国内旺盛的需求拉动，中国服务贸易的进口规模明显大于出口规模，这导致中国长期存在着服务贸易逆差，2019年逆差额高达2178亿美元。逆差的长期存在并且不断扩大，反映出中国服务业供给能力不足，不能有效地满足国内对于各类服务日益增长的需求，这就要求进一步放开服务业的市场准

[1] 数据来源：Wind数据库。

入，扩大服务业的市场竞争，提升服务业的竞争力。

三是要探索发展新型贸易业态。随着信息技术的进步和互联网的普及，网购人群规模越来越大，跨境电子商务等一些新型贸易业态也应运而生，并获得了快速发展。商务部电子商务和信息化司发布的《中国电子商务报告（2019）》显示，2015年中国海关验放的跨境电子商务进出口商品总额为360.2亿元，2019年大幅增加到1862.1亿元。2019年跨境电子商务出口总额944亿元，年均增速60.5%；同年跨境电子商务进口总额918.1亿元，年均增速27.4%。在世界经济和国际贸易增长面临不确定性的情况下，应当重视并发挥跨境电子商务在推动出口方面的积极作用。作为一种新生事物，跨境电子商务在海关监管、检验检疫、金融支付等方面与传统贸易业态存在一定差异，应当积极解决跨境电子商务中的技术和政策等问题，加强税收、物流等方面的国际协调，使之能更好地嵌入国际贸易体系，成为中国商品走向世界的新渠道。

# 第四节

## 创新外商投资管理体制

改革开放以来，中国经济的迅速发展和消费市场的巨大潜力吸引了越来越多的外国直接投资。20世纪80年代，中国内地（大陆）吸收的境外投资主要来源于中国香港和中国台湾等地。随着中国开始向社会主义市场经济体制转型，政府对外商直接投资的限制逐步放松，国内投资和贸易环境得到进一步改善，来自发达国家跨国公司的投资迅速增加。全球金融危机以来，世界经济一直呈现低速增长的态势，国际直接投资也在底部徘徊，尽管面临着严峻的外部环境，中国引进外资的规模总体上仍然呈现稳中有升的态势，年度外国直接投资流入量始终在1000亿美元以上，据商务部发布的《中国外资统计公报2020》，2019年中国新设外商投资企业4.1万家，实际使用外资金额1412.3亿美元，再创历史新高。中国吸收的外资在当年全球FDI（外国直接投资）总量中所占比重为9.2%，仅次于美国，居全球第2位。截至2019年12月，中国累计设立外商投资企业100.2万家，累计实际使用外资金额2.29万亿美元。即便在新冠肺炎疫情肆虐全球的情况下，2020年我国实际使用外资依然逆势上扬，成为全球第一大外资流入国。截至2020年末，中国已连续28年成为引进外资最多的发展中国家。

外国直接投资弥补了国内资金的不足，还引入了先进的管理理念，培养了管理和技术人才，扩大了出口创汇，推动了产业升级。制造业是中国对外资开放较早、开放领域较宽的产业，也是吸收外商直接投资最多的产业部门之一，2006年以前，中国吸引的外商直接投资中有一半左右投向制造业。经过国际竞争的洗礼，中国工业部门已经成功地融入国际分工体系中，成了名副其实的世界工厂。外商投资企业助推了中国出口的大幅增长，出口额从1991年的120亿美元上升到2019年的9661亿美元，占全国出口总额的比重从1991年的16.75%上升到2019年的38.7%[1]。21世纪以来，来自发达国家的跨国公司大量投资于资本密集型和技术密集型产业，带动了机电产品和高新技术产品的出口，促进了中国的产业结构升级和出口商品结构的优化。

在改革开放之初的1979年，为了更好地扩大国际经济合作和技术交流，中国颁布并实施了第一部规范外商投资的法律——《中华人民共和国中外合资经营企业法》。此后，中国又相继在1986年和1988年制定了《中华人民共和国外资企业法》和《中华人民共和国中外合作经营企业法》。中国后来对这三部法律进行过多次修订，逐渐建立起以“外资三法”为指导，以分级管理和逐案审批为特点的外商投资管理体制。这套体制在改善外商投资法律环境、规范外商投资企业行为、保护外国投资者的合法权益、促进外商投资方面发挥了积极的作用。但随着国内外经济形势的变化，这套体制固有的审批环节复杂、审批程序烦琐、政策稳定性和透明度不足等问题日益突出，大大增加了外资企业的营商成本，影响了外商投资的积极性。为了更好地适应国际投资规则的新变化，不断改善国内投资环境，党的十八届三中全会通过的《中共中央关于全面深化改革若干重大问题的决定》提出，探索对外商投资实行准入前国民待遇加负面清单的管理模式。《中共中央 国务院关于构建开放型经济新体制的若干意见》明确指出，改革外商投资审批和产业指导的管理方式，向准入前国民待遇加负面清单的管理模式转变。2020年10月通过的《中共中央关于制定国民经济和社会发展第十四个五年规划和二〇三五年远景目标的建议》提出，要全面提高对外开放水平，推动贸易和投资自由化便利化。这为外商投资管理体制的改革指明了方向。

一是制定实施新的外商投资基础性法律。尽管中国在引进外资上取得了举世瞩目的成绩，但随着劳动力成本提高、土地价格上升、能源支出增加以及融资成本居高不下，中国的低成本比较优势正在削弱，劳动密集型外资企业更多流向劳动力成

[1] 数据来源：Wind数据库。

本更低的东南亚、南亚、拉美等发展中国家和地区，一些发达国家实行的“产业回流”政策也给中国的招商引资带来了很大压力。要想继续开创引进外资工作的新局面，就不能简单沿袭提供税收优惠、供给廉价要素等传统思路，而应该与时俱进，拓展思路，通过放宽市场准入和创新外商投资管理体制，营造更加公开、透明、可预期的良好营商环境。

为了更好地利用外国直接投资推动中国经济的发展，1979—1988年，全国人大相继审议通过了《中华人民共和国中外合资经营企业法》《中华人民共和国外资企业法》和《中华人民共和国中外合作经营企业法》。经过30多年的不断完善，中国已经建立了以“外资三法”为核心，以《中华人民共和国企业所得税法》等部门法为配套，以国务院有关部门的行政法规和部门规章以及相关地方性法规为补充的外商投资法律法规体系。但随着社会主义市场经济体制的建立以及国内外经济环境的变化，“外资三法”在很多方面已经不能适应进一步扩大开放的新要求，这在对外商投资管理体制和外资企业制度的规定中表现得尤为明显。

从外商投资管理体制来看，由于“外资三法”制定于计划经济向市场经济转型初期，因此虽然历经多次修订，但政府过多干预的痕迹仍然依稀可见。“外资三法”对项目审批非常重视，《中华人民共和国中外合资经营企业法》（2001年修订）第三条就规定：“合营各方签订的合营协议、合同、章程，应报国家对外经济贸易主管部门（以下称审查批准机关）审查批准。审查批准机关应在三个月内决定批准或不批准。合营企业经批准后，向国家工商行政管理主管部门登记，领取营业执照，开始营业。”在“外资三法”规定的逐案审批体制之下，审批环节众多、审批程序繁杂，大大增加了外资企业的营运成本。

从企业制度来看，“外资三法”将外资企业作为一种独立的企业组织形式加以规范。“外资三法”制定于20世纪70—80年代，当时国内企业改革刚刚起步，反映现代企业制度的《中华人民共和国公司法》尚未问世。为了更好地保障外资企业的合法权益，以吸引更多的境外投资者来华投资，中国专门针对外资企业制定了“外资三法”，从而为规范外资企业的组织结构和企业经营行为提供了法律制度安排。从20世纪90年代开始，随着中国向社会主义市场经济体制的转型，建立现代企业制度成为国内企业的改革方向。第八届全国人民代表大会常务委员会第五次会议于1993年审议通过了《中华人民共和国公司法》（简称《公司法》），以规范公司的组织结构和经营行为，保护公司、股东和债权人的合法权益，维护社会经济秩序，促进社会主义市场经济的发展。由于“外资三法”的制定时间早于《公司法》，因此二者之间存在着不少相矛盾和相抵触的方面。从企业组织形式来看，外商投资企业大多采用股份有限公司或者有限责任公司等公司制，继续依照“外资三法”对外资企业的组织形式进行单独规范已无必要。事实上，2005年修订后的《公司法》第二百一十八条就已经明确指出：“外商投资的有限责任公司和股份有限公司适用本法；有关外商投资的法律另有规定的，适用其规定。”随着投资自由化和高标准投资规则逐渐成为国际投资领域的主流，如果继续根据投资者身份的差别和投资来源的不同，对内外资企业分别按照《公司法》和“外资三法”进行规范，就会违反公司平等、股东平等的平等原则和国民待遇原则，这与营造一个内外资统一的、公正透明的法律制度的大趋势背道而驰。因此，按照内外资一致的原则推动内外资法律法规的统一势在必行。

为了更好地构建适应新形势的外商投资法律体系，逐步推动外商投资企业在设立、经营、财务、监管、清算等方面适用统一的法律规定，2013年10月底，全国人大在《十二届全国人大常委会立法规划》中，将“外资三法”的修改列为“需要抓紧工作、条件成熟时提请审议的法律草案”，《国务院办公厅关于印发国务院2014年立法工作计划的通知》也将这项工作列为亟待研究的“有关深化经济体制改革、促进对外开放的立法项目”。商务部于2015年初推出了《中华人民共和国外国投资法（草案征求意见稿）》。经过几年的修改和完善，《中华人民共和国外商投资法》在2019年3月召开的十三届全国人大二次会议获得表决通过，自2020年1月1日起施行。《中华人民共和国外商投资法实施条例》也于2019年12月底发布。《中华人民共和国外商投资法》将原来管理和促进外国投资的三部法律合并为一部法律，这将成为新时代我国外商投资领域新的基础性法律。《中华人民共和国外商投资法》及其实施条例的制定和实施，将有利于营造规范的制度环境，保持外资政策的稳定、透明和可预期。

二是建立健全外商投资准入前国民待遇加负面清单管理制度。中国在引进外资的过程中，在市场准入方面长期实行正面清单管理和较为严格的审批制度。1995年，中国政府颁布了《指导外商投资方向暂行规定》和《外商投资产业指导目录》，此后每隔若干年就会对《外商投资产业指导目录》进行一次更新。《外商投资产业指导目录》旨在引导外商投资方向，使之与我国国民经济和社会发展规划相适应。它将外商投资项目分为鼓励、允许、限制和禁止四类，是指导审批外商投资项目的依据。政府根据宏观经济结构调整的方向和产业政策的指向，在《外商投资产业指导目录》的框架内，对外商投资项目进行逐案审查，只有获得批准的项目才能进行企业注册登记。随着投资体制改革的深化，外商投资审批制度逐渐让位于核准制，但这项改革的实际执行情况并不令人满意，政府在外商投资项目核准方面仍然具有很大的权力。

近年来，国际投资领域正在发生深刻的变化，将投资自由化便利化条款纳入自由贸易协定已成为区域经济一体化发展的基本趋势，对外商投资实行准入前国民待遇加负面清单管理的模式也被越来越多的国家所认可。所谓准入前国民待遇，就是外国投资者和外国投资在设立、并购和扩大阶段所得到的待遇不低于东道国投资者及其投资在相似情形下的待遇。在很长一段时间里，很多国家通常只承诺给予外国投资者准入后国民待遇，也就是说，只有在外国投资企业获准设立或者进入运营阶段后，它们才能得到与东道国投资者相同的民事权利。当时很多国家尤其是发展中国家出于扶持民族产业等方面的考虑，担心过早实施准入前国民待遇，具有明显竞争优势的外国企业可能会给本国相关产业带来太大的冲击。由于美国企业在全球竞争中具有较强的竞争力，因此美国一直不遗余力地推动以准入前国民待遇为核心的投资自由化，成为国际投资规则谈判中主张实行准入前国民待遇的主要推手，准入前国民待遇原则也是在美国所主导的北美自由贸易区（NAFTA）中最早得以实施。随着经济全球化的不断发展，准入前国民待遇原则成为国际投资规则的发展方向。

实施准入前国民待遇有利于吸引更多的外国直接投资，但随着市场准入的放宽，具有资金、技术和市场优势的外资企业也可能对东道国的弱势产业部门造成冲击。为了使某些竞争力不足的重要产业部门能够获得足够的发展空间，东道国往往会将与国家安全、国计民生关系密切的某些产业领域单独列出来，在一定时期内限制或者禁止外国投资者对这些领域进行投资。这种在实行准入前国民待遇的基础上，通过负面清单的方式，在特定领域对外商投资实施的准入特别管理措施，就是所谓的负面清单管理。负面清单可以被通俗理解为限制或者禁止外商投资的产业领域“黑名单”，外商投资准入负面清单禁止投资的领域，外国投资者不得投资。而在负面清单之外的产业领域，则实行“法无禁止即可为”，外国投资者可以像东道国投资者一样，在遵守法律法规的前提下，基于商业利益来开展各种投资活动。

中国对外资的市场准入一直控制得较为严格，对外国投资者在中国设立企业的过程安排得较为繁杂。外商投资企业在设立前通常需要进行前置审批，由商务部或者地方商务主管部门对外资企业的可行性报告进行审批，取得批文后方可到工商行政管理局进行登记注册。这在一定程度上增加了外商投资的时间和财务成本，但中国对外国投资者长期实施优惠的准入后国民待遇。为了更好地吸引外国直接投资，政府尤其是地方政府在企业税收、土地使用、外汇管理等方面给外商投资企业提供了不少优惠待遇，在某些方面甚至提供了超国民待遇。在新企业所得税法实施之前的很长一段时间里，外资企业所得税为25%，并且生产经营期10年以上的外资企业还能享受到“两免三减半”的所得税优惠，自企业盈利年度开始的前2年，企业所得税可以免征，此后3年的企业所得税可以减半征收，而内资企业所得税则高达33%。直到2008年实施新企业所得税法之后，内外资企业所得税税率才统一为

25%。尽管中国对外国投资者的准入后国民待遇总体上落实得较好，但对市场准入环节的严格审批一直被外国投资者所诟病。在国际产业链供应链加速调整、各国间引进外资竞争日趋激烈的背景下，实施准入前国民待遇加负面清单管理的外商投资管理体制，有利于进一步强化中国对于外国直接投资的吸引力。

从正面清单和审批管理向负面清单和备案制管理的转变，是外商投资管理体制的重大变化。2019年通过的《中华人民共和国外商投资法》在法律层面正式确立了准入前国民待遇加负面清单管理制度，《外商投资产业指导目录（2017年修订）》首次在形式上落实了在全国范围（自贸区除外）适用的外商投资准入负面清单制度。自2017年以来，外商投资准入限制仍在放宽，全国范围适用的外商投资准入负面清单连续4年缩减，2020年负面清单限制措施已经缩减至33条，制造业、能源资源、基础设施、农业、金融等领域对外资开放程度大幅提升。按照《中共中央关于制定国民经济和社会发展第十四个五年规划和二〇三五年远景目标的建议》的要求，在“十四五”时期要“实施统一的市场准入负面清单制度。继续放宽准入限制”“完善外商投资准入前国民待遇加负面清单管理制度，有序扩大服务业对外开放，依法保护外资企业合法权益”。应当继续健全与国际投资新趋势相适应的市场准入体系，不断完善开放透明、有效监管的外国直接投资管理体制，进一步改善国内营商环境，将中国引进外资的规模和质量提升到新的高度。

三是健全外商投资国家安全审查和反垄断执法等制度。实施外商投资准入前国民待遇加负面清单管理制度，逐步继续放宽外商投资市场准入限制，并不意味着外资企业从此可以游离于政府监管体制之外。外国直接投资固然有助于中国的产业升级、出口增加和经济增长，但如果对外国投资采取放任自流的态度，任由外资企业通过绿地投资和并购重组，在国内市场上无限制扩张，也会给中国的产业安全和经济安全带来严重挑战。从国际经验来看，对外商投资实施必要的安全审查和反垄断执法是国际通行的外资管理制度。《中华人民共和国外商投资法》第三十五条规定，国家建立外商投资安全审查制度，对影响或者可能影响国家安全的外商投资进行安全审查。按照国家发展改革委和商务部在2020年12月底发布的《外商投资安全审查办法》的规定，需要实施安全审查的外商投资主要包括：投资军工、军工配套等关系国防安全的领域，以及在军事设施和军工设施周边地域投资；投资关系国家安全的重要农产品、重要能源和资源、重大装备制造、重要基础设施、重要运输服务、重要文化产品与服务、重要信息技术和互联网产品与服务、重要金融服务、关键技术以及其他重要领域，并取得所投资企业的实际控制权。在新的外商投资管理体制下，除了通过负面清单对外商投资的产业领域进行限制之外，也会对某些外商投资启动国家安全审查机制，通过对关键行业、关键技术和关键地区等因素的综合考虑，对外商投资和并购行为作出是否许可的决定，从而在保障产业安全和国家安全的前提下，进一步规范和促进外商投资。

中国已连续多年成为吸引外国直接投资最多的国家之一，持续增长的国内市场为外资企业迅速发展提供了巨大的机遇。跨国公司拥有较强的资金、技术和管理优势，具备利用市场地位和力量操纵价格和产量的能力。从近年的实际情况来看，某些知名外资企业在扩大经营规模和增加市场份额的过程中，产生了一些不正当竞争和垄断行为，滥用市场地位限制竞争的现象也时有出现。《中华人民共和国反垄断法》已于2008年开始施行，《中华人民共和国外商投资法》第三十三条也规定，外国投资者并购中国境内企业或者以其他方式参与经营者集中的，应当依照《中华人民共和国反垄断法》的规定接受经营者集中审查。这为我国建立起内外资统一的公平、有序的竞争秩序提供了法律基础。只有不断加大对外资企业经营者集中反垄断的审查和处罚力度，才能切实保障公平竞争，维护市场竞争秩序。

# 第五节

## 健全对外投资政策和服务体系

在改革开放之初，中国企业在海外开展大规模投资的条件并不成熟。当时对外经济工作的主要任务是积极引进外资，以国外资金来弥补国内建设资金的不足，同时大力发展对外贸易，通过出口创汇积累外汇。当时的海外投资规模不大，主要是外贸部门为了开展进出口业务而在国外市场开展的必要布局。在1991年原国家计划委员会提交给国务院的《国家计划委员会关于加强海外投资项目管理的意见》中，认为当时“中国尚不具备大规模到海外投资的条件”。但随着中国经济的持续增长，引进外资和对外贸易的规模日益扩大，企业开展国际化经营的能力不断增强，发展对外直接投资的条件也逐渐成熟。2001年3月，第九届全国人民代表大会第四次会议通过了《中华人民共和国国民经济和社会发展第十个五年计划纲要》，第一次正式提出：“实施‘走出去’战略。鼓励能够发挥我国比较优势的对外投资，扩大国际经济技术合作的领域、途径和方式。继续发展对外承包工程和劳务合作，鼓励有竞争优势的企业开展境外加工贸易，带动产品、服务和技术出口。支持到境外合作开发国内短缺资源，促进国内产业结构调整和资源置换。鼓励企业利用国外智力资源，在境外设立研究开发机构和设计中心。支持有实力的企业跨国经营，实现国际化发展。健全对境外投资的服务体系，在金融、保险、外汇、财税、人才、法律、信息服务、出入境管理等方面，为实施‘走出去’战略创造条件。”这意味着国家开始鼓励和支持企业开展对外投资。随着经济全球化的深入和中国综合国力的增强，企业融入国际产业体系并在全球范围内配置资源的重要性日益凸显，鼓励企业“走出去”也进一步上升为国家战略。《中共中央　国务院关于构建开放型经济新体制的若干意见》中指出：确立并实施新时期走出去国家战略。推动优势产业走出去，开展先进技术合作，增强我国企业国际化经营能力。从党的十六大开始，党的历次全国代表大会政治报告中都强调要“走出去”。党的十九大报告指出，创新对外投资方式，促进国际产能合作，形成面向全球的贸易、投融资、生产、服务网络，加快培育国际经济合作和竞争新优势。这为中国企业“走出去”明确了具体的方向，极大地推动了中国海外投资的蓬勃发展。

进入21世纪以来，中国不仅在引进外国直接投资方面成绩斐然，对外直接投资也开始加速。根据商务部、国家统计局、国家外汇管理局三部门联合发布的《2019年度中国对外直接投资统计公报》显示，从2002年以来，中国对外直接投资的流量和存量都呈现迅速增长的局面。中国对外直接投资存量的规模增长非常迅速。2002年中国对外直接投资存量仅为299亿美元，2019年就增加到21988.8亿美元，位居全球对外直接投资存量的第三名。从中国在全球外国直接投资流出存量中的占比来看，2002年中国仅占全球总量的0.4%，2019年已经提升至6.4%。从历年的对外直接投资流量来看，2002年中国对外直接投资额仅为27亿美元，2019年达到了1369.1亿美元，继2013年首次突破千亿美元大关之后再创历史新高，已经连续17年实现高速增长。2019年中国对外直接投资流量是2002年的50.7倍。联合国贸发会议发布的《2020年世界投资报告》显示，2019年中国的对外直接投资流量仅次于日本，连续两年位居世界第二大对外直接投资国。特别值得一提的是，从2014年开始，中国对外直接投资流量超过吸收的外国直接投资额，中国已经完成了从资本输入大国向资本输出大国的转型。

中国对外直接投资的地理区域遍及全球。截至2019年，中国已经在全球188个国家和地区设立了4.4万家境外企业。从地区分布来看，中国对外投资最多的地区是亚洲，2019年中国对外直接投资的80.9%流向了亚洲地区。其中，中国香港是吸收中国内地对外直接投资的大户，占中国内地对亚洲投资的66.1%。事实上，中国香港并不是中国内地对外直接投资的最终目的地。香港的国际化程度很高，金融市场发达，法律体系完善，非常适合作为内地企业面向全球开展投资的运营平台，很多内地资金在香港设立新的投资实体后，继续投向世界其他国家和地区。

中国对外投资的产业分布日趋多样化。中国海外投资最初主要集中在采矿业、制造业、租赁与商务服务业等行业，随着对外直接投资的加速，投资领域也在不断拓宽，目前已经涵盖了国民经济的18个行业大类。从2019年的数据来看，流向租赁与商务服务业的投资占当年对外投资流量的30.6%，制造业领域投资占比为14.8%，对这两个行业的投资基本占到了2019年中国对外投资流量的半壁江山。从投资存量来看，中国对外投资主要集中在租赁与商务服务业，批发与零售业，金融业，信息传输、软件和信息技术服务业，制造业和采矿业，2019年中国对外直接投资存量高达21988.8亿美元，其中超过八成集中在上述6个产业。随着推动共建“一带一路”高质量发展，中国的对外直接投资还将实现持续增长。

中国企业通过对外直接投资大大提升了在全球范围内配置经济资源的能力。国内一些能源和矿业企业加大了对海外能源资源的投资力度，在充分评估项目经济合理性的前提下，通过收购兼并和绿地投资等方式，参与大型海外能源资源项目的勘探、设计和建设，扩大海外油气田和金属矿的权益投资规模，提升了我国在国际能源资源市场上的话语权，为中国能源资源的供给安全提供了保障。对外直接投资有利于中国企业获得先进技术，提升企业技术能力。以加工制造见长的中国企业，正在将业务向产业链上游和价值链高端的研发设计和品牌管理等领域延伸。海外投资有助于中国企业获取技术资源，丰富产品种类，取得具有业务互补性的优质资产。海外投资还有助于中国企业打造全球销售网络。通过并购有完善的分销渠道和售后服务体系的海外品牌，或者并购有广泛营销网络的当地贸易商，就能够直接利用现成的销售渠道并拥有相应的客户群体，从而降低或者绕过进入海外市场的壁垒，构建由企业自己掌控的全球销售网络，提高中国产品在国际市场上的影响力。

海外投资规模的不断扩大是中国经济发展的必然结果。经济的持续增长使中国形成了强大的全产业体系优势和产业规模优势，优势产业部门通过海外投资，能够实现产业链的外溢与延伸，巩固和扩大国际市场竞争优势。为了促进和保障对外投资的健康有序开展，《中共中央关于全面深化改革若干重大问题的决定》明确指出："扩大企业及个人对外投资，确立企业及个人对外投资主体地位，允许发挥自身优势到境外开展投资合作，允许自担风险到各国各地区自由承揽工程和劳务合作项目，允许创新方式"走出去"开展绿地投资、并购投资、证券投资、联合投资等。"《中共中央关于制定国民经济和社会发展第十四个五年规划和二〇三五年远景目标的建议》指出："健全促进和保障境外投资的法律、政策和服务体系，坚定维护中国企业海外合法权益，实现高质量引进来和高水平走出去。"要想更好地推动企业"走出去"，就应当不断健全促进对外投资的政策和服务体系。

一是要进一步深化对外投资管理体制改革。2004年《国务院关于投资体制改革的决定》的颁布实施，将审批制改为审核制和备案制，推动了中国投资体制的改革，但对外投资管理体制改革一度相对滞后。企业开展对外投资在较长一段时间里实行核准制，从具体的审核程序来看，涉及政府部门较多，审批过程费时费力。海外投资项目需要国家发展改革委的审核，设立海外企业需要商务部的审核，企业使用外汇需要得到国家外汇管理局的批准，如果企业在持续经营中需要追加投资，那么这个过程还会继续重复。企业不得不与多个部门反复沟通，并按要求提供各种材料，投资获准之时可能已经错过了最佳投资期。在商务部2009年发布的《境外投资管理办法》中，涉及以下领域的海外投资项目需要进行核准，包括："（一）在与我国未建交国家的境外投资；（二）特定国家或地区的境外投资（具体名单由商务部会同外交部等有关部门确定）；（三）中方投资额1亿美元及以上的境外投资；（四）涉及多国（地区）利益的境外投资；（五）设立境外特殊目的公司。"《境外投资管理办法》还明确了地方企业开展境外投资时，报省级商务主管部门核准的领域，包括："（一）中方投资额1000万美元及以上、1亿美元以下的境外投资；（二）能源、矿产类境外投资；（三）需在国内招商的境外投资。"显然，这里规定的核准事项过多，对于一个自主经营、自负盈亏的微观经济主体来说，像投资规模、投资领域等事项理应由企业自行决定并自担责任，无须政府核准。

近年来，对外投资管理体制改革明显提速。国家发展改革委和商务部分别于2014年发布了修订后的《境外投资项目核准和备案管理办法》和《境外投资管理办法》，建立了“备案为主、核准为辅”的制度，大大减少了核准事项，缩短了核准时间和流程。按照新的办法，核准事项仅仅剩下企业境外投资涉及敏感国家和地区以及敏感行业这两项。2017年底，国家发展改革委发布了《企业境外投资管理办法》，进一步简化了对企业境外投资的事前管理，完善了事中事后管理。外汇管理制度、人员出入境管理等方面也进行了改革，对外投资便利化水平明显提高。

海外投资较为复杂，企业面临着比国内投资更大的不确定性，这就需要企业不仅对投资可行性进行合理判断，还需要准确把握投资时机。在一个完善的市场经济体制下，企业作为投资主体，对投资方向、投资规模、投资方式和交易价格拥有自主决策权。政府通常对国际经济环境和宏观经济走势有着更清晰的认知，但对于具体投资项目的判断不见得比企业更高明。政府对企业的对外投资行为干预过多，无疑会增加企业的负担，甚至导致企业错失良机。因此，深化对外投资体制改革，就应当确立企业的投资主体地位，给企业更大的决策权和经营自主权。

二是更好地发挥政府的协调和指导作用。中国在推进国际产能合作、鼓励企业对外投资时，应进一步完善与有关国家的政府间协商与对话机制，在政府间高层对话框架下建立政府、行业协会和重要企业之间的共商机制，明确优先合作区域和重点产业领域，形成更具操作性的国际产能合作实施方案。政府部门应当整合各种渠道的信息资源，编制有关国家的营商环境、法律体系、重大项目等方面的数据库，提供给工商企业和金融机构共享，增加中国企业对东道国法律和商业规则的了解，提升中国企业对海外投资项目的风险识别能力，降低参与国际合作的风险。

三是加快与其他国家的投资协定谈判。在各国经济发展水平和投资需求存在明显差异的情况下，目前国际投资领域中还没有达成一份全面的、具有约束力的多边投资协定。由于缺乏一个类似WTO制定的共同认可、共同遵守的国际投资规则，不同国家间往往通过缔结双边或区域投资协定的方式制定明确的外国投资和投资者公平待遇规则，为国家间的资本流动提供制度安排和法律保障。自1982年与瑞典签署第一个双边投资协定以来，中国已经与130多个国家和地区签订了投资协定，对保障缔约国之间的投资起到了积极作用。中国由于在较长时间里更重视外资的引进，再加上当时对外投资规模也并不太大，因此对于中国企业在海外投资中所面临的准入前权益保障等问题关注不够，所签订的双边投资协定在内容上更偏重于投资后的权益保障，对于投资自由化和可持续发展等国际投资领域新趋势也基本没有涉及。随着企业“走出去”步伐的加快，中国的海外资产规模在迅速扩大，应重新审视并适时修订已签署的投资协定，使之与当前国际投资规则调整变化的新趋势相适应，更好地维护中国企业的海外合法权益。

中国正在加快与发达经济体签订双边投资协定的步伐。中美双边投资协定谈判从2008年开始启动，双方进行了29轮谈判，曾经在实施准入前国民待遇和负面清单管理等重要方面达成过共识，准备继续就负面清单等问题展开深入谈判。但随着中美贸易摩擦的加剧，中美双边投资协定谈判目前处于搁置状态。中国与欧盟之间的双边投资协定谈判于2013年11月启动，经过30多轮谈判，中欧领导人于2020年12月30日共同宣布，如期完成中欧投资协定谈判。中国与更多国家签订投资协定，有利于释放彼此之间的双向投资潜力，提升双边经贸合作水平，为全球经济增长注入新动力。

# 第六节

## 推动共建“一带一路”高质量发展

“一带一路”是“丝绸之路经济带”和“21世纪海上丝绸之路”的简称，“一带一路”贯穿亚欧非大陆，是世界上跨度最大的经济走廊。历史上的“丝绸之路”是中西文明交流融合的典范，已成为欧亚地区共同的文化遗产和历史记忆。2013年9月，习近平总书记在哈萨克斯坦纳扎尔巴耶夫大学的演讲中提出：“为了使欧亚各国经济联系更加紧密、相互合作更加深入、发展空间更加广阔，我们可以用创新的合作模式，共同建设‘丝绸之路经济带’。”[1]同年10月，他在印度尼西亚国会演讲时又提出，中国愿同东盟国家加强海上合作，发展好海洋合作伙伴关系，共同建设“21世纪海上丝绸之路”[2]。中国政府提出的共建“一带一路”的国际合作新倡议，赋予历史概念以新的时代内涵，受到了国际上的广泛瞩目和沿线国家的普遍欢迎。

“一带一路”建设已经成为中国全方位开放新格局的重要组成部分。2013年11月，中共十八届三中全会通过的《中共中央关于全面深化改革若干重大问题的决定》提出：“加快同周边国家和区域基础设施互联互通建设，推进丝绸之路经济带、海上丝绸之路建设，形成全方位开放新格局。”为了更好地推动“一带一路”建设，国家发展改革委、外交部、商务部于2015年3月底联合发布了《推动共建丝绸之路经济带和21世纪海上丝绸之路的愿景与行动》，首次系统阐释了“一带一路”建设的框架思路、合作重点和合作机制。党的十九大提出，要以“一带一路”

[1] 杜尚泽：《梦想，从历史深处走来——记习近平主席访问中亚四国和共建“丝绸之路经济带”》，《人民日报》2013年9月13日。

[2] 习近平：《携手建设中国-东盟命运共同体》，《人民日报》2013年10月4日。

建设为重点，坚持“引进来”和“走出去”并重，遵循共商共建共享原则，加强创新能力开放合作，形成陆海内外联动、东西双向互济的开放格局。《中共中央关于制定国民经济和社会发展第十四个五年规划和二〇三五年远景目标的建议》强调，“推动共建‘一带一路’高质量发展”。这表明，“一带一路”建设仍将是“十四五”时期扩大对外开放的关键领域。

根据《推动共建丝绸之路经济带和21世纪海上丝绸之路的愿景与行动》的总体思路，“丝绸之路经济带”沿着六大经济合作走廊重点推进，即中国经俄罗斯至欧洲的中蒙俄经济走廊，中国经中亚、俄罗斯至欧洲的新亚欧大陆桥经济走廊，中国经中亚、西亚至波斯湾、地中海的中国–中亚–西亚经济走廊，中国至东南亚、南亚、印度洋的中国–中南半岛经济走廊，中巴经济走廊以及孟中印缅经济走廊。“丝绸之路经济带”将依托国际大通道，以沿线中心城市为支撑，以重点经贸产业园区为合作平台，积极推进经济走廊的建设。而“21世纪海上丝绸之路”的重点方向有两个，分别是从中国沿海港口过南海到印度洋，延伸至欧洲，以及从中国沿海港口过南海到南太平洋。“21世纪海上丝绸之路”将以重点港口为节点，共同建设通畅安全高效的运输大通道。“一带一路”是一个开放包容的合作框架，沿线国家基于但不限于古代丝绸之路的范围，各国和国际、地区组织均可参与，未来仍有扩容的空间。

“一带一路”建设以设施联通为优先领域，以贸易畅通为合作重点，以资金融通为金融支撑，以人文交流为纽带，努力实现民心相通，得到了沿线国家和地区的积极响应和参与。截至2021年1月底，中国已与171个国家和国际组织，签署了205份共建“一带一路”合作文件[1]。“一带一路”建设给中国的对外贸易和对外投资带来新的历史机遇，中国与沿线国家间的贸易规模不断扩大、投资领域不断拓宽、重大项目扎实推进。根据商务部提供的数据，2020年中国与沿线国家的货物贸易额

[1] 《我国已签署共建“一带一路”合作文件205份》，http：//fec.mofcom.gov.cn/article/fwydyl/zgzx/202102/20210203040640.shtml。

达到1.35万亿美元，占我国总体外贸的比重达到29.1%[1]。中国在沿线国家开展的对外投资的规模也逐渐扩大。2020年对沿线国家非金融类直接投资177.9亿美元，同比增长18.3%，占全国对外投资的比重上升到16.2%；在沿线国家新签对外承包工程项目合同5611份，新签承包工程合同额为1414.6亿美元，承包工程完成营业额为911.2亿美元，分别占全国对外承包工程总额的55.4%和58.4%[2]。积极推进“一带一路”建设，不仅有利于形成全方位开放的新格局，也深化了中国与沿线国家之间多方面的合作，促进了利益共同体、命运共同体和责任共同体的构建。

中国正在加快构建以国内大循环为主体、国内国际双循环相互促进的新发展格局。新时期“一带一路”建设应当围绕新发展格局，继续聚焦“一带一路”经贸合作，推动共建“一带一路”高质量发展。

第一，继续推动基础设施互联互通。“一带一路”沿线国家大多是发展中国家和新兴经济体，基础设施水平较之于发达经济体存在着很大的差距，公路、桥梁、码头、通信设施等基础设施的不足，已经成为制约沿线国家经济进一步发展的障碍。推进基础设施建设对“一带一路”沿线国家经济发展将产生深远的影响。从短期来看，沿线国家基建规模的扩大，能够增加这些国家的投资需求，并推动相邻国家实现跨境基础设施的互联互通，进而带动本地区的经济增长；从长期来看，基础设施水平的提升能够显著改善沿线国家的投资和贸易环境，极大地提升区域经济的发展潜力。随着中国与沿线国家经贸往来日益密切，货物、人员、资金等要素的流动更加频繁，推动互联互通的交通、能源、通信等基础设施建设，将有助于改善沿线国家的投资环境，大大提升国家之间的经济合作水平。

第二，深化国际产能合作。与沿线国家开展产能合作，既能充分利用当地生产成本低廉、能够快速响应市场的优势，提升企业的竞争力，又能满足沿线国家提升

[1] 《我国已签署共建“一带一路”合作文件205份》，http：//fec.mofcom.gov.cn/article/fwydyl/zgzx/202102/20210203040640.shtml。

[2] 《2020年我对“一带一路”沿线国家投资合作情况》，http：//fec.mofcom.gov.cn/article/fwydyl/tjsj/202101/20210103033338.shtml。

工业化水平的愿望，还有利于进一步扩大中国与沿线国家之间的投资贸易规模。中国与沿线国家之间以深化产能合作为推手，通过不断扩大对外投资规模，重构区域内的价值链，推动产业整合以及区域生产网络的建设，培育一批拥有自主品牌、自有核心技术、自主创新能力的中国跨国企业，在更高层次上参与国际产业分工和市场竞争。

在推进产能合作的过程中，在政府的支持和推动下，鼓励中国企业积极探索以境外产业园为载体、以集群式转移为特征的对外投资新模式。选择与中国经济发展互补性强并且政治稳定的国家设立海外中国产业园区，带动中国具有行业竞争优势的龙头企业及相关配套企业集体“走出去”，形成专业化的产业集群，开拓东道国市场乃至第三方市场，使海外产业园区成为深化“一带一路”经济合作的新平台。鼓励中国骨干企业与沿线国家的本地企业加强合作，逐步将符合条件的当地企业纳入中方企业的供应链体系，构筑互利共赢的产业链供应链合作体系。

第三，健全多元化投融资体系。金融服务是提升“一带一路”贸易和投资水平的助推器。无论是基础设施互联互通所需的项目融资，还是中国企业海外投资需要的资金融通，都离不开金融部门的支持。沿线国家金融业整体发展水平不高，国内金融机构跨国金融服务能力也显不足，这些都增加了中国企业参与“一带一路”建设的难度。中国的国有大型银行和股份制商业银行正在积极顺应国内外经济环境和中国对外开放战略的新变化，到有条件的沿线国家设立分支机构，为“走出去”的企业提供信贷、结算、项目融资、并购贷款、现金管理、咨询服务等全方位的金融服务，为中国企业参与沿线国家基础设施互联互通建设创造更加多样化的融资渠道。

由于沿线国家的基础设施建设的资金需求巨大，仅靠各国财政或者现有的多边性开发机构远远弥补不了资金缺口。2015年以来，亚洲基础设施投资银行、金砖国家新开发银行、丝路基金等一系列新的融资机制应运而生。亚洲基础设施投资银行（简称“亚投行”）是一个由多国出资组建的区域性多边开发机构，它以支持亚洲国家基础设施建设为己任，通过向基础设施项目提供长期稳定的资金支持和融资便利，促进亚洲经济的持续增长，推动区域经济的一体化。尽管亚洲基础设施投资银行在法人治理结构、持续的资金来源、信贷质量的管理等方面还将面临很多新的考验，但亚洲巨大的基础设施融资需求为亚投行提供了足够的发展空间。从亚投行的股东构成来看，英国、德国等发达国家纷纷加入以中国为代表的亚洲新兴经济体所主导的新国际金融机制，这不仅凸显了亚洲基础设施建设的巨大商机，也在一定程度上体现了亚洲国家和地区在全球经济治理和国际金融体系中地位的提升。金砖国家新开发银行则是金砖国家间实质性经济合作的标志性成果，它主要为金砖国家以及其他新兴市场和发展中国家的基础设施建设、可持续发展项目筹措资金。丝路基金是由中国国家外汇管理局、中国投资有限公司、中国进出口银行和国家开发银行等中国大型金融机构共同出资、主要以类似于PE（私募股权投资）的方式运作的金融机构，致力于为“一带一路”框架内的经贸合作和双边多边互联互通提供融资支持。

未来应探索加强与国际开发性金融机构、西方跨国金融机构、东道国商业银行等金融机构的合作，并尝试借助国际资本市场发行与“一带一路”建设相关的证券，构建长期、稳定、可持续、风险可控的金融保障体系，为“一带一路”建设提供更加多元化的金融服务。

第四，拓展第三方市场合作。第三方市场合作是“一带一路”建设的国际合作新模式。第三方市场合作是中国首创的国际合作新模式，主要指中国企业与有关国家企业在优势互补的基础上，共同在第三方市场开展经济合作。近年来的商业实践表明，第三方市场合作能够通过多样化的合作模式使中国的优势产能与发达国家的先进技术有机结合起来，整合双方在全球产业链中的独特优势，共同为第三国提供高质量、可持续的基础设施，促进这些国家的工业化发展和民生改善，最终实现“三方共赢”。

第三方市场合作不同于跨国企业之间单纯基于市场规则的国际合作模式，其在尊重国际商业规则的基础上，为中国企业和发达国家企业共同开拓第三国市场提供了政府层面的支持。自2015年6月中法两国政府在共同发表的《中法政府关于第三方市场合作的联合声明》中第一次提出“第三方市场合作”的概念以来，这种新型的国际合作模式就得到了越来越多国家的认可。目前，中国已经先后与法国、韩国、加拿大、葡萄牙、西班牙、澳大利亚、日本、意大利、荷兰、比利时、奥地利、瑞士、新加坡和英国等14个国家签署了第三方市场合作备忘录。在达成共识的基础上，中国与有关国家建立了第三方市场合作委员会或者合作工作组，并逐步建立和完善了政府间的协调制度和合作机制，且通过举办第三方市场合作论坛、开展战略经济对话、建立第三方合作基金等形式多样的方式，确定了合作的主要区域、重点行业，形成了重点合作的项目清单，搭建起企业间交流信息、增进了解、探讨合作的平台。政府的引导和支持为中国企业和有关国家企业共同开拓第三方市场营造了良好的制度环境，提供了必要的政策支持，极大地促进了企业间的跨国合作。继中法、中意等第三方市场合作论坛取得圆满成功，相继结出企业合作的硕果之后，在2018年10月召开的首届中日第三方市场合作论坛上，中日两国企业和金融机构签署了50余项合作协议，协议总金额超过180亿美元。第三方市场合作契合了各国开放合作的现实需要，具有广阔的发展前景。

第三方市场合作使发达国家企业能够更好地参与方兴未艾的“一带一路”建设，能够将中国制造业的产能和价格优势与发达国家企业的技术和管理优势有机结合起来，向发展中国家提供基建援助和“优质优价”的装备，加快了发展中国家和新兴经济体的工业化和城市化进程，使三方参与者最终实现互利多赢。从商业实践来看，第三方市场合作呈现出合作模式多元化、合作项目规模大等特点。国家发展改革委将这些在实践中行之有效的合作模式归纳为产品服务类、工程合作类、投资合作类、产融结合类和战略合作类五种类别[1]。中国、刚果和法国三方合作的刚果

[1] 国家发展改革委：《第三方市场合作指南和案例》，http：//www.mofcom.gov.cn/article/i/jshz/rlzykf/201909/20190902898692.shtml。

（布）1号公路特许经营项目、中国长江三峡集团有限公司与葡萄牙电力公司共同开拓的拉美电信市场、中俄法企业共同实施的全球最大液化天然气项目——俄罗斯亚马尔液化天然气项目等就是其中的成功范例。

中国企业和发达国家跨国公司在共同实施第三方市场合作的过程中彼此都受益良多。发达国家跨国公司借助中国在“一带一路”沿线国家的影响力与前期合作的基础，抓住了“一带一路”建设带来的商业机遇。中国企业通过学习合作伙伴的管理经验，更加注重合规经营、环境保护和履行社会责任，改善了公司治理结构，增强了跨文化沟通融合能力。作为一种新的国际合作模式，第三方市场合作契合了项目所在国的发展需求，拓展了发达国家跨国公司的业务空间，提高了中国企业的国际化运营水平，促进了“一带一路”的高质量建设。

# 第七节

## 提升在全球经济治理中的话语权

经济全球化使越来越多的国家融入世界经济体系中，要素、产品、资金的全球流动使国家之间的经济联系也越发密切。但全球金融危机的爆发和蔓延表明，全球化驱动的世界经济问题错综复杂，即便经济实力雄厚的发达国家也难以完全有效应对，必须推动各国政府对一系列重大政治经济问题达成共识，并在此基础上促进国家间的政策协调。因此，从各国的共同利益出发，完善全球经济治理体系和治理机制，维护一个公平、公正的国际经济新秩序就显得尤为重要。全球经济治理体系改革的方向，就是各经济体之间通过不断提升国际经济合作的水平，改善现有治理结构的代表性和合法性，完善不同领域的治理机构、制度和规则，共同应对在世界经济和国际金融诸多领域所面临的挑战。

随着世界经济的发展变化，全球经济治理体系也在不断调整。第二次世界大战结束以来，国际货币基金组织、关税及贸易总协定（1994年后为世界贸易组织所替代）和世界银行等多边国际组织为全球经济治理提供了重要的支撑。20世纪70年代，为了更好地应对石油危机的冲击，美国、英国、德国、法国、日本、意大利和加拿大这七个主要工业化国家组成了七国集团（G7），这七个国家的首脑每年定期讨论世界政治经济中的重大问题并协调各国的经济政策。由于这些国家在当时的世界经济体系中具有领导地位，在国际经济事务中拥有很强的话语权，因此七国集团成为当时全球经济治理的主要平台。全球金融危机的爆发成为全球治理体系发生重大变化的转折点，二十国集团（G20）正式登上了全球治理的舞台。它由G7成员国以及中国、俄罗斯、巴西、印度等新兴经济体和欧盟组成，其中新兴经济体占了一半。在全球共同应对金融危机的紧急时期，二十国集团各方首脑通过峰会进行磋商和协调，并就各国协调行动、反对贸易保护主义、加强金融监管、推动国际金融机构改革等重要问题达成了共识。由于G20成员在世界经济新格局中具有举足轻重的地位，G20峰会正在成为全球经济治理最重要的机制。二十国集团已成为国际经济合作的主要平台，二十国集团峰会也形成机制化，各经济体首脑通过定期会晤，就推动结构性改革、全球经济可持续增长、全球治理体系改革等涉及各国共同利益的重要议题展开讨论。从完全由发达国家组成的G7指点天下，到由发达经济体和新兴经济体共同组成的G20协商议事，表明全球治理从“西方治理”开始转为“西方和非西方共同治理”，这凸显了新兴经济体在国际经济事务方面地位的提升。

作为全球第二大经济体，中国与世界各国之间的互动日益频繁，在国际政治经济舞台上的地位和作用也越来越重要。全球金融危机推动了世界经济格局和全球治理体系的重大变化，这为中国积极参与全球经济治理提供了难得的契机。《中共中央 国务院关于构建开放型经济新体制的若干意见》明确指出：要“积极参与全球经济治理。推进全球经济治理体系改革，支持联合国、二十国集团等发挥全球经济治理主要平台作用，推动金砖国家合作机制发挥作用，共同提高新兴市场和发展中国家在全球经济治理领域的发言权和代表性。全面参与国际经济体系变革和规则制定，在全球性议题上，主动提出新主张、新倡议和新行动方案，增强我国在国际经贸规则和标准制定中的话语权”。按照《中共中央关于制定国民经济和社会发展第十四个五年规划和二〇三五年远景目标的建议》的要求，“十四五”期间中国将实行高水平对外开放，继续积极参与全球经济治理体系改革，不断增强在全球经济治理体系中的话语权和影响力。

目前，在世界经济的各个领域中，已经形成了一些不同层次的治理机制，从功能定位和实际作用来看，G20无疑是目前全球经济治理中最重要的国际合作平台，协调和引领着其他经济的治理机制。G20是中国首次以创始国成员和核心国成员的身份参与的全球经济治理机制，为中国发挥全球领导力提供了重要的舞台。中国在推动G20机制不断完善的过程中始终发挥着积极的作用。中国是2016年G20峰会的主办国，在杭州召开的G20峰会以“构建创新、活力、联动、包容的世界经济”为主题，促成与会各方就全球经济增长的若干重要问题达成共识，并推动了相关行动纲领的制定，峰会发表了《二十国集团领导人杭州峰会公报》和28份具体成果文件。杭州峰会的成功主办，提升了中国在全球经济治理中的制度性话语权，凸显了中国在国际经济事务中的领导作用。

贸易是世界经济增长的发动机，基于WTO的多边贸易体制对推动全球贸易的繁荣贡献良多。但WTO的成员既有发达国家也有发展中国家，二者的经济发展水平差距较大，利益诉求也大相径庭，导致WTO框架下的“多哈回合”谈判自2001年启动以来，长期没有取得实质性进展，这在一定程度上影响了部分成员对多边贸易体制的信心。特朗普担任美国总统期间，片面强调美国利益优先，奉行经济单边主义，不仅肆意掀起贸易战，而且藐视WTO的基本原则和组织框架，直接导致WTO上诉机构停摆。在多边贸易体制停滞不前的同时，越来越多的国家积极开展双边和区域自由贸易安排，区域经济一体化正在成为经济全球化的新动力。中国坚持在多边贸易体制下推动国际贸易和投资的自由化和便利化，积极推进WTO框架下的多边贸易谈判，提升中国-东盟自由贸易区的开放水平，完成了中国-东盟自贸区升级谈判并签署升级议定书。中国在全球最大的自贸协定——《区域全面经济伙伴关系协定》（RCEP）谈判中一直发挥着积极的建设性作用，在各方的共同努力下，RCEP于2020年11月正式签署。中国正在积极参与世界贸易组织改革，推动完善更加公正合理的全球经济治理体系。

近年来，中国在推动全球金融治理体系改革方面也起到了重要作用。作为全世界最大的发展中国家，中国在世界银行和国际货币基金组织中的份额长期偏低，与中国对全球经济增长的贡献完全不符。通过推动两大国际金融机构的投票权改革和份额调整，中国在世界银行的投票权和在国际货币基金组织的份额分别上升到5.71%和6.39%，均仅次于美国和日本，这也意味着发展中国家在两大国际金融组织中的代表性和发言权的提高。经过多年的努力，人民币最终在2016年10月被纳入国际货币基金组织的特别提款权（SDR）货币篮子，这是新兴经济体货币首次加入SDR并成为国际储备货币，不仅有利于进一步推进人民币国际化的进程，也改变了长期以来一直以发达经济体货币作为储备货币的格局，增强了SDR作为国际储备资产的吸引力，提高了国际货币体系的稳定性。

全球气候变暖问题引起了国际社会的广泛关注。为了防范全球气候变化对生态环境和人类生存带来灾难性的影响，迫切需要各国政府共同采取措施。2015年底，在巴黎召开的联合国气候变化大会上，在中国、欧盟、美国等主要经济体的积极推动下，《联合国气候变化框架公约》的197个缔约方最终达成《巴黎协定》，确定了2020年后全球合作应对气候变化行动和进程的方向与目标。2020年9月，习近平总书记在第七十五届联合国大会一般性辩论上郑重宣布，中国将加大国家自主贡献力度，采取更加有力的政策和措施，二氧化碳排放力争于2030年前达到峰值，努力争取在2060年前实现碳中和。中国正在与国际社会共同应对全球气候变化的挑战，积极履行共同而有区别的责任，在构建绿色低碳的全球气候和能源治理格局方面发挥了建设性的作用。

2020年新冠肺炎疫情的全球蔓延，使各国的公共卫生体系遭受巨大冲击。在应对全球大流行病的过程中，全球公共卫生治理的重要性日益凸显。世界卫生组织（WHO）作为公共卫生领域重要的国际多边机构，在组织和协调世界各国抗疫中发挥了重要作用。面对一些发达国家对世界卫生组织的质疑和干扰，中国坚定支持世界卫生组织在全球抗疫中发挥领导作用，不仅向世界卫生组织捐款2000万美元，以支持开展抗击新冠肺炎疫情的国际合作，还加入了由世界卫生组织牵头的“新冠肺炎疫苗实施计划”（COVAX），并提供1000万剂疫苗，以推进疫苗在全球公平分配。中国历来积极参与和推进卫生健康领域国际合作，在全球共同应对新冠肺炎疫情的关键时刻，更是主动与国际社会分享疫情信息和抗疫经验，有序开展防疫物资出口，尤其是中国新冠疫苗在研发完成并投入使用后，已经向40多个国家出口或正在商谈出口，其中绝大多数是发展中国家[1]。在全球新冠肺炎疫苗严重供不应求的情况下，中国疫苗作为全球公共产品，为实现疫苗在发展中国家的可及性和可担负性作出了重大贡献。

当今世界正处于大调整大变革时期，国际政治、世界经济、气候变化、公共卫生等诸多方面的不稳定性、不确定性都在明显增加，世界各国和人类社会都面临着许多共同挑战，这就要求国家之间强化沟通，形成共识，协调政策，共建有效的全球治理体系。党的十九大报告提出，坚持推动构建人类命运共同体。这彰显了在解决人类社会面临的共同问题、在完善全球治理方面的中国智慧和中国方案。正如习近平总书记所指出的，要实现这一目标，就要坚持对话协商，建设一个持久和平的世界；坚持共建共享，建设一个普遍安全的世界；坚持合作共赢，建设一个共同繁荣的世界；坚持交流互鉴，建设一个开放包容的世界；坚持绿色低碳，建设一个清洁美丽的世界[2]。在中国的积极倡导下，“人类命运共同体”理念已经在国际社会获得了越来越多的共识。如果各国人民同心协力，构建人类命运共同体，人类终将迎来持久和平、普遍安全、共同繁荣、开放包容、清洁美丽的世界。

---

[1] 张业遂：《中国开展国际抗疫合作不是为了谋求地缘政治目标》，https：//www.chinanews.com/gn/2021/03-04/9424665.shtml。

[2] 习近平：《共同构建人类命运共同体》，《人民日报》2017年1月20日第2版。

CHAPTER 9

# 第九章

# 法治化是完善社会主义市场经济体制的重大举措[1]

[1] 本章研究得到了陈健博士的帮助，在此致谢！

党的十八届四中全会通过的《中共中央关于全面推进依法治国若干重大问题的决定》指出："社会主义市场经济本质上是法治经济。使市场在资源配置中起决定性作用和更好发挥政府作用，必须以保护产权、维护契约、统一市场、平等交换、公平竞争、有效监管为基本导向，完善社会主义市场经济法律制度。"经济体制改革的核心在于处理好政府与市场关系，"要用法治来规范政府和市场的边界，尊重市场经济规律，通过市场化手段，在法治框架内调整各类市场主体的利益关系"[1]。以法治为基础，实现有效市场和有为政府的有机结合，使之成为社会主义市场经济发展的"车之双轮"，是完善社会主义市场经济体制和建立现代市场经济的关键。

[1] 习近平：《完善法治建设规划提高立法工作质量效率 为推进改革发展稳定工作营造良好法治环境》，《人民日报》2019年2月26日第1版。

# 第一节

## 我国市场经济法治化的演进

经济基础与上层建筑是辩证关系。从市场经济的发展历史看，表现为法律形式的正式交易规则是随着市场经济的发展而不断增强的。“法的关系正像国家的形式一样……它们根源于物质的生活关系”[1]“先有交易，后来才由交易发展为法制……这种通过交换和在交换中才产生的实际关系，后来获得了契约这样的法的形式”[2]。也就是说，随着交易的发展和深化，相应的法律制度会逐步完善起来；反过来也一样，以法治保障和支撑的交易关系，是规定交易双方对等权利和义务的契约关系，随着交易的深化和复杂化，权利和义务关系也复杂化，契约的有效执行愈加需要法治的保障，完善的法治对市场经济的发展起到基础性的支撑作用。恩格斯指出：“在社会发展某个很早的阶段，产生了这样一种需要：把每天重复着的产品生产、分配和交换用一个共同规则约束起来，借以使个人服从生产和交换的共同条件。这个规则首先表现为习惯，不久便成了法律。”[3]这是对市场经济法治化动态演变的经典论述。

改革开放以来，我国社会主义市场经济不断发展，市场作用的程度不断加深，政府与市场的关系不断改善，经济法治化水平随之不断提高。改革开放伊始，邓小平就明确指出了法治的重要意义和基本原则：“应该集中力量制定刑法、民法、诉讼法和其他各种必要的法律……经过一定的民主程序讨论通过，并且加强检察机关和司法机关，做到有法可依，有法必依，执法必严，违法必究。国家和企业、企业

[1] 马克思、恩格斯：《马克思恩格斯全集》第31卷，人民出版社，1998，第412页。
[2] 马克思、恩格斯：《马克思恩格斯全集》第19卷，人民出版社，1963，第423页。
[3] 马克思、恩格斯：《马克思恩格斯选集》第3卷，人民出版社，1995，第211页。

和企业、企业和个人等等之间的关系，也要用法律的形式来确定。”[1]这里的法治建设不仅涉及具体的法律条文，还涉及立法程序和执法司法问题。我国经济体制改革采取的是渐进式改革，法治建设也呈现出渐进的特点，立法程序、法律体系和执行机制都是在摸索中不断前行的。1982年五届全国人大五次会议通过的《中华人民共和国宪法》，是改革开放后的第一部宪法，也是改革开放法治建设的根本大法，它强化了全国人大的立法和监督功能，规定和保护公民的基本权利，为我国法治化建设奠定了基础。

我国市场经济发展的一个突出特征是国有经济之外的经济成分迅速成长，与此相应，我国法治建设的一个突出特点就是为体制外经济的成长不断提供法治支撑。外商投资对法治环境比较敏感，对法治需求比较迫切。早在1979年，全国人大就通过了《中华人民共和国中外合资经营企业法》，1982年的《中华人民共和国宪法》明确规定外资及中外合资企业的合法权利和利益受到法律保护。随后实施了《中华人民共和国中外合资经营企业所得税法》（1980年9月）、《中华人民共和国涉外经济合同法》（1985年7月）、《中华人民共和国外资企业法》（1986年4月）、《中华人民共和国中外合作经营企业法》（1988年4月）等法律，为保障“三资企业”权益和对外经济合作奠定了初步法治基础。1987年通过的《中华人民共和国海关法》、1989年通过的《中华人民共和国进出口商品检验法》，加强了海关监督管理，促进了对外经济贸易和科技文化交往。个体私营经济的成长为我国经济增长、就业创造和居民收入增长作出了重要贡献，对它们的法治支撑在不断强化。1982年通过的《中华人民共和国宪法》明确允许个体经济的存在，并且提出，“国家保护公民的合法的收入、储蓄、房屋和其他合法财产的所有权”；1988年通过的《中华人民共和国宪法修正案》明确了私营经济的法律地位——“私营经济是社会主义公有制经济的补充”，1980年通过的《中华人民共和国个人所得税法》、1986年通过的《中华人民共和国民法通则》等相关法律，都有明确保障私营经济发展的条款。

[1] 邓小平：《邓小平文选》第二卷，人民出版社，1994，第146—147页。

1981年通过的《中华人民共和国经济合同法》、1982年通过的《中华人民共和国商标法》和《中华人民共和国食品卫生法（试行）》、1984年通过的《中华人民共和国专利法》、1986年通过的《中华人民共和国民法通则》、1987年通过的《中华人民共和国土地管理法》和《中华人民共和国技术合同法》等法律为产权保护和契约实施提供了法治初步保障。

党的十四大正式提出了社会主义市场经济的改革目标，这是我们党改革理论和实践的一次重大突破。与此相适应，我国法治建设有了更加清晰的目标，开始迈向与现代市场经济具有内在逻辑一致性的法治体系。1993年通过的《中华人民共和国宪法修正案》写入了“国家实行社会主义市场经济”，并以此为基础开始完善适应社会主义市场发展要求的配套法律法规体系。1997年党的十五大首次明确提出了“依法治国，建设社会主义法治国家”目标。1999年通过的《中华人民共和国宪法修正案》则把依法治国写入宪法：“中华人民共和国实行依法治国，建设社会主义法治国家。”这是中国特色社会主义法治化进程的重要里程碑。法治意味着依据法律法规进行国家治理，法律具有至高无上的权威，任何个人及组织，包括政党、政府以及其他社会组织，都要在法律规定的范围内行事，这与人治截然不同。

党的十四大以后，我国的法治化进程开始加速。在基本经济制度方面，1999年通过的《中华人民共和国宪法修正案》规定，“坚持公有制为主体、多种所有制经济共同发展”，“坚持按劳分配为主体、多种分配方式并存的分配制度”，非公有制经济定位则从“补充”变为“社会主义市场经济的重要组成部分”，“国家保护个体经济、私营经济的合法的权利和利益”。2004年通过的《中华人民共和国宪法修正案》增加了“国家鼓励、支持和引导非公有制经济的发展”，并将保护公民合法财产所有权修改为“公民的合法的私有财产不受侵犯”，强化了对私有产权的法律保护。相应地，对非公有制经济的产权保护也从原来侧重于个人财产转向私人投资形成的广泛产权。2007年通过的《中华人民共和国物权法》规定，保障一切市场主体的平等法律地位和发展权利。2008年通过的《中华人民共和国企业国有资产法》提出加强对国有资产的产权保护。

现实的经济运行以企业为载体，公司制是市场经济中企业的重要组织形式，构成经济运行的微观基础，但对正式的法律制度有较高要求。1993年通过的《中华人民共和国公司法》经多次修改，成为保障现代企业制度的重要法律手段，为完善公司治理提供了初步的法律依据。国有企业以《中华人民共和国公司法》颁布为契机，通过改革开始向产权清晰的规范市场主体转变，开始转向与其他类型企业处于同等法律地位。2006年通过的《中华人民共和国企业破产法》则为规范企业破产和实现有序退出提供了法律依据。

市场经济要求要素市场的发育和要素的自由流动，以实现市场机制资源配置的功能，而法治是要素市场运行的重要制度支撑。对于金融市场，1995年通过了《中华人民共和国商业银行法》和相关法规，规范了商业银行行为，促进了信贷市场发展。1995年通过的《中华人民共和国保险法》规范了保险市场。1998年通过的《中华人民共和国证券法》及其后续修订，以及2003年通过的《中华人民共和国证券投资基金法》等，对保护投资者合法权利、规范证券发行和交易行为、促进资本市场发展起到了保障作用。金融业不同于各类实体企业和现货交易，契约形式更加复杂，潜藏的不确定性和风险更大，只有完善的法治环境，才能保证现代金融市场的有序和稳健发展，实现金融作为现代经济血液的功能。对于土地市场，1994年通过的《中华人民共和国城市房地产管理法》，1998年修订和2004年修正的《中华人民共和国土地管理法》，对土地征收和有偿使用，以及土地市场交易提供了初步的法律依据，对我国城市房地产开发与交易，以及居民居住条件改善和房产持有起到了重要的推动作用。知识日益成为一种重要的生产要素，1990年通过《中华人民共和国著作权法》，1993年通过《中华人民共和国科学技术进步法》，以及修正后的《中华人民共和国专利法》和《中华人民共和国商标法》等，初步形成了知识产权法律体系。在调节劳动关系上，1992年通过的《中华人民共和国工会法》，1994年通过的《中华人民共和国劳动法》，1996年通过的《中华人民共和国职业教育法》，2007年通过的《中华人民共和国劳动合同法》和《中华人民共和国劳动争议调解仲裁法》等，对于促进劳动力的流动和合理配置、保护劳动者的合法权利提供了重要的法律保障。

现代市场经济要求维护市场的公平竞争，建立正常的市场秩序。党的十四大以后通过的法律法规加大了维护市场秩序的力度。1993年通过的《中华人民共和国反不正当竞争法》《中华人民共和国消费者权益保护法》和《中华人民共和国产品质量法》，以及2007年通过的《中华人民共和国反垄断法》，2009年通过的《中华人民共和国侵权责任法》等都是这方面的重要法律。1994年通过的《中华人民共和国广告法》，1999年通过的《中华人民共和国合同法》，1985年通过的《中华人民共和国涉外经济合同法》和1987年通过的《中华人民共和国技术合同法》，2009年通过的《中华人民共和国食品安全法》等，为规范市场交易秩序提供了比较系统和清晰的法律体系。

2001年加入世界贸易组织推动了我国经贸领域法律法规与国际通行规则的接轨。加入世界贸易组织本身就是由签署一系列文件构成的，这些承诺具有法律效力。加入世界贸易组织不仅是一个经贸问题，更是一个法律问题。世界贸易组织基本规则包括最惠国待遇、国民待遇、透明度、市场准入和例外原则，这与我国全面深化改革，建立统一有序、开放透明的市场经济体制的方向是一致的。为达到世界贸易组织标准，我国在加入世界贸易组织之前就修订了大量与世界贸易组织要求不符的法律法规[1]，之后又进一步完善，这些法律体系涵盖商品和服务贸易、投资和知识产权保护等诸多领域。可以说，加入世界贸易组织助推我国经济法治化进程。

党的十八大以来，中国特色社会主义进入了新时代，法治建设更加强调系统性、整体性和协同性。党的十八大报告提出，“全面推进依法治国”“法治是治国理政的基本方式”。2014年习近平在中央财经领导小组第七次会议上指出：“抓紧修改完善相关法律法规，尽快完成促进科技成果转化法的修订，加快标准化法、

[1] 张德霖主编《中国加入WTO经济法律调整概览》，法律出版社，2002。

反垄断法、公司法以及知识产权保护等方面的法律法规修订工作，研究制定商业秘密保护法、职务发明条例、天使投资条例等。”[1]党的十八届四中全会通过了《中共中央关于全面推进依法治国若干重大问题的决定》，提出了建设社会主义法治国家总目标：“形成完备的法律规范体系、高效的法治实施体系、严密的法治监督体系、有力的法治保障体系，形成完善的党内法规体系，坚持依法治国、依法执政、依法行政共同推进，坚持法治国家、法治政府、法治社会一体建设，实现科学立法、严格执法、公正司法、全民守法，促进国家治理体系和治理能力现代化。”要“加强重点领域立法……加快完善体现权利公平、机会公平、规则公平的法律制度”。党的十九大报告进一步提出，“以良法促进发展、保障善治”。2019年，习近平总书记进一步强调，“改革开放越深入越要强调法治”[2]。这些重要论述都有力推动了我国市场经济体制的法治基础建设。

党的十八大以来颁布实施了一批关于社会主义市场经济制度基础的重要法律法规和政策。2016年颁布了《中共中央 国务院关于完善产权保护制度依法保护产权的意见》，指出产权制度是社会主义市场经济的基石，“形成了归属清晰、权责明确、保护严格、流转顺畅的现代产权制度和产权保护法律框架”。2019年修订了《中华人民共和国证券法》，引入集团诉讼制，以加强对投资者产权的保护；修正了《中华人民共和国土地管理法》，对农村宅基地管理和集体经营性土地入市作了新规定，删除了原来“入市土地必须是国有土地”的相关条款；通过了《中华人民共和国外商投资法》，以取代原来的《中华人民共和国中外合资经营企业法》《中华人民共和国外资企业法》和《中华人民共和国中外合作经营企业法》，成为适应新时代构建开放型经济新体制需要的统一的外资基础性法律。2020年先后发布《〈反垄断法〉修订草案（公开征求意见稿）》和《关于平台经

[1] 中共中央文献研究室编《习近平关于科技创新论述摘编》，中央文献出版社，2016。

[2] 习近平：《完善法治建设规划提高立法工作质量效率 为推进改革发展稳定工作营造良好法治环境》，《人民日报》2019年2月26日第1版。

济领域的反垄断指南（征求意见稿）》，对数据收集使用管理、消费者权益保护作了规定。《中共中央关于制定国民经济和社会发展第十四个五年规划和二〇三五年远景目标的建议》多处涉及法治建设，如贸易、境外投资、中小微企业、绿色发展等，充分体现了全面依法治国的要求。值得一提的是，2020年通过了《中华人民共和国民法典》，取代原来的民法通则、合同法、担保法、物权法、侵权责任法、民法总则等诸多经济方面的立法，成为社会主义市场经济的一部基础性综合法律。

从总体看，改革开放以来，我国的法治化水平不断提高。根据世界银行全球治理指数数据库资料，中国的法治指数自1996年以来总体呈上升趋势，从33.67上升到2018年的40.08（指数越高，表明法治状况越好）。特别是2012年以来，法治指数一直保持着上升趋势。不过，这样的指数在全球排名仍然靠后，现有的法治水平还不足以为现代市场经济提供坚实的法治基础。奠定坚实的法治基础，已成为完善社会主义市场经济体制和迈向现代市场经济的关键。世界银行和国务院发展研究中心联合课题组把市场、法治、社会价值观和高道德标准建设作为中国迈向2030年新战略的一个重要方面，指出："必须捍卫法治。……如果执法标准在部门、地区、实体甚至个人之间存在差异，不仅会打击创新并降低经济效率，而且可能使人们感觉社会不公。当合同纠纷出现时，无论纠纷发生在私人之间或私人与政府之间，纠纷各方不仅可以获得法律求助，而且应该享有一个透明有效、执法时不畏权势并不偏不倚的司法制度。"[1]

[1] 世界银行和国务院发展研究中心联合课题组：《2030年的中国》，中国财政经济出版社，2013，第22页。

# 第二节

## 构建法治政府

社会主义市场经济需要更好发挥政府的作用。因为，市场机制的运转需要一系列相关制度的支持，包括产权保护和契约执行、解决外部性问题和维持市场秩序等。而为了更好地履行诸如此类的职责，政府需要拥有强制力。拥有强制力是政府有别于其他行为主体的重要特征，也是政府力量的源泉所在。但是，如果政府的强制力不能受到有效制约，它就会偏离初衷，出现各种越权、错位和滥权行为，比如各种不合理约束、管制，甚至掠夺行为，这反过来又会极大地损害产权，阻挠竞争，干扰经济和社会秩序，抑制创新和经济活力。政府需要拥有强制力，以保证国家能力，但这种强制力又有可能被滥用，这就是政府权力所面临的“两难”困境。解决这一困境的根本出路在于法治，即将政府的权力和责任置于法律的框架之内。正如习近平总书记所指出的，“权力是一把双刃剑，在法治轨道上行使可以造福人民，在法律之外行使则必然祸害国家和人民。把权力关进制度的笼子里，就是要依法设定权力、规范权力、制约权力、监督权力”[1]。因此，基于法治视角，对于政府而言，法无授权不可为，法定职责必须为，有权必有责；而对于市场主体而言，则法无禁止皆可为。依据法治精神来处理政府与市场关系，二者的界限就非常清晰，这样既能发挥市场在资源配置中的决定性作用，又能充分发挥政府的作用。从这种意义上讲，有效政府必然是法治政府，法治政府是市场经济法治化的核心。

把政府建设成“有限、廉洁、透明、高效、基于法治运行的现代政府”[2]，关

[1] 中共中央文献研究室编《习近平关于全面依法治国论述摘编》，中央文献出版社，2015，第37页。

[2] 世界银行和国务院发展研究中心联合课题组：《2030年的中国》，中国财政经济出版社，2013，第20页。

键是依法行政。依法行政，建立起法治政府，首先要实现政府职能的根本转变，使政府履行的职能与现代市场经济的内在逻辑相一致。市场经济清晰地区分了公权与私权的范围，这也是市场经济在法律上的要求，政府退出对私权领域的直接干预，转为保障私权，规范公权，因此政府职能转变要在法治的范围内进行。其次，做到有法必依。法治是政府的刚性约束，保证政府在法律界限内行动，做到执法必严、违法必究。“各级政府必须依法全面履行职能，坚持法定职责必须为、法无授权不可为，健全依法决策机制，完善执法程序，严格执法责任，做到严格规范公正文明执法。”[1]再次，对政府行为实行有效监督。政府的行政行为可能会存在缺位和越位，因此需要通过法律设置监督政府的机构和司法制度，这些监督机构和司法制度本身也在法律授权的范围内运行，监督政府的制度性保障依然要符合法治原则。

第一，切实转变政府职能是迈向法治政府的第一步。

法治政府必须是“职能科学、权责法定、执法严明、公开公正、廉洁高效、守法诚信”[2]的政府。职能科学和权责法定是建立法治政府的关键。习近平总书记指出：“既要重视通过制定新的法律法规来固定转变政府职能已经取得的成果，引导和推动转变政府职能的下一步工作，又要重视通过修改或废止不合适的现行法律法规为转变政府职能扫除障碍。”[3]随着改革的推进，与社会主义市场经济相适应的政府职能慢慢清晰化了，但这还不够，还需要通过法治进一步把它们固定下来。比如，宏观调控中的货币政策调控职能，需要通过《中华人民共和国中国人民银行法》固定下来，借助法律赋予中国人民银行在国务院领导下独立制定和执行货币政策的职权，这就为消除财政赤字货币化和建立货币信用提供了法治支撑；再如，国有资产管理者职能需要通过《中华人民共和国企业国有资产法》固定下来，赋予国有资产监督管理机构代表同级人民政府履行国有资本出资人职责；又如，在弥补市

---

[1] 中共中央文献研究室编《习近平关于全面依法治国论述摘编》，中央文献出版社，2015，第61页。

[2] 同上书，第60页。

[3] 中共中央文献研究室编《习近平关于社会政治建设论述摘编》，中央文献出版社，2017。

场外部性方面，政府的生态保护职能要通过《中华人民共和国环境保护法》等法律固定下来，这样才具有刚性约束。

我国政府职能转变的总方向是从计划经济时代的管理型政府转变为社会主义市场经济下的服务型政府，政府重在为市场主体服务，以及创造良好的发展环境。党的十六届六中全会《中共中央关于构建社会主义和谐社会若干重大问题的决定》提出，“建设服务型政府，强化公共服务和社会管理职能”。服务型政府与法治政府之间存在内在联系[1]。建设服务型政府需要强化政府公共服务职能，这就要求政府公开、公正、透明和高效廉洁，而这些只有通过法治化的方式才能实现。党的十八届三中全会《中共中央关于全面深化改革若干重大问题的决定》指出，“必须切实转变政府职能，深化行政体制改革，创新行政管理方式，增强政府公信力和执行力，建设法治政府和服务型政府”，将法治政府与服务型政府紧密联系在一起，说明二者具有互通性和统一性。

第二，营造法治化营商环境。

新时代建设法治政府的一个重要着力点是营造法治化的营商环境。法治是最好的营商环境。只有通过法治，才能真正厘清公权与私权边界、政府与市场边界，确保市场主体的经营自主权。习近平总书记指出，要“加大转变政府职能力度，把工作重点转向营造公平竞争市场环境、保护生态环境、支持创新等，增强经济发展动力和活力”[2]。

改革开放以来，政企关系转变的方向是政府退出对企业微观经济的干预，实现政企分开。但迄今为止，政府仍可以通过频繁的行政审批影响企业的创办和发展。过多、不透明、不规范的行政审批伤害了企业的主体地位，也容易给各类寻租活动开方便之门。市场准入负面清单制度是行政审批改革的方向。习近平总书记指出：

[1] 温国庆：《法治政府与服务型政府关系辨析》，《人民论坛》2014年第35期。

[2] 中共中央文献研究室编《习近平关于社会主义经济建设论述摘编》，中央文献出版社，2017，第57页。

“推进法治政府建设，大幅减少行政审批事项，非行政许可审批彻底终结，建立政府权力清单、负面清单、责任清单，规范行政权力。”[1]市场准入负面清单制度实际上是一种法律上的决定机制，法律是唯一的依据[2]。推行行政审批制度的法治化，以透明、可预期的法治来规定政府审批事项的范围和程序，必然意味着政府必须建立负面清单审批模式。负面清单之外的领域和项目，各类市场主体皆可自由和平等进入，“法无禁止皆可为”，这就为市场主体创造了一种透明、可预期的投资与交易环境。政府则从重视事前审批转变为强化事中事后监管，而政府监管的标准和规则也由法律决定。从2018年开始，国家发展改革委和商务部每年都会颁布《市场准入负面清单》，准入环节门槛不断降低，市场主体的自由度不断提升。在行政审批制度改革的基础上，国务院进一步推动“放管服”改革。“放管服”改革的核心在于减少乃至消除政府对市场的不当干预，同时强化应有监管和服务。

第三，以法治规范和制约行政权力。

法治的一个重要作用就是约束政府，即约束政府对经济活动的任意干预，这对于经济发展和国家治理效能至关重要。因为政府的权力天然大于企业和个人，政府拥有征税权、管理权、处罚权、禁止权，可以使用警察和军队，其他主体没有这些权力；而一旦拥有这些权力，政府对经济随意干预的倾向就往往很难自我抑制；当市场主体意识到政府的这种行为特征时，便不会有投资激励，或者只从事一些短平快的投资。究其原因，在政府权力和行为不受约束时，政府的政策或承诺就会变得不可置信，从而造成政府与市场双输的局面。反过来，通过法治对政府进行约束，政府就不能随意对经济进行干预，也不能随意限制经济活动，政策也不能朝令夕改，这时政府的政策或承诺就变得可置信，从而形成稳定的社会预期。在预期稳定的环境中，经济和社会主体就能够形成长期规划和行动方案[3]。

[1] 习近平：《加强党对全面依法治国的领导》，《求是》2019年第4期。

[2] 张淑芳：《负面清单管理模式的法治精神解读》，《政治与法律》2014年第2期。

[3] 钱颖一：《市场与法治》，《经济社会体制比较》2000年第3期。

钱颖一还对“以法治国”和“法治”加以区分。“以法治国”是政府以法律为工具来管制经济主体，但是政府不受法律的约束。“以法治国”下的政府可能是无限政府或随意干预的政府。与此相反，“法治”政府自身处在法律之下，受法律的约束，实际上是有限政府。“法治造就一个有限与有效政府。因此，法治是建设好的政府、好的市场经济的制度保障。”[1]

行政法在约束政府权力方面起着重要作用，包括组织法、公务员法、国家赔偿法、行政处罚法、行政强制法、行政许可法、行政程序法、行政公开法等。我国行政法建设已经取得了明显进展，1999年颁布了《国务院关于全面推进依法行政的决定》，2004年颁布了《全面推进依法行政实施纲要》，对政府的权力和责任作了制度性规定，推进了依法行政和法治政府建设。地方法治试验也是推进法治政府建设的一股重要力量，有助于地方根据实际情况补充完善中央层面的法律和其他政策文件[2]。党的十八届四中全会通过的《中共中央关于全面推进依法治国若干重大问题的决定》明确提出，“推进各级政府事权规范化、法律化，完善不同层级政府特别是中央和地方政府事权法律制度”。

权力监督是建设法治政府的途径之一。“把权力关进制度的笼子里，就是要依法设定权力、规范权力、制约权力、监督权力。”[3]建设法治政府，就要建立相互协调又相互制约的行政决策制度、执行制度、监督制度、评估和纠错制度。当政府行政行为出现偏差，如不作为或乱作为时，监督就显得非常重要。监督政府涉及多种机制的配合，包括党内监督、人大监督、民主监督、行政监督、司法监督、审计监督、社会监督、舆论监督。从大的方面来讲，对政府的监督包括内部监督和外部监督，前者是政府内部的垂直监督和水平监督，以确保各级政府机构依照法定权限

[1] 钱颖一：《市场与法治》，《经济社会体制比较》2000年第3期。

[2] 郑智航：《法治中国建设的地方试验——一个中央与地方关系的视角》，《法制与社会发展》2018年第5期。

[3] 中共中央文献研究室编《习近平关于全面依法治国论述摘编》，中央文献出版社，2015，第127页。

和规定程序进行决策和行使权力，后者由政府以外的组织及公民依法对政府权力和行为进行监督。作为重要的政府内部监督机构，2018年成立的国家监察委员会负责调查公职人员职务违法和职务犯罪，同年通过的《中华人民共和国监察法》为监察委员会不受行政机关、社会团体和个人的干涉，独立行使监察权提供法律依据。相比外部监督，内部监督主要是加强政府内部的权力制衡，具有成本低、反映快和效率高的特点，良好的内部监督机制能够有效降低监督政府运行的成本。

此外，在政府机关内部实行重大决策合法性审查和政务公开机制，防止重大决策的随意性和暗箱操作，也是法治政府建设的重要方面[1]。“要强化公开，推行地方各级政府及其工作部门权力清单制度，依法公开权力运行流程，让权力在阳光下运行，让广大干部群众在公开中监督，保证权力正确行使。”[2]权力清单和责任清单的公开透明，与市场准入负面清单管理制度相互映衬，能够起到规范政府权力的作用，也在很大程度上消除设租和寻租空间。此外，《法治中国建设规划（2020—2025年）》还提出了加强政务诚信建设，重点治理政府失信行为，加大惩处和曝光力度，助推法治政府建设。

在外部监督中，公民和组织运用行政诉讼法和行政复议法监督政府是一个重要途径，因此，完善的政府应诉制度十分重要。政府应诉制度的法治理念在于，不仅公民要守法，政府也要守法。“平等是社会主义法律的基本属性，是社会主义法治的基本要求。坚持法律面前人人平等，必须体现在立法、执法、司法、守法各个方面。”[3]公民和政府在法律面前是平等的，这与公民之间法律地位平等、经济主体之间法律地位平等，实质是一样的，共同构成市场经济的法治原则。1982年通过的《中华人民共和国宪法》第四十一条就规定，中华人民共和国公民“对于任何国家机关和国家工作人员的违法失职行为，有向有关国家机关提出申诉、控告或者检举

[1] 习近平：《关于〈中共中央关于全面推进依法治国若干重大问题的决定〉的说明》，《人民日报》2014年10月29日第2版。

[2] 中共中央文献研究室编《习近平关于全面依法治国论述摘编》，中央文献出版社，2015，第60页。

[3] 同上书，第29页。

的权利”。同年，《中华人民共和国民事诉讼法（试行）》第三条规定：“法律规定由人民法院审理的行政案件，适用本法规定。”这些法律条款为进行行政诉讼、维护公民权益打开了新局面。1989年通过的《中华人民共和国行政诉讼法》，填补了我国法治史的一项空白，是中国行政法治建设的重要里程碑。党的十四大之后，规范政府行政行为的法治建设取得明显进展，1999年通过了《中华人民共和国行政复议法》，实现了行政复议制度的规范化和法治化，是实施依法治国方略的一个重大举措。

# 第三节

## 以法治构建有效市场

在《国富论》中，亚当·斯密把市场机制比作“看不见的手”，在“看不见的手”的引导下，资源能够配置到最有利的领域和高效利用它们的人手中，进而实现社会财富和总体福利的增加。“各个人都不断地努力为他自己所能支配的资本找到最有利的用途。固然，他所考虑的不是社会的利益，而是他自身的利益，但他对自身利益的研究自然会或者毋宁说必然会引导他选定最有利于社会的用途”“在这场合，像在其他许多场合一样，他受着一只看不见的手的指导，去尽力达到一个并非他本意想要达到的目的”[1]。但是，市场经济实现资源的有效配置和高效利用，进而达到增加社会福利的目的，并不是一个自然而然的过程和结果，中间需要经过许多关键环节，法治就是其中一个至关重要的环节。

法治的一个重要作用就是约束“经济人”的行为，使其在追求自身利益的同时，不能损害交易方的利益、第三方利益或社会整体利益。不难想象，如果“经济人”的行为没有受到有效约束，就会出现强买强卖、操纵市场、虚假广告、劣质产品、垄断高价、违规排放等问题。从理论上讲，如果“经济人”的行为不受到有效约束，就会出现事后机会主义。当机会主义盛行时，许多交易就不能达成，人们之间就会出现严重的“不可信承诺”问题，造成“双输”或“多输”的局面。约束“经济人”的机制有三个：一是声誉。在重复博弈中，“经济人”顾及声誉，为求得未来交易机会或赢利机会，往往会选择遵守交易秩序，兑现承诺。二是社会非正式习俗，比如诚信文化。诚信作为社会普遍认同的价值观和行为准则，对人的行为会形成一定的约束。三是法治，即通过明确界定和保护产权、执行合同、维护公平

[1] 亚当·斯密：《国民财富的性质和原因的研究》下卷，商务印书馆，1988，第25页、第27页。

竞争、监管失范行为等来约束“经济人”行为，实现“可信承诺”，形成“双赢”或“多赢”的局面。在现代市场经济中，“人格化交易”所占的比例越来越小，经济活动早已超出了熟人或社区的圈子，“非人格化交易”成为普遍而重要的交易形式。在这种交易中，买卖双方不一定熟悉，甚至都不认识，这时，虽然声誉和诚信仍起作用，但它们对于维持大量的、复杂的交易是远远不够的，于是，法治的作用和重要性就显现出来了。因此，在现代市场经济中，法治是维持良好竞争秩序、规范交易行为，进而构建有效市场的基础。

法治之所以能够对市场的有效运行起到支撑和保障作用，归根到底，就是法治作为经济社会生活的基本规则和秩序，“对任何取得社会固定性和不以单纯偶然性与任意性为转移的社会独立性的生产方式来说，都是一个必不可少的要素”[1]。与以权代法和人治带来的规则混乱、变动不居和“黑箱操作”相比，法治具有统一性和透明性，能够给市场参与者和社会公众带来稳定的预期、更平等的权利和更自由的选择。法律之所以能够带来稳定的预期，重要原因在于法律是经由立法机关依立法程序制定的，是在罗尔斯所谓的“无知之幕”下形成的，再加上严格而公平的执法，法律便具有了权威性、连续性和稳定性。

法治对于构建有效市场的作用主要表现在以下三个方面：

第一，确保各类市场主体的平等地位。

马克思分析了商品经济中生产者的平等地位及其重要经济影响，指出商品经济打破了超经济强制，是地位平等的自由自愿的交换关系。“社会分工则使独立的商品生产者互相对立，他们不承认任何别的权威，只承认竞争的权威”[2]。正是基于这种平等交换关系和自由竞争关系，市场经济扩展了社会分工的范围，拓展了社会分工的深度，从而促进了生产力发展。可以说，市场经济的核心在于交易各方的地位平等和竞争公平，这些都需要法律的保障。如果说自然经济秩序主要依靠共同体

[1] 马克思：《资本论》第1卷，人民出版社，2004，第896页。

[2] 同上书，第412页。

内部的各种传统和非正式规则来维持，那么市场经济则需要法治来支撑，即“经济事实要以法律的形式获得确认”[1]。法律法规是一国之内通行的统一条文，各类市场主体都必须共同遵守。当市场冲破国界演变为世界市场时，相关法律法规甚至会越过国界，成为不同国家市场主体共同遵守的行为规范。

在我国，各类市场主体平等的法律地位不断在各种重要的法律法规和政策中重申。党的十八届三中全会通过的《中共中央关于全面深化改革若干重大问题的决定》提出，“保证各种所有制经济依法平等使用生产要素、公开公平公正参与市场竞争、同等受到法律保护”，各类市场主体“权利平等、机会平等、规则平等”；党的十九届四中全会通过的《中共中央关于坚持和完善中国特色社会主义制度　推进国家治理体系和治理能力现代化若干重大问题的决定》提出：“营造各种所有制主体依法平等使用资源要素、公开公平公正参与竞争、同等受到法律保护的市场环境。”在我国，有两类市场主体平等地位有待进一步重视和强化。一类是公有制经济与非公有制经济的平等地位。由于计划经济体制的惯性作用和根深蒂固的意识形态偏见，非公有制经济特别是私营经济还没有上升到与公有制经济平等的法律地位和经济地位，在执法裁决、司法判决、市场监管和政策待遇等方面，往往遭受歧视，处于被动、被挤压的地位。另一类是大企业与中小企业的平等地位。大企业由于市场上的优势而获得法律、监管和政策上的优势，中小企业的法律和政策诉求往往得不到公平的回应，处于事实上的不平等地位，但中小企业对于维持增长和就业，特别是创新都具有重要意义。

第二，法律确认和保护产权。

产权的法律确认和保护构成市场经济运行的基本条件和制度支撑。财产关系实际上是“生产关系的法律用语”，商品交换意味着交易者之间产权的让渡和转移，通过法律制度来明晰和保护产权，是推动商品和要素自由流动的基础。因此，有效

[1]　马克思、恩格斯：《马克思恩格斯选集》第4卷，人民出版社，1995，第253页。

的产权与契约制度也是现代经济增长的基础[1]，只有通过有效的产权保护和契约制度实施，人们才会有投资的激励和交易的愿望。

历史上，英国的崛起与它较早形成有效的产权保护制度密切相关。好的法律制度还可以通过降低市场交易成本而使市场得以出现，并通过减少现有市场运转的摩擦力，而使市场不至于失灵。在一些发展中国家，产权保护制度的缺失使信贷市场难以建立起来，财产无法进行抵押和实现投资功能，从而不能顺利进入经济循环过程，这严重抑制了经济增长。当然，在产权缺乏正式法律保护时，自发交易有时也会产生，但往往是以非正式经济的面目出现的，交易效率低下，市场经济的发展仿佛被扣着一层“钟罩”[2]。随着市场经济的发展，产权的权利束也会不断扩展，特别是从有形产权扩展到无形产权，例如知识和数据等无形资产的产权，因此，正式的法律确认和保护就越来越重要。同时，以非实物商品交易为主的现代服务业所占的比例会越来越大，契约的复杂程度和执行难度也随之不断提高，只有以法律制度为主的正式制度才能适应并推动市场经济向高级和成熟形态发展[3]。

第三，维持市场竞争秩序。

竞争是价值规律发挥作用和市场在资源配置中起决定性作用的基本机制[4]，市场竞争越充分，生产要素的流动性就越好，形成的价格就越能反映资源的稀缺性和使用成本以及潜在用途。不仅如此，竞争作为外在的强制规律，还会“迫使他的竞争者也采用新的生产方式”[5]，从而促进创新和技术进步。市场竞争如此重要，而维护市场竞争，法治须臾不可缺少。习近平总书记指出：“发挥市场经济固有规律的作用和维护公平竞争、等价交换、诚实守信的市场经济基本法则，需要法治上的

[1] 罗伯特·考特、托马斯·尤伦：《法和经济学》第5版，史晋川、董雪兵等译，格致出版社，2010，《前言》第1页。

[2] 赫尔南多·德·索托：《资本的秘密》，于海生译，华夏出版社，2007。

[3] 钱颖一：《市场与法治》，《经济社会体制比较》2000年第3期。

[4] 马克思：《资本论》第3卷，人民出版社，2004，第201页。

[5] 马克思：《资本论》第1卷，人民出版社，2004，第370页。

保障。”[1]党的十八届三中全会决定明确指出，“建设统一开放、竞争有序的市场体系，是使市场在资源配置中起决定性作用的基础”“清理和废除妨碍全国统一市场和公平竞争的各种规定和做法，严禁和惩处各类违法实行优惠政策行为，反对地方保护，反对垄断和不正当竞争”。党的十八届四中全会通过的《中共中央关于全面推进依法治国若干重大问题的决定》提出：“反对垄断，促进合理竞争，维护公平竞争的市场秩序。”

通过法治维护市场公平竞争秩序有两个着力点：

一是完善和强化实施《中华人民共和国反垄断法》（简称《反垄断法》）和《中华人民共和国反不正当竞争法》（简称《反不正当竞争法》）。

2007年全国人大通过了《反垄断法》，从2008年8月1日开始实施，这是我国竞争政策演进过程中的一个里程碑。《反垄断法》在法律层次上确立了竞争政策的基础地位，涉及维护和促进市场竞争的许多关键要素，学术界给予很高的评价，“从很多方面来说，中国的《反垄断法》都是一部高水准的法律，它处理了横向限制、纵向约束、并购以及滥用支配地位等竞争法的核心问题”[2]；标志着我国竞争政策“在商品、竞争、市场等多元素的推动下，从无到有，从弱到强，从分散到系统，终于以法律的名义，走上历史舞台”[3]。

《反垄断法》也有许多需要完善的地方，如《反垄断法》规定了多元化目标，包括反垄断、公平竞争、效率、消费者福利、社会利益和市场健康发展等，而这些目标的层次不同，甚至存在某种冲突，同时，竞争目标和非竞争目标混杂在一起，这些给行政执法机关留下了过大的自由裁量空间，也带来沉重的执法司法负担。再如，某些重要领域还没有纳入反垄断范围，如自然垄断领域的竞争环节和行政垄断领域，《反垄断法》的覆盖范围受到限制，等等。再则，《反垄断法》的执法司法力

---

[1] 习近平：《之江新语》，浙江人民出版社，2007，第203页。

[2] 威廉·科瓦西奇、林至人、德里克·莫里斯：《以竞争促增长：国际视角》，中信出版社，2017，第13页。

[3] 李青：《中国竞争政策的回顾与展望》，《中国价格监管与反垄断》2018年第7期。

度不够，许多垄断活动得不到有效阻止。

除了垄断以外，还存在许多扰乱市场竞争秩序、损害经营者或者消费者合法权益的不正当竞争行为，如商业欺诈、商业贿赂、虚假宣传、侵犯商业秘密等。这些都需要通过《反不正当竞争法》来加以遏制。我国《反不正当竞争法》于1993年制定实施，2017年进行了修订，2019年进行了修正。《反不正当竞争法》颁布实施近30年来，对维护市场竞争秩序、营造良好的营商环境发挥了重要作用。近年来，数字经济、互联网金融、人工智能、大数据、云计算等新技术、新应用快速发展，催生了一系列新模式和新业态。《反不正当竞争法》需要根据形势的发展加以完善，以覆盖上述新兴领域，解决这些领域不正当竞争行为认定难、查处难等问题，以良法善治保障新模式和新业态健康发展。

二是有效落实公平竞争审查制度。

公平竞争审查制度在我国具有特殊重要的意义。我国的市场经济是从计划经济走过来的，政府介入经济程度较深，干预范围较广，滥用行政权力和政策手段限制、排除和隔离竞争的可能性和空间较大，扭曲、限制、排除了市场竞争，干扰了市场机制发挥作用，如地方保护、区域封锁、行业壁垒、企业垄断、违法给予优惠等。如何防范政府借助手段措施乃至法律手段来限制和排除竞争就显得十分重要。2015年发布的《中共中央　国务院关于深化体制机制改革加快实施创新驱动发展战略的若干意见》提出“探索实施公平竞争审查制度”，2019年党的十九届四中全会决定提出“落实公平竞争审查制度”，2020年党的十九届五中全会提出“健全公平竞争审查机制”。公平竞争审查主要是对政府行将出台的有关市场准入、产业发展、招商引资、招标投标、政府采购、经营行为规范、资质标准等影响市场主体经济活动的政策、法规进行审查，以判断它们是否违背公平竞争原则。对于违背公平竞争原则的政策、法规，则需要根据竞争优先原则进行修改完善才能颁布实施。借助于公平竞争审查制度，就可以逐步建立起以竞争政策为基础的政府政策体系。

# 第四节

## 以法治保障人的自由全面发展

社会主义的崇高目标是实现人的自由全面发展。相对于自然经济和计划经济，市场经济意味着人的解放向前推进了一大步，因为市场经济促进了社会财富的增长，使社会更有可能迈向以人的自由全面发展为基本准则的社会形态。在市场经济中，人获得了相对自由的权利，包括经济社会生活中的民事权利和政治生活中的公民权利，而这些权利都需要依靠法治来保障。马克思指出，“彼此作为身份平等的商品占有者发生关系，……因此双方是在法律上平等的人”[1]“他们是作为自由的、在法律上平等的人缔结契约的。契约是他们的意志借以得到共同法律表现的最后的结果”[2]。市场经济承认人们具有法律上的平等地位，公民的人身权、财产权、基本政治权利等不受侵犯，以法治方式规定和实现公平正义的价值。市场经济是生产力发展不可逾越的阶段，也是实现人的自由全面发展不可逾越的阶段。社会主义市场经济是现代市场经济，同样需要权利、机会、规则的公平，这与法治的基本价值取向是完全一致的。

党的十八届五中全会提出了以人民为中心的发展思想，强调发展民主，维护社会公平正义。党的十九大提出社会主要矛盾已经转化为人民日益增长的美好生活需要和不平衡不充分的发展之间的矛盾，社会主义的生产目的是满足人民日益增长的美好生活需要。人的需要不是一成不变的，而是随着生产力发展和时间推移不断发展的。美国心理学家马斯洛在1943年发表的《人类激励理论》中将人类需要从低到高依次划分为五个层次，即生理需要、安全需要、社交需要、尊重需要和自我实现需要。这里，自我实现需要是指人们对道德、创造力、公平公正和自我价值实现的

[1] 马克思、恩格斯：《马克思恩格斯全集》第44卷，人民出版社，2001，第195页。

[2] 同上书，第204页。

追求，是人们在获得生存需要和享受需要的满足之后产生的更高层次的需要。中国特色社会主义进入新时代，人们的需要发生了一些重要变化。

第一，追求高品质的物质生活。一般性的产品和服务需要已经基本得到满足，人们转向追求产品和服务的性能、稳定性、安全性、便捷性、舒适性、环保标准及其所附着的精神方面的东西（如愉悦感、归属感、自我评价和社会评价等）。随着智能化时代的到来，人们开始注重产品的智能化、网络化和数字化，对智能产品和服务的需要已经被唤醒，并转化为快速增长的市场需求。

第二，追求良好的生态环境。随着人们对生活质量的要求越来越高，良好的生态环境已经成为人们的内在需要，新鲜空气、清洁水源、宜人气候、安全食品等已经成为人们选择的重要参数，并日趋内化为人们的价值判断。

第三，追求公平。公平是人最深沉的价值追求，内嵌于人的基因。机会公平是现代市场经济中公平的核心要素。如果机会是开放和公平的，由此带来的竞争结果就可以被视为符合公平原则，人们也能在较大程度上认可和接受这种结果。

第四，追求社会参与和政治参与。马克思认为，人本质上是“一切社会关系的总和”[1]“社会关系实际上决定着一个人能够发展到什么程度”[2]。人追求社会参与和政治参与可视为人的“一种内在的、无声的和把许多个人自然联系起来的”“类”本质。追求社会参与和政治参与包含道德、自由、尊严、公平、民主等诸多因素，属于精神层面的需要。党的十九大在描述人民日益增长的美好生活需要时就已经指出了这些方面的需要：“人民美好生活需要日益广泛，不仅对物质文化生活提出了更高要求，而且在民主、法治、公平、正义、安全、环境等方面的要求日益增长。”

与较低层次的需要相比，高层次需要的满足对社会的法治水平提出了更高的要求。高层次需要不仅要通过推进经济的高质量发展来逐步满足，更要通过法治建设

[1] 中共中央马克思恩格斯列宁斯大林著作编译局编译《马克思恩格斯文集》第1卷，人民出版社，2009，第501页。

[2] 马克思、恩格斯：《马克思恩格斯全集》第3卷，人民出版社，1960，第295页。

奠定牢固的根基，良法善治是满足高层次需要的根本保证。习近平总书记指出："解决制约健康发展的种种问题，……解决人民最关心的教育、就业、收入分配、社会保障、医药卫生、住房等方面的突出问题，解决促进社会公平正义……都需要密织法律之网，强化法治之力。"[1]

在保障人民群众对美好生活的追求层面，已经有了一些法治基础。从立法上看，1995年通过和2015年修正的《中华人民共和国教育法》，2007年通过的《中华人民共和国就业促进法》，2010年通过的《中华人民共和国社会保险法》，1980年通过和2018年修正的《中华人民共和国个人所得税法》，2013年修正的《中华人民共和国消费者权益保护法》，2014年修订的《中华人民共和国环境保护法》，2009年通过和2018年修正的《中华人民共和国食品安全法》，2019年通过的《中华人民共和国基本医疗卫生与健康促进法》等，为人民生活品质提升、人的能力发展、人的权利保障和社会成员共同富裕等提供了比较全面的法律保障，体现出我国法治建设在向深层次逐步推进。

实现人的自由全面发展，还涉及立法和司法环节。立法的根本目的是反映人民意愿，良法是法治建设的第一个环节，是依法治理的起点。"要抓住提高立法质量这个关键，深入推进科学立法、民主立法，完善立法体制和程序。"[2]2000年通过和2015年修正的《中华人民共和国立法法》，明确了立法应当体现人民的意志，保障人民通过多种途径参与立法活动。保障人民参与到立法过程中来，将人民群众的需求与希望尽可能纳入立法过程，将民意转化为法律，既是善治的基础和保证，也是人的内在需要本身。

执法和司法是维护社会公平正义的最后一道防线。"人民群众对美好生活的向往更多向民主、法治、公平、正义、安全、环境等方面延展。……必须牢牢把握社

---

[1] 中共中央文献研究室编《习近平关于全面依法治国论述摘编》，中央文献出版社，2015，第10—11页。

[2] 同上书，第47页。

会公平正义这一法治价值追求，努力让人民群众在每一项法律制度、每一个执法决定、每一宗司法案件中都感受到公平正义。”[1]法治不能仅仅停留在立法或法律文本上。从理论上讲，一个国家的法律可以简单地照抄他国的法律，但执法和司法则完全是另一回事。因此，保障有法必依，执法和司法公正才能最终使法治落到实处。现实也证明，执法和司法比立法难度更大，存在的问题更突出。可见，深入推进执法和司法体制改革、确保执法和司法公正、消除执法和司法地方保护主义和腐败带来的消极影响[2]，是建立现代市场经济体制的基础性工作。

[1] 习近平：《加强党对全面依法治国的领导》，《求是》2019年第4期。

[2] 陈刚、李树：《司法独立与市场分割——以法官异地交流为实验的研究》，《经济研究》2013年第9期。

CHAPTER10

# 第十章

## 市场机制的魔力推动中国经济：创造让世人惊叹的长期增长奇迹

改革开放40多年来，中国实现了持续高速经济增长，创造了世界经济增长奇迹，经济结构不断优化，人民收入水平不断提高，生活质量不断改善，到2020年消除绝对贫困，全面建成小康社会。中国经济增长奇迹的根本原因是不断变革不适合生产力发展的生产关系，持续推进市场化改革，激发了经济增长的内生动力和社会财富的源泉。同时，政府职能不断优化，经济增长的基础条件不断改善，宏观环境保持基本稳定。党的十八大以来，我国经济已开始由高速增长阶段转向高质量发展阶段，所以在保持经济较快增长的同时，要不断提高经济增长的质量和效益，就需要推动经济发展实现质量变革、效率变革、动力变革，提高全要素生产率。

# 第一节

## 中国经济增长奇迹

党的十一届三中全会开启改革开放的历史大幕，也开启了中国经济起飞和快速发展的历史新征程。改革开放后，除个别年份波动较大外，中国经济总体上保持了持续高速发展的态势，中国从一个贫穷落后的欠发达国家，跃升成为中高收入国家。这极大地提升了国家的综合国力和国际地位，改善了人民的生活，创造了举世瞩目的“中国奇迹”。

改革开放伊始的1978年，中国人均GDP仅为当时世界平均水平的7.9%。1956年以后实际人均GDP年均增速仅为3.4%，明显落后于日本、韩国、新加坡、马来西亚、泰国等周边国家和中国香港、中国台湾地区。人民生活水平提升的速度较之实际人均GDP增速更为缓慢，全国居民人均消费支出占人均GDP的比重由1957年的56.0%降至1978年的39.2%，无论城镇还是农村，均显著存在这一现象。全国居民普遍处于“蜗居”状态，城镇居民人均住房建筑面积和农村居民人均住房建筑面积分别只有6.7平方米和8.1平方米。农村尚有30.7%的人口（2.5亿人）未能解决温饱问题，97.5%的人口（7.7亿人）处于贫困状态（见表10-1）。

表10-1 1978年国民经济与人民生活水平各项指标

| 人均GDP/元 | 人均GDP与世界平均水平之比/% | 1957—1978年实际人均GDP年均增速/% | 全国居民人均消费支出/元 | 全国居民人均消费支出与人均GDP之比/% | 1957年全国居民人均消费支出与人均GDP之比/% |
|---|---|---|---|---|---|
| 385 | 7.9 | 3.4 | 151.0 | 39.2 | 56.0 |
| 城镇居民人均消费支出/元 | 城镇居民人均消费支出与人均GDP之比/% | 1957年城镇居民人均消费支出与人均GDP之比/% | 农村居民人均消费支出/元 | 农村居民人均消费支出与人均GDP之比/% | 1957年农村居民人均消费支出与人均GDP之比/% |
| 311.2 | 80.8 | 132.1 | 116.1 | 30.1 | 42.2 |
| 城镇居民人均住房建筑面积/平方米 | 农村居民人均住房建筑面积/平方米 | 未解决温饱问题的农村人口数量/亿人 | 未解决温饱问题的人口占农村人口的比重/% | 农村贫困人口数量/亿人 | 贫困人口占农村人口的比重/% |
| 6.7 | 8.1 | 2.5 | 30.7 | 7.7 | 97.5 |

资料来源：根据《新中国六十年统计资料汇编》、《中国统计年鉴2017》、世界银行数据库的相关数据整理。

改革开放推动了中国经济的强劲增长。1978年到21世纪的头10年，中国经济高速增长。按不变价格计算，1979—2012年，我国GDP年均增长率为9.8%，1991—2012年达到10.3%。1993年，世界银行出版了一份长达500页的研究报告：《东亚奇迹——经济增长与公共政策》[1]，阐述了日本、新加坡、韩国、印度尼西亚、马来西亚、泰国等国家和中国香港、中国台湾地区的经济成就及其成功的原因。随后，1994年林毅夫、蔡昉和李周出版了《中国的奇迹：发展战略与经济改革》，提出了“中国奇迹”[2]。图10-1是基于人均GDP的比值对中国经济增长奇迹的直观刻画。由图可见，中国的人均GDP相对于世界平均水平、高收入国家、中高收入国家以及自身所处的东亚与太平洋地区和同为转型经济体的俄罗斯和中东欧国家，均表现出

[1] 世界银行工作人员编《东亚奇迹——经济增长与公共政策》，财政部世界银行业务司译，中国财政经济出版社，1995。

[2] 林毅夫、蔡昉、李周：《中国的奇迹：发展战略与经济改革》，上海三联书店、上海人民出版社，1994。

显著的快速上升趋势，这在1992年确立社会主义市场经济改革目标之后表现得尤为突出。改革开放之初，中国的人均GDP仅相当于世界平均水平的7.9%，是当时世界上最贫穷的国家之一，2016年提高到79.70%，是改革开放之初的10倍，且高于中高收入国家的平均水平。东欧剧变之初，中国的人均GDP仅相当于俄罗斯的9.12%和中东欧国家的13.73%，2016年则分别达到92.85%和63.76%。世界银行的一份研究报告显示，第二次世界大战以来，许多国家和地区都经历过一段时间的快速增长，但只有25个经济体在25年或更长的时间内维持了年均7%及以上的增长[1]。可见，保持经济长期快速增长是很不容易的。

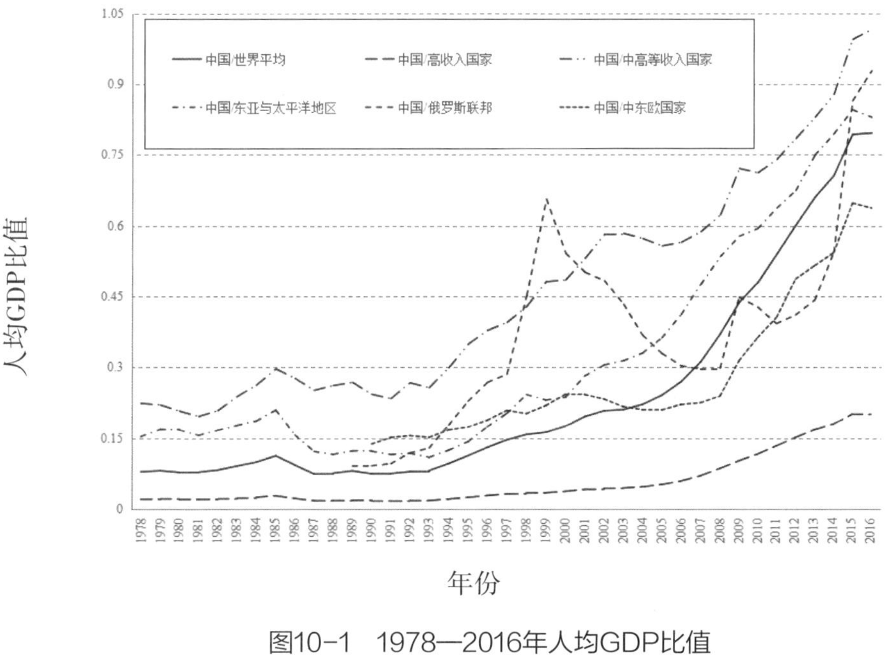


图10-1　1978—2016年人均GDP比值

资料来源：世界银行数据库。

因此，无论从纵向对比还是从横向对比看，改革开放以来，中国经济都取得了骄人的增长业绩。

[1]　25个经济体包括博茨瓦纳、巴西、印度尼西亚、日本、韩国、马来西亚、马耳他、阿曼、泰国及中国内地（大陆）、中国香港、中国台湾等。

中国经济在保持高速增长的同时，经济结构也在不断改善。如表10-2所示，从产业结构来看，改革开放起始的1978年，包括采矿业、制造业、建筑业以及电力、热力、燃气及水的生产和供应业在内的第二产业占绝对主导地位，产值占GDP的47.7%，而第一产业产值占27.7%，第三产业产值占24.6%，呈现了“二一三”产值结构。2012年，第三产业产值占GDP的比例提高到45.5%，第二产业产值占比降到45.4%，第一产业产值占比为9.1%，第三产业产值占比首次超过第二产业，呈现出“三二一”产业结构。有学者认为，2012年以后我国产业结构已经呈现出后工业化产业结构特征[1]。2018年，第一产业产值占GDP的比例为7.2%，第二产业产值占比为40.7%，第三产业产值占比为52.2%。

表10-2　1978—2018年我国产值和劳动力的产业分布

| 年份 | 产值占GDP的比例/% | | | 劳动力占劳动力总量的比例/% | | |
|---|---|---|---|---|---|---|
| | 第一产业 | 第二产业 | 第三产业 | 第一产业 | 第二产业 | 第三产业 |
| 1978 | 27.7 | 47.7 | 24.6 | 70.5 | 17.3 | 12.2 |
| 1981 | 31.3 | 46.0 | 22.7 | 68.1 | 18.3 | 13.6 |
| 1986 | 26.6 | 43.5 | 29.8 | 60.9 | 21.9 | 17.2 |
| 1991 | 24.0 | 41.5 | 34.5 | 59.7 | 21.4 | 18.9 |
| 1996 | 19.3 | 47.1 | 33.6 | 50.5 | 23.5 | 26.0 |
| 2001 | 14.0 | 44.8 | 41.2 | 50.0 | 22.3 | 27.7 |
| 2003 | 12.3 | 45.6 | 42.0 | 49.1 | 21.6 | 29.3 |
| 2006 | 10.6 | 47.6 | 41.8 | 42.6 | 25.2 | 32.2 |
| 2011 | 9.2 | 46.5 | 44.3 | 34.8 | 29.5 | 35.7 |
| 2012 | 9.1 | 45.4 | 45.5 | 33.6 | 30.3 | 36.1 |
| 2016 | 8.1 | 40.1 | 51.8 | 27.7 | 28.8 | 43.5 |
| 2017 | 7.6 | 40.5 | 51.9 | 27.0 | 28.1 | 44.9 |
| 2018 | 7.2 | 40.7 | 52.2 | 26.1 | 27.6 | 46.3 |

资料来源：国家统计局《中国统计年鉴2019》，中国统计出版社，2019年版。

与产值分布的变化相对应，劳动力在三次产业中的分布也发生了显著的变化。改革开放初期，我国劳动力主要分布在第一产业，分布在第一产业的劳动力占劳动

[1]　干春晖、王强：《改革开放以来中国产业结构变迁：回顾与展望》，《经济与管理研究》2018年第8期。

力总量的70.5%，分布在第二产业和第三产业的劳动力占比分别为17.3%和12.2%，二者之和不到30%。随着产业结构的变动和经济机会的逐步开放，第一产业的劳动力大规模向第二产业和第三产业转移。21世纪头20年是我国就业结构的转折期，2003年第一产业的劳动力占比下降到50%以下，2011年第三产业的劳动力占比超过第一产业，2016年第二产业和第三产业的劳动力占比都超过了第一产业。2018年，第一产业劳动力占比为26.1%，第二产业劳动力占比为27.6%，第三产业劳动力占比为46.3%。

改革开放40多年来，我国城市化水平有明显提高，“实现了从乡土中国到城乡中国的历史转变”[1]。1978年我国的城市化水平为17.9%，2018年上升到59.58%，接近60%。1979—1995年，我国城市化速度每年提升0.7个百分点，1995年之后，城市化速度每年提高1.3—1.5个百分点。总体看，1978—2018年，我国城市化速度每年提升1个百分点以上。2018年我国城市数量为668个，100万以上人口城市达到40个，50万—100万人口城市53个，20万—50万人口城市218个，20万以下人口城市也发展到377个。可以说，“1978年后的城市化是中国历史上从没有过的重大事件，是中国发展的奇迹，也是人类历史上最大规模的城乡人口流动”[2]。城市化水平的提升，使人们的生产方式、生活方式、交往方式、信息流动、创新机制和经济增长动力都发生了重大变化，经济和社会的现代化水平向前迈出了一大步。

经济快速增长和经济结构优化使人们的收入水平和生活质量得到大幅度提高。1978年，全国居民人均可支配收入为171.2元，2019年增至30732.8元，增长了178.5倍。居民耐用消费品不仅消费量大幅度增加，消费结构也发生了实质性变化，标志着居民生活质量和品位的提升。2019年，平均每百户家庭家用汽车、空调、热水器、移动电话、计算机的拥有量分别为35.3辆、115.6台、86.9台、253.2部、53.2台。居民用于休闲和自我发展的支出和时间也明显增加了。2019年，人均教育文化

[1] 踪家峰、林宗建：《中国城市化70年的回顾与反思》，《经济问题》2019年第9期。

[2] 同上。

娱乐支出为2513元，占人均消费支出的13.3%。《2018年全国时间利用调查公报》显示，2018年全国居民劳动平均时间为4小时24分钟，比改革开放初期大幅度减少，而个人自由支配时间为3小时56分钟，明显增加了。恩格尔系数是描述居民生活质量的一个有参考价值的指标。如表10–3所示，改革开放以来，我国城乡居民的恩格尔系数总体呈下降趋势，表明城乡居民生活质量稳步提高。根据联合国粮农组织恩格尔系数的划分标准：59%以上为绝对贫困，50%—59%为温饱，40%—49%为小康，30%—39%为富裕，30%以下为最富裕。依据此标准，改革开放初期，我国城镇居民处于绝对贫困的边缘，农村居民处于绝对贫困状态；20世纪80年代到90年代中期，我国城乡居民先后进入温饱阶段，解决了最基本的生活需求；21世纪头10年城乡开始进入小康，日常生活逐渐宽裕；2010年前后开始迈向富裕，2020年全面建成小康社会，实现“两个一百年”奋斗目标的第一个百年奋斗目标，继而开启全面建设社会主义现代化国家新征程。

表10–3　1978—2019年我国城乡居民恩格尔系数

| 年份 | 城镇居民恩格尔系数/% | 农村居民恩格尔系数/% | 年份 | 城镇居民恩格尔系数/% | 农村居民恩格尔系数/% |
|---|---|---|---|---|---|
| 1978 | 57.5 | 67.7 | 1999 | 42.1 | 52.6 |
| 1979 | — | 64.0 | 2000 | 39.4 | 49.1 |
| 1980 | 56.9 | 61.8 | 2001 | 38.2 | 47.7 |
| 1981 | 56.7 | 59.9 | 2002 | 37.7 | 46.2 |
| 1982 | 58.6 | 60.7 | 2003 | 37.1 | 45.6 |
| 1983 | 59.2 | 59.4 | 2004 | 37.7 | 47.2 |
| 1984 | 58.0 | 59.2 | 2005 | 36.7 | 45.5 |
| 1985 | 53.3 | 57.8 | 2006 | 35.8 | 43.0 |
| 1986 | 52.4 | 56.4 | 2007 | 36.3 | 43.1 |
| 1987 | 53.5 | 55.8 | 2008 | 37.9 | 43.7 |
| 1988 | 51.4 | 54.0 | 2009 | 36.5 | 41.0 |
| 1989 | 54.5 | 54.8 | 2010 | 35.7 | 41.1 |
| 1990 | 54.2 | 58.8 | 2011 | 36.3 | 40.4 |

（续表）

| 年份 | 城镇居民恩格尔系数/% | 农村居民恩格尔系数/% | 年份 | 城镇居民恩格尔系数/% | 农村居民恩格尔系数/% |
|---|---|---|---|---|---|
| 1991 | 53.8 | 57.6 | 2012 | 36.2 | 39.3 |
| 1992 | 53.0 | 57.6 | 2013 | 35.0 | 37.7 |
| 1993 | 50.3 | 58.1 | 2014 | 34.2 | 37.8 |
| 1994 | 50.0 | 58.9 | 2015 | 29.7 | 33.0 |
| 1995 | 50.1 | 58.6 | 2016 | 29.3 | 32.2 |
| 1996 | 48.8 | 56.3 | 2017 | 28.6 | 31.2 |
| 1997 | 46.6 | 55.1 | 2018 | 27.7 | 30.1 |
| 1998 | 44.7 | 53.4 | 2019 | 27.6 | 30.0 |

资料来源：1978—2019年《中国统计年鉴》，中国统计出版社。

中国在减贫方面取得了举世公认的成就。按照每人每年2300元（2010年不变价）的农村贫困标准计算，2019年底我国农村贫困人口降至551万人，贫困发生率降至0.6%。2015—2019年，我国贫困人口平均每年减少1283万人。世界银行和国务院发展研究中心在2012年发布的研究报告中评价中国减贫成就时指出："5亿人口摆脱贫困，贫困率从65%以上降至10%以下；所有的千年发展目标均已基本实现。"[1]

在迈向富裕的过程中，我国中等收入群体开始形成并日趋扩大。中等收入群体在收入、财产、消费行为、生活方式和人生态度上具有一系列鲜明的特征，是经济持续发展和社会和谐稳定的最坚实基础。据测算，目前我国中等收入群体的规模大约为4亿人，占总人口的20%—30%。"十四五"期间，中等收入群体将加快扩大。据预测，到"十四五"末，我国中等收入群体的规模将提高到总人口的40%以上，2035年将提高到60%以上[2]。

[1] 世界银行和国务院发展研究中心联合课题组：《2030年的中国：建设现代、和谐、有创造力的社会》，中国财政经济出版社，2013，第4页。

[2] 王宏：《中国中等收入群体划分标准：综述、比较与现实选择》，《经济研究参考》2020年第1期。

# 第二节

## 中国经济持续快速增长的秘密

改革开放40多年来，我国经济持续快速增长，同时经历着双重转型，即从农业社会向工业社会、现代社会转型，从计划经济向社会主义市场经济转型。经济增长和双重转型取得了巨大的成就，主要原因在于我们坚定推进经济市场化改革，不断探索有效市场与有效政府有机结合的路径，从而激发了经济社会的活力和创造力，不断实现资源的优化配置，提升经济增长潜力。

### （一）市场机制是激发经济活力和创造力的内在机制

东西方国家的历史经验证明，市场机制是迄今为止人类所拥有的最为有效的资源配置工具，因为市场机制能够以最快的速度、最低的费用、最简单的形式把资源配置的信息传递给利益相关者，而利益相关者又能够自主决策并迅速作出反应，从而使各类资源处于有效流动和动态优化配置之中。从功能上看，无论是消费品（包括重要消费品）的最优分配，还是生产要素的最优配置，抑或是动态的经济发展问题（包括结构调整），市场机制基本都可以很好地解决。

改革开放以来，我们党对市场机制的认识随着实践的发展而不断深化和理论化，市场在资源配置和经济发展中的作用稳步提高。开启改革开放大幕的党的十一届三中全会明确提出“重视价值规律的作用”。党的十二届三中全会通过的《中共中央关于经济体制改革的决定》指出，“只有充分发展商品经济，才能把经济真正搞活”“必须自觉依据和运用价值规律”。党的十四大报告明确提出“经济体制改革的目标是建立社会主义市场经济体制”“市场在社会主义国家宏观调控下对资源配置起基础性作用”。以习近平同志为核心的党中央在新的历史条件下提出了新的论断，指出："市场在资源配置中起决定性作用和更好发挥政府作用。市场决定资源配置是市场经济的一般规律，健全社会主义市场经济体制必须遵循这条规律。"[1]我们党对市场经济的认识吸取了世界各国在谋求经济发展和国家现代化过程中的成功经验，对我国经济持续快速增长和双重转型起到至关重要的作用。

市场经济之所以能够激发经济社会的活力和创造力，主要是在市场经济中有三条重要规律在起作用，即价值规律、供求规律和竞争规律。价值规律促使企业不断进行技术创新、组织创新和管理创新，降低生产成本，最大限度地提高劳动生产率。供求规律则调节着不同商品的供求关系，从而促使生产要素在不同产品、不同产业、不同地区甚至不同国家之间不停歇地流动，保证各类资源投入社会最需要的领域和环节。从长期来看，通过供求规律的动态调节，市场机制可以改善和优化经济结构。竞争规律促使优胜劣汰，使资源流向最能有效利用它们的人手中和最能发挥作用的生产领域，最终使消费者得到物美价廉的产品和服务。德国前总理、经济学家路德维希·艾哈德在《来自竞争的繁荣》一书中高度评价竞争作用，他说："竞争是获致繁荣和保证繁荣最有效的手段。只有竞争才能使作为消费的人们从经济发展中受到实惠。"[2]

市场经济能够激励企业家迅速成长和充分发挥作用。熊彼特在《经济发展理论》中把企业家才能视为经济增长和发展的原动力，正是企业家的"创造性毁灭"和不断创新推动着经济发展水平波浪式上升。埃德蒙·费尔普斯强调企业家在不确定世界中的作用并指出：现代企业家在没有掌握太多微观或宏观实际知识的情况下，"在还没有也不可能有百分之百正确的模型或决策规则时，展示出了作正确决策的能力"——这是马克·卡森在1990年的一篇评记中对企业家的描述。投资人和企业家的这种决策才华需要所谓的判断力（对未知趋势的判断）和慧根（对尚未察

[1] 中共中央文献研究室编《习近平关于社会主义经济建设论述摘编》，中央文献出版社，2017。

[2] 路德维希·艾哈德：《来自竞争的繁荣》，祝世康、穆家骥译，商务印书馆，1983，第11页。

觉的作用力、未知因素的感觉）[1]。经过40多年市场经济的洗礼，我国已经成长起一支庞大的企业家队伍，他们在千变万化的市场中识别新机会，从事新投资，开辟新市场，寻找新资源和新商业模式，承担各种风险；他们创造财富、捍卫财富，也增长着自己作为企业家的才干。经济生活也在企业家的奋斗和成长中充满活力而欣欣向荣。

市场经济为低收入群体提供大量获取收入的机会，这些机会单个看来也许微不足道，但却奠定了许许多多人生活和事业的基石。市场经济激励收入向资本转化，促进资本积累，鼓励人们创业，从而不断创造出大量的工作机会。尤其是市场经济能够创造出大量适合低收入群体的工作岗位，使他们有机会从事非农工作和获取较高的工资性收入。改革开放以来，我国数以亿计的农民从农村转移到沿海城市的非农部门就业，极大地改善了他们的经济地位和经济权利，激发了他们的经济潜能，同时使他们享受到了我国经济快速发展的成果。

市场经济给予人们职业选择和消费选择的自由。人们根据自己的才能、兴趣和收入选择工作，职业的流动性提高，自我发展的空间扩大，自我价值在更大程度上得以实现。又可以根据自己的爱好和收入选择所喜欢的商品和服务，个性得到了张扬，满足感和幸福感得以提升，人生得以升华。人们的个性化选择转化为市场信号，诱导企业家决策，从而使生产活动和经济结构更加贴近人们的现实需要，整个经济进入良性循环的轨道。

总之，市场经济的最大优势在于，它通过市场中错综复杂的网络和千丝万缕的联系，动员起了潜藏在千百万人中的财富、知识、信息、技能等各种潜在的资源以及创造力和判断力，使它们成为生产力发展的不竭源泉。人民群众是财富的创造者，而市场机制是动员人民群众参与财富创造的好机制。而且，在社会主义市场经济中，人民群众不仅创造着财富，同时也通过市场机制分享着财富，享受着选择的自由。

---

[1] 埃德蒙·费尔普斯：《大繁荣：大众创新如何带来国家繁荣》，余江译，中信出版社，2013，第31页。

### （二）有效市场和有效政府有机结合，奠定经济社会持续健康发展的坚实基础

社会主义市场经济强调有效市场和有效政府的有机结合，这对于经济快速增长和双重转型非常重要。市场机制动员着各种经济潜能，孕育着生产力发展所需的不竭源泉。而政府则创造市场机制赖以顺畅运转的软硬基础设施，确保人民群众能够积极创造财富且公平分享财富。

政府与市场犹如鸟之双翼、车之双轮，缺一不可。历史经验表明，在经济发展和现代化的各个阶段都要发挥好政府和市场的作用。在德国、日本这样的发达国家和东亚一些发展较快的国家和地区，在现代化或者现代产业发展过程中，政府通过制定发展战略、动员和引导经济资源、扶持主导产业等方式推动经济发展。我国改革开放以来的经验也证明了这一点，那就是不断扩大和强化市场机制作用，同时有效发挥政府作用。

政府作用的有效发挥体现在以下几个方面：

第一，为社会主义市场经济提供制度基础。现代市场经济是建立在一套完备的支持性制度之上的，而制度建设是政府的基本职责。改革开放以来，政府在制度建设上取得了明显的成就。我们已经形成了一套比较完备的、与现代市场经济吻合的法律体系，它在一定程度上可以在法律层面规范公民、市场主体和政府的行为，保障人民群众生命财产安全和良好的经济社会秩序。产权是所有制的核心，它能够为各类经济主体提供正向激励，鼓励人们积累财富和有效配置自己的资源，并展开充分的竞争。社会主义市场经济需要完善的产权制度，以清晰地界定产权和公平有效地保护产权。从总体上看，我国产权保护制度不断完善，为社会主义市场经济构建起了产权基础和激励结构。对各类产权的保护程度也在提高，特别是非公有制经济产权获得保护的程度在提高，使劳动的果实得到尊重。党的十八届三中全会通过的《中共中央关于全面深化改革若干重大问题的决定》指出，国家保护各种所有制经济产权和合法利益，保证各种所有制经济依法平等使用生产要素、公开公平公正参

与市场竞争、同等受到法律保护。社会主义市场经济需要有效的市场监管制度，以建立统一开放、竞争有序的市场体系。以食品药品安全监管、生产场所安全监管、环境保护监管和市场竞争行为监管为代表的监管框架正在形成和发挥作用。

第二，提供稳定的宏观经济环境。宏观经济的稳定是市场充分发挥作用的基本条件，有利于形成合理的价格信号，引导资源的有序流动；有利于生产者和消费者形成稳定的经济预期，从而作出合理的生产和消费决策。稳定的宏观经济环境还是金融市场发挥作用的前提。改革开放以来，我国的宏观经济环境保持基本稳定，政府通过财政政策、货币政策和其他政策的组合，使物价总水平、经济增长率、就业率和国际收支状况等主要宏观经济指标保持在良好状态。以价格指数为例，居民消费价格指数、商品零售价格指数、工业生产者出厂价格指数、固定资产投资价格指数，除1995年前后涨幅较大外[1]，其余年份的波动幅度都比较小，大多没有超过5个百分点，为消费者、生产者和投资者的选择提供了比较稳定的信号指引。相比之下，俄罗斯及东欧国家在经济体制转型期间，产出和价格水平经历了剧烈波动，有资料显示，1992年，俄罗斯国内生产总值和工业生产分别下降了18.5%和12.0%，居民消费价格指数高达2508.8%。1993年，俄罗斯国内生产总值和工业生产与1992年相比又分别下降了18.8%和16.0%，而居民消费价格指数高达844.2%[2]。

第三，基础设施快速发展，奠定经济社会长期稳定发展的基础。良好的基础设施对于经济社会长期发展的重要性得到了中外经验的证实。政府规划、政府投资在我国基础设施发展中起到了至关重要的作用，目前已经形成较为发达的公路、铁路、航空运输和信息网络，人流、物流和信息流比较顺畅，经济结构弹性、供给弹性明显增强。2018年，我国铁路营业里程达13.17万公里，高速铁路营业里程达2.99万公里，占铁路营业里程的22.7%，高速铁路客运量达20.54亿人，占铁路客运量的

[1] 1995年前后，居民消费价格指数最高涨幅为24.1%（1994年），商品零售价格指数最高涨幅为21.7%（1994年），工业生产者出厂价格指数最高涨幅为24.0%（1993年），固定资产投资价格指数最高涨幅为26.6%（1993年）。

[2] 李松：《俄罗斯激进式的物价改革》，《北京物价》1997年第4期。

60.9%。公路里程达484.65万公里，其中高速公路达14.26万公里。有5座世界较长的跨海大桥，拥有世界10大集装箱港口中的6个（不包括香港）。信息基础设施迅速发展，长途光缆线路达99.4万公里，互联网宽带接入端口86752.3万个，互联网普及率达59.6%。良好的基础设施构成了市场经济运行和社会生活的基本骨架。

第四，编织社会安全网。分散社会成员的生活、工作风险，提高居民的福利水平，保证各个阶层的社会成员共享经济发展成果，是政府的基本职责。我国政府已经为城镇居民建立了包括养老、医疗、工伤等在内的较为完整的社会保障体系，通过新型合作医疗和新型农村社会养老保险等逐步将农村居民纳入社会保障体系。由政府兜底的社会保障体系提高了社会成员抗风险的能力和劳动力的流动性，激发了全社会的创业、创新和冒险精神。

在建立和完善社会主义市场经济体制的过程中，政府职能向与现代市场经济相契合的方向转变。政府微观干预活动明显减少，直接参与资源配置的程度降低，政府在经济领域的投资下降，从而为各类市场主体释放了广阔的活动空间。政府职能向着保持宏观经济稳定、加强和优化公共服务、保障公平竞争、加强市场监管、维护市场秩序、推动可持续发展、促进共同富裕和弥补市场失灵等方面优化和聚焦。

# 第三节

## 中国经济增长仍没有完全摆脱传统增长模式

中国经济长期持续快速增长，虽然近两年增长速度有所降低，但从世界范围看，增长速度仍然是很高的[1]。值得我们高度关注的是，中国经济仍没有完全摆脱依靠要素投入、资源消耗、规模扩张和高排放的传统增长模式。

### （一）依靠投资驱动增长

许多研究文献认为，从增长核算的角度来看，中国经济增长的主要贡献来自资本要素的积累。中国社会科学院经济研究所经济增长前沿课题组指出，与中国经济高增长相伴随的是投资的迅猛增长，固定资产投资率的平均水平由1978—1991年的28.6%，上升到经济过热的1993年的37.5%，之后经过几年的调整，1997年降到33.8%，随后再度大幅攀升至2004年的43.6%[2]。这一水平不但高于美国和经济合作与发展组织（OECD）国家的水平，而且高于日本、韩国、马来西亚、新加坡、泰国等国家经济高速增长时期的水平。从包含具体测度结果的实证文献来看，董敏杰和梁泳梅利用非参数分解框架，基于省级样本测算发现，1978—2010年，资本投入在中国经济增长中的贡献份额高达85.4%，2005年后接近90%[3]；武鹏基于中国1978—2010年的省级面板数据，综合利用SFA和DEA方法计算发现，资本投入对中

[1] 2019年中国经济增长率为6.1%，远高于世界平均水平2.9%。2020年受新冠疫情影响，中国经济增长速度会进一步降低，但与受新冠疫情影响的其他国家相比，仍然是较高的。

[2] 中国社会科学院经济研究所经济增长前沿课题组：《高投资、宏观成本与经济增长的持续性》，《经济研究》2005年第10期。

[3] 董敏杰、梁泳梅：《1978—2010年的中国经济增长来源：一个非参数分解框架》，《经济研究》2013年第5期。

国经济增长的平均贡献率高达92%，经济增长的投资拉动特征非常明显，且具有长期波动式上升的趋势特征，21世纪头10年贡献值平均每年都要提高近1%[1]。不过，得益于较快的物化技术进步，高投资并没有导致中国资本回报率快速降低以及随之而来的经济增速下降。

李平、钟学义、王宏伟、郑世林等学者依据1978—2010年的省级面板数据测算了资本投入、劳动力投入、劳动生产率对GDP增长的贡献，同样发现，资本投入是中国经济增长的首要来源，东中西部地区经济差距主要是由资本投入不同造成的，2000—2010年中国出现了高资本投入、低生产率和高增长的现象（见表10-4）。

表10-4　1978—2010年资本投入、劳动力投入和劳动生产率对GDP增长的贡献（%）

| 年份 | GDP增长率 | 资本投入年均增长率 | 劳动力投入增长率 | 资本投入贡献率 | 劳动力投入贡献率 | 劳动生产率贡献率 |
|---|---|---|---|---|---|---|
| 1978—1981 | 8.70 | 7.67 | 2.88 | 42.98 | 16.97 | 40.06 |
| 1982—1986 | 12.08 | 12.15 | 3.15 | 47.10 | 13.89 | 39.01 |
| 1987—1990 | 6.33 | 9.68 | 7.05 | 73.34 | 57.83 | −31.17 |
| 1991—1999 | 10.84 | 10.03 | 1.08 | 43.64 | 5.28 | 51.07 |
| 2000—2007 | 10.79 | 13.49 | 0.63 | 65.84 | 2.76 | 31.40 |
| 2008—2010 | 9.82 | 20.25 | 0.36 | 120.63 | 1.51 | −22.13 |
| 1978—2010 | 10.09 | 11.50 | 2.02 | 56.73 | 8.82 | 34.46 |

资料来源：李平、钟学义、王宏伟、郑世林：《中国生产率变化与经济增长源泉：1978—2010年》，《数量经济技术经济研究》2013年第1期。

注：资本投入、劳动力投入、劳动生产率的贡献率是按照索洛余值法测算的。

基于投资驱动的经济增长和国民经济循环，产生了一些不好的结果。

第一，全要素生产率难以持续提升。相比于传统计划经济时期，改革开放以来，我国全要素生产率有了明显的提高，但技术进步的作用仍然受到抑制。1978—2010年，我国全要素生产率增长率远低于GDP增长率和投资增长率。如表10-5所示，1978—2010年，全要素生产率呈现大幅度波动，一些年份甚至出现下降。21世

[1] 武鹏：《改革以来中国经济增长的动力转换》，《中国工业经济》2013年第2期。

纪以来全要素生产率呈现下降趋势，说明投资效率和经济效益没有明显改善，甚至下降，经济增长中技术创新的因素较弱，这从一个重要方面说明我国经济发展方式还没有发生根本性转变，经济增长质量还不高。

表10-5　1978—2010年全要素生产率增长率（%）

| 年份 | 索洛余值法 | 纯要素生产率法 | 索洛余值法（资本滞后5年） | 纯要素生产率法（资本滞后5年） |
|---|---|---|---|---|
| 1978—1981 | 3.49 | 3.37 | — | — |
| 1982—1986 | 4.71 | 4.57 | 7.14 | 6.77 |
| 1987—1990 | −1.97 | −1.81 | −2.93 | −2.64 |
| 1991—1999 | 5.54 | 5.45 | 5.82 | 5.70 |
| 2000—2007 | 3.39 | 3.53 | 5.49 | 5.54 |
| 2008—2010 | −2.17 | −1.16 | 1.37 | 1.67 |
| 1978—2010 | 3.35 | 3.34 | 4.18 | 4.11 |

资料来源：李平、钟学义、王宏伟、郑世林：《中国生产率变化与经济增长源泉：1978—2010年》，《数量经济技术经济研究》2013年第1期。

全要素生产率对GDP增长的贡献率明显不足，从时间轨迹上看还有总体弱化的趋势，以致成为经济进一步增长的阻力。张豪、张建华、谭静分段测算了资本、劳动力、全要素生产率对GDP增长的贡献[1]，结果表明，1978—2015年，资本对GDP增长的贡献率总体上是上升的，而全要素生产率对GDP增长的贡献率呈波动状态，但总体上是下降的。分时段看，1979—1992年，全要素生产率对GDP增长的贡献率为15.45%，1993—2008年明显提高到27.31%，而2009—2015年显著下降到8.51%。值得注意的是，20世纪90年代到21世纪初是我国全要素生产率贡献率提高的时期，也是我国经济市场化进程较快的时期，这一时期发生了若干影响我国经济市场化进程的重大事件：1992年初邓小平南方谈话，年底党的十四大确立了市场经济体制改革目标；1997年党的十五大确立了“公有制为主体、多种所有制经济共同发展”

[1] 张豪、张建华、谭静：中国经济增长的源泉与动能转换:1952-2015，《经济问题探索》2017年第9期，12-24页。

的基本经济制度和“按劳分配为主体、多种分配方式并存”的基本分配制度；2001年加入世界贸易组织，开始加速融入经济全球化。这些都为全要素生产率增长率和贡献率的提高提供了制度条件，同时也说明，要想提高全要素生产率和经济增长质量，迈向现代市场经济是很关键的。

第二，周期性的产能过剩和产能闲置。产能过剩已成为我国经济增长过程中的顽疾，呈现出明显的长期持续性和周期性特点。20世纪80年代，我国已经开始出现产能过剩，当时是服装行业，20世纪90年代上半期是家电行业，20世纪90年代下半期是煤炭行业、发电行业，随后钢铁行业、水泥行业、电解铝行业等相继出现产能过剩。近年来，一些战略性新兴产业也出现严重的产能过剩，以致产业组织恶化、企业效益滑坡。光伏产业就是一个典型例子。2009年光伏产业兴起，2013年就出现严重的产能过剩。风电产业和新能源汽车产业等高端产业亦相继出现产能过剩情况。根据世界钢协统计，2013年全球钢铁产能为20亿吨，产能利用率为80%左右，中国钢铁产能约10亿吨，占全球钢铁产能的50%，产能利用率不到75%，低于世界平均水平。根据2013年10月颁布的《国务院关于化解产能严重过剩矛盾的指导意见》相关数据，当时制造业平均有近30%的产能闲置，约35.5%的制造业企业产能利用率低于75%。

与产能过剩如影随形的是“僵尸企业”大量存在和不断产生。据聂辉华、江艇、张雨潇、方明月的研究，2000—2004年，规模以上企业中“僵尸企业”平均占17.09%，2000年高达27%[1]。2005—2013年，“僵尸企业”占比有所下降，平均为7.51%。即使是企业质量平均较高的上市公司，从2001年起“僵尸企业”也在持续增加，2013年约有410家。2003年以后，上市公司中“僵尸企业”占比保持在13%。从行业颁布看，2013年“僵尸企业”占比较高的5个行业是：水的生产和供应业，占25.99%；电力、热力的生产和供应业，占19.14%；化学纤维制造业，占

[1] 聂辉华、江艇、张雨潇、方明月：《我国僵尸企业的现状、原因与对策》，《宏观经济管理》2016年第9期。

19.10%；黑色金属冶炼及压延加工业，占15.00%；石油加工、炼焦及核燃料加工业，占14.46%。从所有制分布看，国有企业和集体企业中“僵尸企业”的比例较高，而民营企业和港澳台资企业及外资企业中“僵尸企业”的比例相近，低于国有企业和集体企业中“僵尸企业”的比例[1]。

### （二）较高的增长代价

由于经济发展方式没有实现根本性转变，我国经济增长的代价较高。

1.经济代价

增长的经济代价主要表现为生态环境代价，即增长给环境造成了损害，其中有些损害甚至是难以弥补和修复的。实现经济增长，一方面要从自然界消耗能源资源，另一方面又要向自然界排放废弃物，这两个方面是决定经济发展方式和经济发展质量的关键要素。1992年，加拿大不列颠哥伦比亚大学规划与资源生态学教授威廉·里斯提出了“生态足迹”概念，用以描述一个人口单位（如镇、城市、地区、国家）为满足自身消费所需要的自然资源，以及降解自身所排放的废弃物所需要的全部水和土地等资源的数量。改革开放40多年来，我国经济实现高速增长，但传统经济增长方式给我们留下了一条深深的生态足迹。从总量上看，2012年中国经济总量约占全球经济总量的11.5%，却消耗了全球45%的钢、43%的铜、54%的水泥[2]。据估算，2003—2012年，我国因环境退化和资源枯竭所造成的成本已经接近GDP的10%，其中空气污染占6.5%、水污染占2.1%、土壤退化占1.1%。由环境污染导致的疾病所带来的医疗费用上升和生活质量下降的现象越来越明显。这些成本实际上构成了对GDP的扣除。国内学术界于20世纪90年代就开始关注到经济增长的代价[3]，一些学者的研究表明，我国的环境污染问题是粗放型经济增长长期累积的结果，是

[1] 聂辉华、江艇、张雨潇、方明月：《我国僵尸企业的现状、原因与对策》，《宏观经济管理》2016年第9期。

[2] 张高丽：《大力推进生态文明努力建设美丽中国》，《求是》2013年第24期。

[3] 梁言顺：《低代价经济增长论》，人民出版社，1999。

工业文明“结构性特征”的表现[1]。

从能源资源利用率角度看，改革开放以来总体上呈上升趋势。根据世界银行数据，我国能源利用率从1980年的每生产1000美元GDP需要能源1164.10公斤标准油，降低到2007年的每生产1000美元GDP需要能源283.28公斤标准油，降低了75.67%，能源消耗率则从1980年的14.44%降到2008年的6.74%。但是，能源资源利用率是波动的，某些时期甚至出现下降。例如，矿物消耗率2000年前总体是下降的，但此后呈现上升势头，从2000年的0.15上升到2008年的1.70。与其他国家相比，我国能源资源利用率是明显偏低的，例如，我国的能源利用率明显低于巴西、印度、法国、德国、英国、日本、美国。2007年我国每生产1000美元GDP所需能源为283.28公斤标准油，每生产1美元GDP的$CO_2$（二氧化碳）排放量为0.95公斤，这两者不仅高于美国、日本、德国等发达国家，而且高于印度、巴西等新兴经济体。

世界银行和国务院发展研究中心在一份研究报告中指出：“中国当前的增长模式已对土地、空气和水等环境因素产生了很大的压力，对自然资源供给的压力也日益增加。今后的挑战在于通过采用绿色增长模式，把这些压力转化为经济增长的源泉。”[2]

2.社会代价

传统经济增长方式不仅带来沉重的经济代价，而且带来了较高的社会代价。1967年，英国经济学家E. J. 米香出版了《经济增长的代价》一书，对经济快速增长所付出的代价进行了深入的分析，把经济增长的代价分为经济代价和社会代价，并列举了由于追求经济快速增长而付出的种种社会代价，如人口密集、城市拥堵、环境污染、自由损害、社会不和谐和犯罪增加等，指出如果经济增长所带来的仅仅是物质产品的增加，而不是幸福的增加，这样的增长即使能够持续也是不可取的[3]。

由于经济发展方式没有实现根本性转变，因此我国经济高速增长伴随着较高

[1] 栾胜基：《农户环境经营，构建生产、生活、生态共赢》，《绿叶》2010年第5期。

[2] 世界银行和国务院发展研究中心联合课题组：《2030年的中国：建设现代、和谐、有创造力的社会》，中国财政经济出版社，2013，第9页。

[3] E. J. 米香：《经济增长的代价》，任保平、梁炜等译，机械工业出版社，2011。

的社会代价，其中一个重要方面是居民收入和财富差距的大幅度扩大。改革开放初期，我国居民收入基尼系数基本维持在0.3左右的较低水平，进入20世纪90年代后开始攀升，1994年首次超过0.4的警戒线。此后虽有短暂回落，但总体趋势是上升的。2012年，我国居民收入基尼系数为0.474，随后略有回落，2017年仍高达0.467，2018年为0.474。财富不平等较之收入不平等更为严重，根据2012年《中国家庭金融调查报告》估算，中国城市家庭总资产均值为247.6万元，中位值为40.5万元。这意味着中国城镇家庭财富呈严重的右偏分布，社会财富占有非常不均。

从国际比较看，根据联合国《2007/2008年人类发展报告》数据，以基尼系数衡量的中国居民收入差距为0.469，在所统计的全球126个国家中排在第93位，已进入收入差距偏大国家的行列。需要引起注意的是，中国周边各国或经济体在经济发展过程中大多保持了相对较好的收入分配格局。尤其是日本和韩国，在成长为发达经济体的过程中，收入差距一直维持在较低的水平，在某种程度上实现了公平和效率的兼顾。

收入和财富差距过大与投资驱动增长方式密切相关。倚重投资驱动和规模扩张，导致国民经济结构和社会经济权利结构出现了偏差，收入、财富、经济权利和话语权的分配偏向了资本所有者一方，资本在各生产要素中处于强势地位，而劳动者的劳动收入和经济权利则受到忽视和抑制，成为传统经济增长方式所付出的代价。

过大的收入差距会给经济、社会带来方方面面的影响，有一些潜在影响已经开始显现。

第一，收入差距过大易造成社会不稳定、治安恶化，从而增加产权保护和维护社会稳定的成本。诸多研究对此加以支持和描述。联合国关于犯罪趋势与刑事司法体系运转情况的调查显示，凶杀率与收入不平等程度显著相关，在富裕程度相仿的条件下，收入不平等程度更高的美国凶杀率比英国高出 4 倍多、比日本高出12倍多。从1988年至21世纪初，我国刑事犯罪率的年均增长速度达到了12.5%，超过了同期人均GDP的年均增长速度[1]，1988—2004年，我国的相对收入差距每上升1%，导致刑事犯罪率显著上升0.37%；绝对收入差距每上升1%，导致刑事犯罪率显著上升0.38%[2]。

第二，收入差距持续扩大到一定程度，将可能引发政治不稳定。对于这一风险，邓小平早在1990年就直接指出："中国有十一亿人口，如果十分之一富裕，就是一亿多人富裕，相应地有九亿多人摆脱不了贫困，就不能不革命啊！九亿多人就要革命。"[3]我们在改革和发展的过程中，始终强调"稳定高于一切"，但最近几年来，由经济利益分配差距过大引发的群体事件屡见报端，部分地区维稳任务繁重。

第三，收入差距过大滋长了现代社会的浮躁心态与激进情绪，这给我国当前的经济和社会发展埋下了诸多隐患。联合国儿童基金会一份关于儿童幸福的报告，展示了收入不平等与15岁儿童理想之间的关系：收入越不平等，儿童长大后越不愿意从事低技能的工作。《2012中国大学生就业压力调查报告》显示，近70%的大学毕业生期望在副省级以上城市和省会城市工作，愿意在乡镇工作的比例只有0.8%。2011年 2 月20日中华全国总工会发布的新生代农民工调查报告指出，与老一代农民工相比，新生代农民工更注重自我，然而职业发展空间较小，无法满足实现自我发展的愿望，导致他们的工作满意度较低，工作更换频率是老一代农民工的2.9倍。

第四，收入差距过大使社会富裕阶层缺乏安全感，从而热衷于投资移民，巨额的财富也被转移至国外，削弱了中国未来经济发展的财富基础。招商银行发布的《2011中国私人财富报告》显示，中国富人们投资移民意愿强烈，在受访的亿万富翁中，约27%的人已经完成了投资移民，47%的人正在考虑移民，两者合计占74%。英国广播公司（BBC）于2011年 9 月 7 日发表了题为《中国富豪"为安全"

[1] 胡联合、胡鞍钢、徐绍刚：《贫富差距对违法犯罪活动影响的实证分析》，《管理世界》2005年第6期。

[2] 陈春良、易君健：《收入差距与刑事犯罪：基于中国省级面板数据的经验研究》，《世界经济》2009年第 1 期。

[3] 中共中央文献研究室编《邓小平年谱（1975—1997）》，中央文献出版社，2004，第1317页。

希望移民国外》的文章，指出有60%的中国富豪已移民，或者正在申请、考虑移民，拥有海外资产的中国富豪已达1/3。美国移民局2012年6月公布的数据显示，2011年美国的投资移民中70%来自中国内地。

### （三）迈向高质量发展

转变经济发展方式，提高经济增长的质量和效益，我们党对此早已有了明确的认识，呈现出清晰的政策脉络。早在1982年，党的十二大报告就指出，从1981年到20世纪末的20年，要在不断提高经济效益的前提下，力争使全国工农业的年总产值翻两番；四个现代化的关键是科学技术的现代化；把全部经济工作转到以提高经济效益为中心的轨道上来[1]。这里已经清晰阐明了增长速度与增长质量的关系，以及增长动力和增长源泉等有关经济发展方式和经济发展质量的核心要素。1987年党的十三大制定了基本实现现代化的“三步走”战略，提出实现第二步目标（即到20世纪末国民生产总值翻两番，人民生活达到小康水平）的关键是经济增长“从粗放经营为主逐步转上集约经营为主的轨道”，同时明确强调生态环境保护的重要性：“在推进经济建设的同时，要大力保护和合理利用各种自然资源，努力开展对环境污染的综合治理，加强生态环境的保护，把经济效益、社会效益和环境效益很好地结合起来。”[2]1990年党的十三届七中全会通过的“八五”计划[3]建议更是明确指出：“加强对大气、水域、土壤污染、固体废物和噪音等公害的监测和防治，特别要保护江河、湖泊、水库和地下水的水质，保护森林，抑制自然生态环境恶化的趋势，改善环境质量。”[4]1992年党的十四大明确提出“促进整个经济由粗放经营向集约经营转变”，为此要不断完善保护知识产权制度，加速科技成果向现实生产力

[1] 中共中央文献研究室编《十二大以来重要文献选编》（上），中央文献出版社，2011，第11—12页、第14页。

[2] 同上书，第15页、第21—22页。

[3] 2006年制定第十一个五年规划时，将原来的“五年计划”改为“五年规划”。

[4] 中共中央文献研究室编《十三大以来重要文献选编》（中），中央文献出版社，2011，第755页。

转化，提高科技进步在经济增长中所占的含量，等等[1]。1995年党的十四届五中全会通过《中共中央关于制定国民经济和社会发展“九五”计划和2010年远景目标的建议》，提出实现“九五”计划和2010年远景目标，关键是实行两个具有全局意义的根本性转变：“一是经济体制从传统的计划经济体制向社会主义市场经济体制转变，二是经济增长方式从粗放型向集约型转变，促进国民经济持续、快速、健康发展和社会全面进步。”[2]

进入21世纪，我们党对社会主义经济发展规律的认识进一步深化，一个重要理论成果是提出了科学发展观。2000年制订的“十五”计划提出了推进国家创新体系建设，促进企业成为技术进步和创新的主体。2003年党的十六届三中全会通过《中共中央关于完善社会主义市场经济体制若干问题的决定》，指出：“坚持以人为本，树立全面、协调、可持续的发展观，促进经济社会和人的全面发展。”[3]在这次会议上，胡锦涛明确提出了“树立和落实科学发展观”，指出“要正确处理增长的数量和质量、速度和效益的关系。……增长并不简单地等同于发展，如果单纯扩大数量，单纯追求速度，而不重视质量和效益，不重视经济、政治和文化的协调发展，不重视人与自然的和谐，就会出现增长失调、从而最终制约发展的局面”[4]。2004年，胡锦涛在中央人口资源环境工作座谈会上发表重要讲话，从以人为本、全面发展、协调发展、可持续发展四个方面阐述科学发展观的内涵和基本要求。2005年，《中共中央关于制定国民经济和社会发展第十一个五年规划的建议》再次提出转变经济增长方式，建设两型社会。2006年，党的十六届六中全会通过《中共中央关于构建社会主义和谐社会若干重大问题的决定》，指出在经济体制深刻变革，社会结构深刻变动，利益格局深刻调整的背景下，需要把构建社会主义和谐社会摆

[1] 中共中央文献研究室编《十四大以来重要文献选编》（上），中央文献出版社，2011，第22页。

[2] 中共中央文献研究室编《十四大以来重要文献选编》（中），中央文献出版社，2011，第468页。

[3] 中共中央文献研究室编《十六大以来重要文献选编》（上），中央文献出版社，2005，第465页。

[4] 同上书，第484页。

在更加突出的地位[1]。2007年党的十七大召开，对科学发展观进行了系统的阐述："科学发展观，第一要义是发展，核心是以人为本，基本要求是全面协调可持续，根本方法是统筹兼顾。"[2]提出实现经济发展方式的"三个转变"："由主要依靠投资、出口拉动向依靠消费、投资、出口协调拉动转变，由主要依靠第二产业带动向依靠第一、第二、第三产业协同带动转变，由主要依靠增加物质资源消耗向主要依靠科技进步、劳动者素质提高、管理创新转变。"[3]

将经济社会发展转入科学发展轨道，首要前提仍然是转变经济发展方式，提高经济增长的质量。2005年党的十六届五中全会关于"十一五"规划的建议重新强调了转变经济增长方式的重要性，指出："我国土地、淡水、能源、矿产资源和环境状况对经济发展已构成严重制约。"[4]2007年6月25日，胡锦涛在中央党校省部级干部进修班发表讲话，将以往"转变经济增长方式"的表述改为"转变经济发展方式"，指出"由转变经济增长方式到转变经济发展方式，虽然只是两个字的改动，但却有着十分深刻的内涵。转变经济发展方式，除了涵盖转变经济增长方式的全部内容外，还对经济发展的理念、目的、战略、途径等提出了新的更高的要求"[5]。具体而言，经济增长主要着眼于量的扩张，而经济发展则更为注重质的提升和结构的优化；经济增长突出的是手段，而经济发展突出的是目的，即以人为本，最终实现人的全面发展；经济增长主要着眼于生产领域，而经济发展则涵盖了生产、分配、交换、消费等国民经济活动的方方面面；经济增长的实现主要依托投入和规模扩张，而经济发展必须依赖于效率驱动和可持续发展。为了达到"新的更高的要求"，中央陆续部署了建设创新型国家、走中国特色新型工业化道路等诸多战略举

[1] 中共中央文献研究室编《十六大以来重要文献选编》（下），中央文献出版社，2008，第649页。

[2] 中共中央文献研究室编《十七大以来重要文献选编》（上），中央文献出版社，2009，第11—12页。

[3] 同上书，第17—18页。

[4] 中共中央文献研究室编《十六大以来重要文献选编》（中），中央文献出版社，2006，第1064页。

[5] 中共中央文献研究室编《科学发展观重要论述摘编》，中央文献出版社，2009，第24—25页。

措。

党的十八大以来，党中央把经济发展质量和转变经济发展方式提升到新的高度，提出了新发展理念。党的十八大从多个重要环节论述了如何把经济发展转到提高质量和效益的轨道上来：着力激发各类市场主体发展新活力，着力增强创新驱动发展新动力，着力构建现代产业发展新体系，着力培育开放型经济发展新优势，使经济发展更多依靠科技进步、劳动者素质提高、管理创新驱动，更多依靠节约资源和循环经济推动，更多依靠城乡区域发展协调互动。党的十八届三中全会通过的《中共中央关于全面深化改革若干重大问题的决定》实现了对政府与市场关系认识的新突破，提出"使市场在资源配置中起决定性作用和更好发挥政府作用"重要原则，为切实促进经济发展方式转变和提高经济发展质量提供了基本理论原则。该决定具体提出了许多相关重要命题，如"完善主要由市场决定价格的机制""加强知识产权运用和保护，健全技术创新激励机制""完善发展成果考核评价体系，纠正单纯以经济增长速度评定政绩的偏向，加大资源消耗、环境损害、生态效益、产能过剩、科技创新、安全生产、新增债务等指标的权重""健全自然资源资产产权制度和用途管制制度""实行资源有偿使用制度和生态补偿制度"，等等。2015年党的十八届五中全会通过的《中共中央关于制定国民经济和社会发展第十三个五年规划的建议》，提出了"创新、协调、绿色、开放、共享"的新发展理念。在党的十九大上，习近平总书记明确提出："我国经济已由高速增长阶段转向高质量发展阶段，正处在转变发展方式、优化经济结构、转换增长动力的攻关期，建设现代化经济体系是跨越关口的迫切要求和我国发展的战略目标。必须坚持质量第一、效益优先，以供给侧结构性改革为主线，推动经济发展质量变革、效率变革、动力变革，提高全要素生产率。"党的十九届五中全会通过的《中共中央关于制定国民经济和社会发展第十四个五年规划和二〇三五年远景目标的建议》，提出"实现更高质量、更有效率、更加公平、更可持续、更为安全的发展"。

迈向高质量发展，首先要奠定高质量发展的制度基础，确保"市场在资源配置中起决定性作用和更好发挥政府作用”，这就需要进一步深化改革，建立起完善的社会主义市场经济体制。对于如何完善社会主义市场经济体制，第九章进行过论述，这里不作分析，仅从创新驱动、绿色发展和共享发展成果三个方面来简要考察迈向高质量发展的关键点。

1.创新驱动

转换经济发展动力，使经济增长走上创新驱动的轨道，对于提高经济发展质量至关重要。目前，新一轮科技革命和产业变革正在孕育兴起，一些重要科学问题和关键核心技术已经呈现出革命性突破的先兆。国际上，5G、量子信息、人工智能、新材料和新能源、基因工程、分享经济等领域的颠覆性技术出现爆发式增长态势，将重塑发展动力、产业格局、消费格局和竞争力格局，使社会生产力发展迈上全新台阶。在国内，依靠资源、资本、劳动力等要素投资支撑经济快速增长的条件发生了很大变化，难以持续。而随着中美贸易摩擦的升级和持续，我国在芯片、传感器、高端材料和设备、系统软件和专用软件等很多领域的核心技术出现“卡脖子”的被动局面，使创新具有现实紧迫性。习近平总书记指出：“我们必须加快从要素驱动发展为主向创新驱动发展转变，发挥科技创新的支撑引领作用。”[1]

创新能力不强是我国经济发展的一块关键短板。2012年以专利为主要指标的全球创新企业百强排名，中国企业无一上榜；以知名商标为主要指标的世界品牌100强当中，中国仅有4个；对25家具有代表性的创新型企业的统计显示，其无形资产占企业总资产的比例平均仅为0.65%，而知识产权资产占无形资产的比例则仅有16.98%。这些都与发达国家的平均水平有显著差距[2]。创新能力不强导致我国产业升级缓慢，难以实现从全球价值链低端环节向高端环节的攀升，使得通过大规模地创建具有自主知识产权的国际品牌来实现中国经济整体跃升目前还无法真正实

[1] 中共中央文献研究室编《习近平关于社会主义经济建设论述摘编》，中央文献出版社，2017，第125页。

[2] 李扬、张晓晶：《“新常态”：经济发展的逻辑与前景》，《经济研究》2015年第5期。

现[1]。创新的现实紧迫性还表现在：一方面，伴随着老旧资本设备升级替代过程的结束，以往较快的物化技术进步速度将向正常水平回归；另一方面，人口红利的逐渐消失，使得资本边际产出递减的约束逐渐强化，曾经推动“中国奇迹”在高积累下持续的条件逐渐消失。这意味着我国长期依赖于高强度的资本投入、全要素生产率贡献偏低的经济增长模式迫切需要转到创新引领的效率驱动轨道上来。因此，创新发展已成为迈向高质量发展的必然选择。

2.绿色发展

长期以来，我国的经济增长背负着沉重的环境代价，高污染、高能耗、高排放的粗放型增长特征一直没有得到根本性转变，可持续发展能力遭到破坏。据测算，从改革开放伊始到2008年，中国潜在经济增长速度平均为9.5%，其中大约1.3个百分点是环境代价。进入21世纪后，平均有2个百分点的经济增长是以环境消耗为代价拉动的[2]；1998—2010年，中国环境污染成本占实际GDP的8%—10%，且经济发达地区明显高于欠发达地区，居民健康支出对经济增长的长期弹性为1.66，高速经济增长由于社会健康水平下降而大打折扣[3]。发达国家的历史经验表明，“先发展后治理的老路”是走不通的，将引致无法承受的经济代价、社会代价和人文代价，有的代价甚至是不可逆的。因此，无论是从人民的长远根本利益出发，还是从长期经济增长出发，绿色发展都是我国未来发展的必由之路。

人民对美好生活的追求和资源环境约束趋紧使绿色发展的价值前所未有地凸显出来。习近平总书记指出：“良好生态环境是最公平的公共产品，是最普惠的民生福祉”[4]；“我们既要绿水青山，也要金山银山。宁要绿水青山，不要金山银山，而且绿水青山就是金山银山。我们绝不能以牺牲生态环境为代价换取经济的一时

[1] 刘志彪：《全球化背景下中国制造业升级的路径与品牌战略》，《财经问题研究》2005年第5期。

[2] 袁富华：《低碳经济约束下的中国潜在经济增长》，《经济研究》2010年第8期。

[3] 刘伟：《经济发展和改革的历史性变化与增长方式的根本转变》，《经济研究》2006年第1期。

[4] 中共中央文献研究室编《习近平关于社会主义生态文明建设论述摘编》，中央文献出版社，2017，第4页。

发展。”[1]

绿色是可持续发展的必要条件，是当今时代科技革命和产业变革的方向和最有前途的发展领域，要牢固树立保护环境就是保护生产力、改善环境就是发展生产力的现代发展理念，形成绿色的生产方式和生活方式，处理好经济发展、生活改善同资源节约、生态环境保护的关系，建设天蓝、地绿、水清的美丽中国。

实现绿色发展需要建立起相应的体制机制。首先，要建立起比较完善的生态环境保护基础性制度，包括建立健全自然资源资产产权制度和相应的法律法规，能够反映市场供求和资源稀缺程度的自然资源和生态产品价格形成机制，能够体现生态价值和合理代际补偿价值的资源有偿使用制度和生态补偿制度，以及生态环境保护责任追究制度和环境损害赔偿制度。其次，充分利用市场机制保护生态环境，使生态环境保护内嵌于社会主义市场经济体系之中。如通过全面实行排污许可制，推进排污权、用能权、用水权、碳排放权市场化交易，达到节约资源、减少排放的目的，借此建立起环境保护的内在激励机制。最后，实现严格的生态环境监管，“对破坏生态环境的行为，不能手软，不能下不为例”[2]。

3.共享发展成果

共享是中国特色社会主义的本质要求，是社会主义制度优越性的集中体现。坚持共享发展，实质就是坚持以人民为中心的发展思想。邓小平指出：“社会主义最大的优越性就是共同富裕，这是体现社会主义本质的一个东西。”[3]党的十九届五中全会通过的《中共中央关于制定国民经济和社会发展第十四个五年规划和二〇三五年远景目标的建议》将共同富裕提升到新的理论和实践高度，指出：“扎实推动共同富裕，不断增强人民群众获得感、幸福感、安全感。”40多年经济的高速增长为我们奠定了比较雄厚的物质基础，社会产品非常丰富，人均GDP达到中等

[1] 习近平：《弘扬人民友谊　共创美好未来》，《人民日报》2013年9月8日第3版。

[2] 《习近平张德江俞正声王岐山分别参加全国两会一些团组审议讨论》，《人民日报》2015年3月7日第1版。

[3] 邓小平：《邓小平文选》第二卷，人民出版社，1994，第364页。

偏上收入国家水平，但要避免“丰裕中的贫困”或“有增长而无发展”的局面，增强增长的包容性，将发展的利益惠及社会各个阶层。

解决相对贫困问题是实现共享发展和共同富裕的关键所在。2020年我国消灭绝对贫困，全面建成小康社会，这是世界反贫困史上的一大奇迹，而解决相对贫困问题随之提上议事日程。党的十九大报告、党的十九届四中全会通过的《中共中央关于坚持和完善中国特色社会主义制度　推进国家治理体系和治理能力现代化若干重大问题的决定》和党的十九届五中全会通过的《中共中央关于制定国民经济和社会发展第十四个五年规划和二〇三五年远景目标的建议》，将解决相对贫困问题和实现共同富裕作为社会主义现代化国家建设的重要目标作了部署，并提出了明确的路线图和具体方案，如表10-6所示。

表10-6　在全面建设社会主义现代化国家过程中解决相对贫困问题和实现共同富裕

| 具体方案 | 2035年 | 2050年 |
|---|---|---|
| 国家现代化 | 基本实现社会主义现代化 | 建成富强民主文明和谐美丽的社会主义现代化强国 |
| 共同富裕 | 共同富裕迈出坚实步伐：人民生活更为宽裕、中等收入群体比例明显提高、城乡区域发展差距显著缩小、居民生活水平差距显著缩小、基本公共服务均等化基本实现 | 基本实现共同富裕，人民将享有更加幸福安康的生活 |
| 解决相对贫困 | 建立解决相对贫困的长效机制，相对贫困人口的收入及福祉水平与社会平均收入水平差距有一定程度的缩小，相对贫困人口中最困难人群获得接近于平均发展速度的生活保障 | 相对贫困人口的收入及福祉水平与社会平均收入水平差距缩小到合理水平；相对贫困人口中最困难人群比例缩小到一定范围，所获得的生活保障达到社会可接受水平 |

资料来源：檀学文：《走向共同富裕的解决相对贫困思路研究》，《中国农村经济》2020年第6期。

解决相对贫困问题的关键在于加快社会相对贫困群体的能力建设以及相应的制度建设。2016年世界银行在一篇报告中提出了综合性减贫的“三根支柱”，即劳动密集型经济增长、人力资本投资和防备挫折的社会保障[1]；“欧盟2020战略”关于减少相对贫困的方案包含包容性增长、保障教育、改善医疗服务、改进社会保护效果等内容。这些都涉及相对贫困群体的能力建设和相应的制度建设。为了解决我国相对贫困问题和实现共享发展，要做好以下几个方面：

第一，完善各类保障制度。要确保社会各阶层，特别是相对低收入家庭孩子获得高质量教育机会。“对于政府来说，为使国家走上分配较为平等的道路，教育政策是最为可靠的办法”“教育是而且永远是穷人家庭孩子逃出贫困的一条主要出路”[2]。相对低收入家庭孩子的营养状况、劳动力健康状况、基本住房条件等也是低收入群体能力建设的重要内容。因此，完善相对贫困家庭儿童营养计划、基本医疗保险和基本住房保障计划等，都是相对贫困群体能力建设的重要内容。

第二，保障低收入群体就业，提高就业质量，是实现包容性增长的重要途径和标志。实施就业优先政策，扩大就业容量，提升就业质量；健全就业公共服务体系，完善终身职业技能培训制度，加快提升劳动者的技能素质和职业流动性，提高低收入群体适应经济结构调整和技术革新、产业变革的能力；鼓励以创业带动就业，多渠道灵活就业，促进新经济形式、新商业模式和中小微企业等对就业的带动作用。通过提高就业质量和劳动者收入，以及增加各类财产性收入，稳步缩小低收入群体，扩大中等收入群体，为经济社会长期稳定奠定坚实的基础。

第三，进一步发挥政府在缩小收入差距、实现共同富裕中的作用。通过调节劳资关系，提高劳动报酬在初次分配中的比重，保障工资收入的合理增长，形成劳动

---

[1] World Bank, “Poverty and Shared Prosperity 2016: Taking on Inequality,” Washington, D.C.: World Bank Group, https://www.worldbank.org/en/publication/poverty-and-shared-prosperity-2016.

[2] 杰拉尔德·迈耶、约瑟夫·斯蒂格利茨主编《发展经济学前沿——未来展望》，本书翻译组译，中国财政经济出版社，2003，第390页。

者收入合理增长机制。完善再分配机制，加大税收、社保、转移支付等调节力度和精准性，合理调节高收入，取缔非法收入。健全社会慈善制度，发挥第三次分配的作用，广泛动员社会力量改善收入和财富分配格局。

第四，发挥市场机制的“涓滴效应”，充分利用市场机制增加低收入群体的经济机会。例如，通过完善产权保护制度和发展金融市场等措施，激励高收入群体把大部分收入和财富转化为再生产过程中的投资，创造工作岗位，从而增加低收入群体的就业和收入机会，同时缩小社会成员的实际消费差距，缓解由收入和财富差距造成的消费差距，实现更高程度的消费公平和福利公平。

CHAPTER 11

# 第十一章

# 新时代完善社会主义市场经济体制的重点、难点和着力点

经过40多年来经济体制改革的不断探索，我国已经形成了社会主义市场经济体制的基本框架，市场在资源配置中的作用越来越大，政府的职能不断得到优化和调整。党的十八大以来，党中央开启全面深化改革新征程，社会主义市场经济体制不断完善和发展。进入新时代，中国经济发展面临的内外环境发生了重大变化。从国内看，经济发展开始从高速增长阶段转向高质量发展阶段，社会主要矛盾已经转化为人民日益增长的美好生活需要和不平衡不充分的发展之间的矛盾，资源环境约束日益加剧，经济日趋复杂化。从外部环境看，当今世界正经历百年未有之大变局。经济体制改革进入了深水区，需要“啃硬骨头”“涉险滩”，夯实制度基础，进而建立现代社会主义市场经济体制。

# 第一节

## 中国经济体制改革的理论和政策脉络

1978年召开的党的十一届三中全会，开启了中国改革开放的历史大幕。会议指出，实现四个现代化，必须改变“同生产力发展不适应的生产关系和上层建筑，改变一切不适应的管理方式、活动方式和思想方式”，这是“一场广泛、深刻的革命”[1]。同时提出“坚决实行按经济规律办事，重视价值规律的作用”[2]。以此为开端，传统计划经济体制下形成的僵化生产关系开始松动，商品、货币、交换等市场经济因素开始慢慢引入社会经济生活。1984年10月召开的党的十二届三中全会通过了《中共中央关于经济体制改革的决定》，提出了“建立充满生机的社会主义经济体制”的设想，把增强企业活力作为经济体制改革的中心环节，“使企业真正成为相对独立的经济实体，成为自主经营、自负盈亏的社会主义商品生产者和经营者，具有自我改造和自我发展的能力，成为具有一定权利和义务的法人”[3]。该决定还提出：建立合理的价格体系，充分重视经济杠杆的作用；正确发挥政府机构管理经济的职能，重视宏观调节；认真贯彻按劳分配原则；积极发展多种经济形式；等等[4]。这些改革措施都与市场在经济生活中的作用密切相关。

1992年党的十四大确立经济体制改革的目标是建立社会主义市场经济体制，确立社会主义市场经济体制，“就是要使市场在社会主义国家宏观调控下对资源配置起基础性作用”[5]，这就为我国经济体制改革指明了大方向，我国经济的市场化进

[1] 中共中央文献研究室编《三中全会以来重要文献选编》（上），中央文献出版社，2011，第4页。

[2] 同上书，第6页。

[3] 中共中央文献研究室编《十二大以来重要文献选编》（中），中央文献出版社，2011，第53页。

[4] 同上书，第57—65页。

[5] 中共中央文献研究室编《十四大以来重要文献选编》（上），中央文献出版社，2011，第16页。

程由此开始迅速向前推进。党的十四大以后，理论界和实践部门对于如何构建社会主义市场经济体制进行广泛的探讨。1993年召开的党的十四届三中全会通过了《中共中央关于建立社会主义市场经济体制若干问题的决定》，勾画出社会主义市场经济体制的基本框架，它是由五个紧密联系又相互制约的环节构成的有机整体：坚持以公有制为主体、多种经济成份共同发展，建立产权清晰、权责明确、政企分开、管理科学的现代企业制度；建立全国统一开放的市场体系，实现城乡市场紧密结合，国内市场与国际市场相互衔接；转变政府管理经济的职能，建立以间接手段为主的完善的宏观调控体系；建立以按劳分配为主体的收入分配制度，鼓励一部分地区一部分人先富起来，走共同富裕的道路；建立多层次的社会保障制度，为城乡居民提供同我国国情相适应的社会保障。党的十五大对社会主义市场经济体制作了进一步的设计，把“公有制为主体、多种所有制经济共同发展”上升为社会主义初级阶段的基本经济制度，对公有制的主体地位和国有经济的主导作用作出了明确的说明；提出公有制实现形式可以而且应当多样化，股份制是现代企业的一种资本组织形式，非公有制经济是我国社会主义市场经济的重要组成部分；在收入分配制度上，提出“坚持按劳分配为主体、多种分配方式并存的制度”“允许和鼓励资本、技术等生产要素参与收益分配”，等等。纵观我国经济体制改革的历史进程，党的十四大、党的十四届三中全会、党的十五大对社会主义市场经济体制设计和关键要素的把握是科学的，经得起实践和时间的检验。

20世纪90年代是我国经济体制改革取得重大进展的时期，社会主义市场经济体制逐渐成型，迈入21世纪时已经初步形成了社会主义市场经济体制的基本框架。接下来就是如何完善社会主义市场经济体制，强化薄弱环节，补充缺失环节，并随形势的发展变化增添新的体制要素。2003年10月党的十六届三中全会通过《中共中央关于完善社会主义市场经济体制若干问题的决定》，提出了完善社会主义市场经济体制的任务：完善公有制为主体、多种所有制经济共同发展的基本经济制度；建立有利于逐步改变城乡二元经济结构的体制；形成促进区域经济协调发展的机制；

建设统一开放竞争有序的现代市场体系；完善宏观调控体系、行政管理体制和经济法律制度；健全就业、收入分配和社会保障制度；建立促进经济社会可持续发展的机制。在原有社会主义市场经济体制基本框架的基础上，强调和增添了一些体制要素，主要包括：发展混合所有制经济，使股份制成为公有制的主要实现形式；放宽市场准入，允许非公有资本进入法律法规未禁入的领域，如基础设施和公用事业领域；建立健全现代产权制度，依法保护各类产权；加快推进和完善垄断行业改革；农户在承包期内可依法、自愿、有偿流转土地承包经营权；完善市场体系，加快建设全国统一市场；完善按劳分配为主体、多种分配方式并存的分配制度，允许各种生产要素按贡献参与分配；等等。

学术界对于如何设计社会主义市场经济体制提出了许多建设性意见。1988年，吴敬琏、周小川等人出版了《中国经济改革的整体设计》，提出了富有启发的体制设计思路，他们主张“进行企业、市场、宏观调控体系三环节配套改革，尽快使有宏观管理的市场体系发挥整体功能”，指出“目前我国经济体制改革最紧迫的任务，是逐步建立竞争性的市场体系”[1]。一些学者主张通过所有制改革来建立市场经济的微观基础，尤其强调股份制对于社会主义市场经济的意义。蒋学模认为：“股份制是同生产社会化和商品化相适应的一种集资形式。它既可以为资本主义企业采用，也可以为社会主义企业采用。社会主义企业之间的横向经济联合可以采取股份制作为财产组织形式，多种经济成份的联合也可以采用股份公司的形式。此外，企业还可以用股份制形式吸收职工入股或吸收社会闲散资金。”[2]厉以宁认为，“在社会主义社会中，建立和发展股份企业不仅是必要的，而且也是可行的”，股份化有以下好处：一是从根本上改变政企不分的状况，把企业办成一个完全经济性的实体；二是比较有效地解决生产要素的合理流动问题，引导资金转移到盈利高的部门，使资金和劳动力得到比较合理的配置；三是有利于把社会上的闲散

[1] 吴敬琏、周小川等：《中国经济改革的整体设计》，中国展望出版社，1988，第5页、第15页。

[2] 蒋学模：《评“所有者缺位”论——兼评全民企业股份化》，《经济研究》1988年第3期。

资金集中起来，实现资金融通[1]。

进入新时代，以习近平同志为核心的党中央开启全面深化改革的新征程，更加注重改革的系统性、整体性、协同性，着力构建和加固社会主义市场经济体制的“四梁八柱”。党的十八届三中全会通过的《中共中央关于全面深化改革若干重大问题的决定》提出了“使市场在资源配置中起决定性作用和更好发挥政府作用”的新论断，实现了社会主义市场经济理论的新飞跃，是完善社会主义市场经济体制的根本理论遵循。党的十九届四中全会通过了《中共中央关于坚持和完善中国特色社会主义制度　推进国家治理体系和治理能力现代化若干重大问题的决定》，注重支撑社会主义市场经济运行的制度建设，提出“公有制为主体、多种所有制经济共同发展，按劳分配为主体、多种分配方式并存，社会主义市场经济体制”三者构成社会主义基本经济制度，实现了社会主义市场经济理论的新突破，增强了社会主义市场经济体制在整个制度体系和经济社会发展中的作用。2020年5月，《中共中央　国务院关于新时代加快完善社会主义市场经济体制的意见》从七个重点领域提出加快完善社会主义市场经济体制的改革举措：坚持公有制为主体、多种所有制经济共同发展，增强微观主体活力；夯实市场经济基础性制度，保障市场公平竞争；构建更加完善的要素市场化配置体制机制，进一步激发全社会创造力和市场活力；创新政府管理和服务方式，完善宏观经济治理体制；坚持和完善民生保障制度，促进社会公平正义；建设更高水平开放型经济新体制，以开放促改革促发展；完善社会主义市场经济法律制度，强化法治保障。这为继续深化改革提供了行动指南。

改革开放以来我国社会主义市场经济体制建设有以下明显特点：一是社会主义市场经济体制的关键要素、基本结构日渐清晰；二是社会主义市场经济体制不是固定不变的，随着经济发展的阶段变化，其构成要素之间的相互关系和地位也会发生变化，同时增添了一些新的体制要素。

[1] 厉以宁：《社会主义所有制体系的探索》，《河北学刊》1987年第1期。

# 第二节

## 中国经济体制改革迄今取得的重要进展

改革开放40多年来，我国经济体制改革取得了巨大成就，社会主义市场经济体制的基本框架已经形成，市场在资源配置中的作用明显增强，主要表现在：经济市场化程度显著提高；商品市场发育程度较高，要素市场初步发育，要素流动性增强；所有制结构多元化，各类经济主体迅速成长；生产要素参与收入分配，初步形成与社会主义市场经济相契合的激励结构。

### （一）中国经济的市场化程度明显提高

市场化程度从总体上描述了市场机制参与资源配置和经济生活的程度。陈宗胜、吴浙、谢思全等人认为："市场化就是市场机制在一个经济中对资源配置发挥的作用持续地增大，经济对市场机制的依赖程度不断加深和增强，市场体制从产生、发展到成熟的演变过程。"[1]林永生、郭治鑫、吴其倡从政府行为规范化、经济主体自由化、生产要素市场化、贸易环境公平化、金融参数合理化五个方面测度了1978—2016年中国经济市场化指数的变化，结果表明：1978—2016年，中国经济的市场化指数不断提高，从15.08分（满分100分）提高到86.50分，平均每年提高约1.88分[2]，如表11-1所示。尽管不同机构和学者对中国经济市场化程度的测度结果不完全相同，但都认为中国经济市场化指数是稳步提高的。目前，全球已经有80多个经济体（包括俄罗斯、巴西、瑞士、澳大利亚、新西兰、英国、荷兰，以及部分

[1] 陈宗胜、吴浙、谢思全等：《中国经济体制市场化进程研究》，上海人民出版社，1999。

[2] 林永生、郭治鑫、吴其倡：《中国市场化改革绩效评估》，《北京师范大学学报》（社会科学版）2019年第1期。

北欧国家等）承认中国市场经济地位[1]。

表11-1 1978—2016年中国经济市场化指数（满分100分）

| 年份 | 市场化指数/分 | 年份 | 市场化指数/分 | 年份 | 市场化指数/分 | 年份 | 市场化指数/分 |
|---|---|---|---|---|---|---|---|
| 1978 | 15.08 | 1988 | 19.63 | 1998 | 55.49 | 2008 | 76.40 |
| 1979 | 14.25 | 1989 | 19.83 | 1999 | 55.29 | 2009 | 79.75 |
| 1980 | 15.08 | 1990 | 20.25 | 2000 | 60.64 | 2010 | 81.42 |
| 1981 | 16.88 | 1991 | 21.10 | 2001 | 64.26 | 2011 | 82.46 |
| 1982 | 18.92 | 1992 | 26.04 | 2002 | 64.76 | 2012 | 79.21 |
| 1983 | 15.79 | 1993 | 34.11 | 2003 | 67.07 | 2013 | 82.96 |
| 1984 | 17.88 | 1994 | 37.72 | 2004 | 70.53 | 2014 | 83.17 |
| 1985 | 18.38 | 1995 | 40.60 | 2005 | 76.03 | 2015 | 85.25 |
| 1986 | 18.38 | 1996 | 41.43 | 2006 | 75.19 | 2016 | 86.50 |
| 1987 | 19.83 | 1997 | 49.93 | 2007 | 76.19 | — | — |

资料来源：林永生、郭治鑫、吴其倡：《中国市场化改革绩效评估》，《北京师范大学学报》（社会科学版），2019年第1期。

### （二）商品市场快速发育

商品（如农副产品、日用品和一般工业品等）市场和一般服务业（如餐饮和旅馆等）市场是改革开放以来发展最为迅速的。改革开放初期，许多日用品和服务都是定量配给的，价格由计划制定，许多产品是定量供应的，价格固定，消费者没有选择。而到了1990年，在社会商品零售、农副产品收购以及生产资料出厂三个环节，市场调节在价格形成中的比重就分别上升到53.0%、51.6%和36.4%。到了1993年，这三个比重再上升到93.8%、87.5%和81.1%。可以说，到20世纪90年代初，“价格形成机制发生根本性变化，国家定价退居次要地位，大部分商品价格已经在市场上形成”[2]。1997年，在社会商品零售总额中，市场调节价比重上升

[1] 林永生、郭治鑫、吴其倡：《中国市场化改革绩效评估》，《北京师范大学学报》（社会科学版）2019年第1期。

[2] 中国社会科学院财贸物资研究所和美国加州大学伯克利分校商学院合作课题组：《中国商品市场的发育与完善》，《经济学家》1993年第5期。

到93.2%，政府定价比重下降到5.5%；在农副产品收购总额中，市场调节价比重达80.5%，政府定价比重下降到16.1%[1]。目前，除自来水、电、燃气、教育、医疗、公共交通等基本公共服务价格由政府定价外，一般商品和服务价格基本都交由市场形成。商品和服务的品种也日趋增多，市场规模不断扩大。2018年，我国亿元以上商品交易市场4296个，年成交额达109373.2亿元，其中综合市场1254个，成交额26056.3亿元，各类专业市场3042个，成交额83317亿元，限额以上零售企业销售额达124987.9亿元。消费者享有充分的选择自由，选择的范围和产品的质量都大幅度扩大和提升，幸福感随之提升。

更为重要的是，随着互联网技术的迅速发展，我国商品市场的形态发生了质的变化，并且走在世界前列。网上销售和网上购买成为越来越多企业和消费者的新选择。如表11-2所示，2015—2019年，我国互联网销售增长异常迅速，网上零售额从38773亿元猛增到106324亿元，年均增长率为28.7%。基于移动支付的市场交易额也大幅度增加。据艾瑞研究院数据，2018年我国第三方移动支付交易规模为190.5万亿元，2019年达226.2万亿元，2020年第一季度为56.7万亿元。

表11-2　2015—2019年我国网上零售额迅速增长

| 年份 | 网上零售 | | 实物商品网上零售 | | 网上零售额占社会消费品零售总额比重/% |
|---|---|---|---|---|---|
| | 总额/亿元 | 增长率/% | 总额/亿元 | 增长率/% | |
| 2015 | 38773 | 33.3 | 32424 | 31.6 | 28.3 |
| 2016 | 51556 | 26.2 | 41944 | 25.6 | 12.6 |
| 2017 | 71751 | 32.2 | 54806 | 28.0 | 15.0 |
| 2018 | 90065 | 23.9 | 70198 | 25.4 | 18.4 |
| 2019 | 106324 | 16.5 | 85239 | 19.5 | 20.7 |

基于互联网的电子商务强化了商品市场的显示和调节供求功能，商品和服务流通的空间范围前所未有地扩大，消费者的搜寻成本等信息成本大大降低，从而使得市场交易成本明显降低，以往难以获得的商品和服务质量信息也在较大程度上显示

[1]　国家计委价格司：《1997年我国价格形成市场化程度进一步提高》，《中国物价》1998年第13期。

了出来，消费者的偏好更容易、更快速地反馈到生产者那里，供求规律、竞争规律和价值规律获得了更好发挥作用的条件，明显促进了市场优化配置资源。

### （三）所有制结构多元化

社会主义市场经济不可能建立在单一的所有制结构和企业组织形式之上。改革开放40多年来，通过持续不断的所有制改革，形成了以公有制为主体、多种所有制经济共同发展的所有制结构，为社会主义市场经济的有效运行奠定了比较坚实的微观基础。

我国的经济体制改革是从单一公有制出发的。所有制结构的变动是以允许个体经济的存在和发展为开端的，而一旦打开这个缺口，所有制结构便获得了自我演进的内生动力。1978年党的十一届三中全会指出："社员自留地、家庭副业和集市贸易是社会主义经济的必要补充部分，任何人不得乱加干涉。"[1]1980年改革开放后第一张个体工商户营业执照颁发，1982年发展和保护个体经济被写入了《中华人民共和国宪法》："在法律规定范围内的城乡劳动者个体经济，是社会主义公有制经济的补充。国家保护个体经济的合法的权利和利益。"[2]到1992年邓小平视察南方，全国登记注册的个体工商户达1533.9万户，从业人员达2467.7万人，注册资金达600.9亿元，实现产值926.2亿元，营业额为2238.9亿元，商品零售额为1861.3亿元。与个体经济相比，私营经济的发展要稍晚一些，也曲折艰难得多。1988年全国各地开始私营企业登记注册工作，1989年底全国登记注册的私营企业达9.1万户，从业人员有164万人，在工业、建筑业、交通运输业实现产值97.4亿元，餐饮服务业、修理业等行业的营业额为38.8亿元，商品零售额为33.7亿元。在随后我们党关于非公经济的基本理论和重要政策中，提出了"两个毫不动摇"方针、"非公经济

[1] 中共中央文献研究室编《三中全会以来重要文献选编》（上），中央文献出版社，2011，第7页。

[2] 中共中央文献研究室编《十二大以来重要文献选编》（上），中央文献出版社，2011，第189—190页。

三十六条”和“非公经济新三十六条”、平等保护物权、平等获取生产要素等，非公经济稳步发展，成为市场经济和资源配置的活跃主体。到2017年，我国个体工商户达6579.4万户；私营企业达1436.9万家，占企业总数的79.4%；港澳台商和外商投资企业有6.7万家，占企业总数的1.8%。

公有制经济仍然在经济社会发展中占据主体地位，但公有制的实现形式已经多元化。经过国有企业的战略性重组、公司制改造和股权多元化改革，国有企业和国有独资企业的比重大幅度下降，国有控股企业和国有参股企业的比重提高。2017年，国有企业为13.3万家，占企业总数的比重仅为0.74%；国有控股企业32.6万家，占企业总数的1.8%。

值得注意的是，混合所有制经济作为一种新型所有制形态，最近几年快速成长，扮演的角色也越来越重要。早在1993年召开的党的十四届三中全会通过的《中共中央关于建立社会主义市场经济体制若干问题的决定》就指出：“随着产权的流动和重组，财产混合所有制的经济单位越来越多，将会形成新的财产所有结构。”[1]1999年党的十五届四中全会提出“发展混合所有制经济”，2003年党的十六届三中全会提出“大力发展国有资本、集体资本和非公有资本等参股的混合所有制经济，实现投资主体多元化，使股份制成为公有制的主要实现形式”[2]。党的十八大以来，党中央多次强调发展混合所有制经济，出台了一系列重要改革举措，大大推动了混合所有制经济的发展。据统计，到2018年，在146万亿元的经营性社会总资产中，排在第一位的是以股份有限公司和有限责任公司形式存在的混合所有制经济，其资产达到77.6万亿元，占全部社会总资产的53.06%，说明以股份制为主要形式的混合所有制经济已经占有相当大比重[3]。

从大的方面看，到“十三五”时期，我国已经形成了国有经济、民营经济和外

[1] 中共中央文献研究室编《十四大以来重要文献选编》（上），中央文献出版社，2011，第458页。

[2] 中共中央文献研究室编《十六大以来重要文献选编》（上），中央文献出版社，2005，第466页。

[3] 中国社会科学院经济研究所课题组：《“十四五”时期我国所有制结构的变化趋势及优化政策研究》，《经济学动态》2020年第3期。

资经济“三分天下”的基本格局，今后还会有一些变化，但基本能够为社会主义市场经济的运行提供比较坚实的所有制基础。

### （四）形成与社会主义市场经济基本相容的激励结构

在市场经济条件下，人们在经济领域主要基于利益作出选择和决策，利益也是资源流动的基本驱动力量，因此，形成与市场经济内在运行规律相契合的激励结构就显得非常重要。

改革开放伊始，中央就明确提出要克服平均主义，恢复按劳分配原则。《中共中央关于加快农业发展若干问题的决定》指出：“按劳分配、多劳多得是社会主义的分配原则，决不允许把它当作资本主义原则来反对。”[1]党的十二届三中全会报告指出：“平均主义思想，同马克思主义关于社会主义的科学观点是完全不相容的。历史的教训告诉我们：平均主义思想是贯彻执行按劳分配原则的一个严重障碍，平均主义的泛滥必然破坏社会生产力。”[2]

除了恢复贯彻按劳分配原则以外，改革开放后经济激励结构的一个重要变化就是逐步引入按劳分配以外的分配方式，特别是按生产要素分配。党的十三大指出：“除了按劳分配这种主要方式和个体劳动所得以外，企业发行债券筹集资金，就会出现凭债权取得利息；随着股份经济的产生，就会出现股份分红；企业经营者的收入中，包含部分风险补偿；私营企业雇用一定数量劳动力，会给企业主带来部分非劳动收入。以上这些收入，只要是合法的，就应当允许。”[3]党的十五大明确提出：“把按劳分配和按生产要素分配结合起来，……允许和鼓励资本、技术等生产要素参与收益分配。”[4]党的十九届四中全会把“按劳分配为主体、多种分配方

[1] 中共中央文献研究室编《三中全会以来重要文献选编》（上），人民出版社，1982，第195页。

[2] 中共中央文献研究室编《十二大以来重要文献选编》（中），人民出版社，1986，第84页。

[3] 中共中央文献研究室编《十三大以来重要文献选编》（上），中央文献出版社，2011，第28页。

[4] 中共中央文献研究室编《十五大以来重要文献选编》（上），人民出版社，2000，第42页。

式并存”作为社会主义基本经济制度的重要组成部分，提出“健全劳动、资本、土地、知识、技术、管理、数据等生产要素由市场评价贡献、按贡献决定报酬的机制”[1]。

按劳分配为主体、多种分配方式并存的基本分配制度，能够奠定与社会主义市场经济相容的激励结构，不仅能够调动人们劳动的积极性，还能够激发人们积累和运用资本、知识、技术、数据等的热情，使财富的创造和经济的运行获得不竭的动力。

人们的收入渠道日趋多元化。劳动收入仍是居民收入的主要来源，除劳动收入以外，居民还可以通过其他多种渠道获得多种形式的收入，主要是财产性收入和经营性收入。财产性收入包括存款和债券带来的利息收入、股票带来的股息收入和资本性收入、房产带来的租金收入和资本性收入等。经营性收入包括开办企业的利润收入和从事其他经营活动的收入。如表11–3所示，2013—2018年，在居民人均可支配收入中，工资性收入（主要是劳动收入）占一半以上，平均为56.5%，经营性净收入平均占17.8%，财产性净收入平均占8.0%，转移性净收入平均占17.7%。经营性净收入和财产性净收入之和占居民人均可支配收入平均为25.8%，略高于1/4。从这些数据可以看出，我国已经形成了多元化的收入和激励机制。

[1] 《中共中央关于坚持和完善中国特色社会主义制度　推进国家治理体系和治理能力现代化若干重大问题的决定》，人民出版社，2019，第19—20页。

表11-3　居民人均可支配收入及其构成

| 年份 | 居民人均可支配收入/元 | 人均工资性收入 | | 人均经营性净收入 | | 人均财产性净收入 | | 人均转移性净收入 | |
|---|---|---|---|---|---|---|---|---|---|
| | | 金额/元 | 占比/% | 金额/元 | 占比/% | 金额/元 | 占比/% | 金额/元 | 占比/% |
| 2013 | 18310.8 | 10410.8 | 56.9 | 3434.7 | 18.8 | 1423.3 | 7.8 | 3042.1 | 16.6 |
| 2014 | 20167.1 | 11420.6 | 56.6 | 3732.0 | 18.5 | 1587.8 | 7.9 | 3426.8 | 17.0 |
| 2015 | 21966.2 | 12459.0 | 56.7 | 3955.6 | 18.0 | 1739.6 | 7.9 | 3811.9 | 17.4 |
| 2016 | 23821.0 | 13455.2 | 56.5 | 4217.7 | 17.7 | 1889.0 | 7.9 | 4259.1 | 17.9 |
| 2017 | 25973.8 | 14620.3 | 56.3 | 4501.8 | 17.3 | 2107.4 | 8.1 | 4744.3 | 18.3 |
| 2018 | 28228.0 | 15829.0 | 56.1 | 4852.4 | 17.2 | 2378.5 | 8.4 | 5168.1 | 18.3 |

资料来源：国家统计局编《中国统计年鉴2019》，中国统计出版社，2019年版。

# 第三节

## 建立现代社会主义市场经济体制

社会主义市场经济是社会主义制度优势和市场配置资源优势相结合的市场经济，完善的社会主义市场经济体制应该能够把这两个优势充分发挥出来。我国已经建立了社会主义市场经济体制的基本框架，但还需要通过深入推进改革不断加以完善。党的十八届三中全会提出：到2020年，“形成系统完备、科学规范、运行有效的制度体系，使各方面制度更加成熟更加定型”[1]。党的十九大对开启全面建设社会主义现代化国家新征程作出战略安排：到2035年基本实现社会主义现代化，到21世纪中叶，把我国建成富强民主文明和谐美丽的社会主义现代化强国。这些都需要完善的社会主义市场经济体制提供强有力的支撑。对于未来改革，党的十九大提出：“经济体制改革必须以完善产权制度和要素市场化配置为重点，实现产权有效激励、要素自由流动、价格反应灵活、竞争公平有序、企业优胜劣汰。”[2]党的十九届四中全会把社会主义市场经济体制纳入社会主义基本经济制度范畴，强调制度建设的重要性，提出建设高标准市场体系、强化竞争政策基础地位、健全以公平为原则的产权保护制度、推进要素市场制度建设等，明确了完善社会主义市场经济体制的重点、难点和着力点。2020年5月，《中共中央　国务院关于新时代加快完善社会主义市场经济体制的意见》颁布，对未来改革作出了更加具体的部署。

[1]　《中共中央关于全面深化改革若干重大问题的决定》，人民出版社，2013，第7页。

[2]　习近平：《决胜全面建成小康社会夺取新时代中国特色社会主义伟大胜利》，人民出版社，2017，第33页。

### （一）科学处理政府与市场的关系

处理好政府与市场的关系是我国经济体制改革的核心，这一判断至今仍然成立。我国的经济体制改革是从计划经济体制出发的。在计划经济体制中，政府的身影无所不在，政府的职能无所不包，所有生产要素和几乎所有生活消费品都由政府计划配置。列宁在俄国十月革命前夕撰写的《国家与革命》一文中，曾把社会主义经济比作“国家辛迪加”：“全体公民都成了一个全民的、国家的‘辛迪加’的职员和工人”[1]“整个社会将成为一个管理处，成为一个劳动平等和报酬平等的工厂”[2]。“大工厂”或“国家辛迪加”的思想对我国计划经济体制的形成产生了重要影响。而在市场经济体制中，价值规律和市场信号是资源配置的决定性力量。这就意味着政府在整个经济中的角色必须发生根本性的变化，必须从大量的资源配置活动中退出来，转向自身应尽的职责。因此，从本质意义上讲，我国的经济体制改革就是一个还权于企业、还权于市场、还权于社会的过程，通过简政放权，激发经济发展的内生动力和各类经济主体的活力。

经过40多年的改革开放，政府职能发生了重要转变，政府与市场的关系得到明显改善，主要表现在：

第一，市场配置资源的空间显著扩大。不仅绝大部分商品转由市场配置，一部分生产要素也转由市场配置，资源配置的主体除了传统体制下业已存在的政府和国有企业之外，大量新的市场主体快速成长起来，个人、家庭、个体工商户、私营企业、外资企业、混合所有制企业等都在资源配置中扮演着越来越重要的角色。与此同时，政府对资源的行政控制力下降了，而由市场配置的资源份额明显提高了。在建筑业、零售业、公路运输业、餐饮服务业等行业中，非公有制经济已成为资源配置和经营的主体。

第二，自由企业制度开始确立。自由企业制度是市场配置资源的前提条件，而

[1] 列宁：《国家与革命》，载《列宁专题文集：论马克思主义》，人民出版社，2009，第271页。

[2] 同上书，第272页。

在我国，传统的行政审批制度限制了自由企业制度的运行，因此，行政审批制度改革注定能够从根本上释放企业的经济活力。从1998年开始，全国许多地方相继进行行政审批制度改革，党的十八大以来加快了行政审批制度改革的步伐，开始实施负面清单制度和权力清单制度。负面清单制度，就是政府列出禁止和限制进入的行业、领域和业务清单，清单之外的都可自由进入，即“非禁即入”。负面清单制度只管“企业不能做什么”，而不管“企业能做什么”，这就大幅度压缩了政府干预的范围，也相应压缩了政府官员的自由裁量权和寻租空间，为市场机制发挥作用提供了广阔天地。权力清单制度则是指对政府部门行使的职能、权限以清单方式明确列出，行政机关应当按照列出的权力清单履行职能、行使权力，不属于权力清单范围内的职能、权限，行政机关不得为之，即“法无授权即禁止”。权力清单制度规定“政府能做什么”，这样就把政府权力装进了制度的笼子里。负面清单制度和权力清单制度相互配合有助于明晰政府与市场的界限，在激发市场主体创造性的同时，确保政府不恣意行使行政权力。

第三，为适应经济市场化要求，政府机构发生了转型。从政府机构改革的历程来看，随着市场经济的深入，政府原有的计划管理部门随着价格放开、政企分开、生产要素流动等而逐步淡出，而契合市场经济新体制要求的政府部门则逐步建立了起来。政府机构的转型反过来促进了政府职能的转变，在一定程度上为改善政府与市场的关系奠定了基础。

但与建立现代社会主义市场经济体制要求相比，政府与市场的关系还没有完全理顺，政府越位和政府缺位现象仍然大量存在。政府越位是指政府干了本应该由市场、企业、个人和社会去干的事情；政府缺位是指本应该由政府履行的职责，政府却没有尽职尽责。地方政府热衷于投资项目就是政府越位的一个明显例子。地方政府以其控制的资源兴办一般投资项目，或介入企业投资活动，形成了一轮又一轮的投资冲动，这不仅是宏观经济波动的一个重要根源，而且是产能过剩和产能闲置的主要推手。在政府越位的同时，存在着大量政府缺位现象，突出表现在以下三个方面：一是社会经济赖以顺畅运行的信息基础设施还没有建立起来。如产权的法律确认、公众财产和收入信息库、公民和法人信誉（诚信）信息库、养老和医疗账户全国统一信息库，以及支撑数字经济的新基础设施等的建设才刚刚起步。二是没有有效履行监管职能。有效监管（包括经济监管和社会监管）可以保障市场交易秩序、产品质量安全、消费安全、工作安全和环境安全，但政府没有尽到应尽职责，导致产品质量安全事件、生产安全事件、环境污染事件、商业欺诈和不公平交易事件频发。三是公共服务职能不到位。教育、医疗、养老、环境保护是政府应该发挥重要职能作用的核心公共领域，但政府并没有把公共财政资源尽可能地投向这些领域，导致公共服务短缺、质量不高和分布不均等。

进一步处理好政府与市场的关系，可以从以下几个方面着手：

第一，按照社会主义市场经济的内在逻辑，合理界定政府职能，构建有效政府。社会主义市场经济是现代市场经济，按照现代市场经济的内在逻辑来界定政府职能，必须遵循一个基本理念，那就是让市场在资源配置中起决定性作用。因此，绝大部分资源配置活动和基于个人偏好的选择，都应该交给市场主体去做，同时把相应的责任和风险分散出去。政府只做那些市场做不好或做起来不经济的事务。从这一逻辑出发，在社会主义市场经济中，政府的职能就是经济调节、市场监管、社会管理、公共服务和生态环境保护。

第二，把政府支配的资源控制在政府履行自身应尽职责的水平上。回顾政府与市场演变的轨迹，不难看出，如果不把政府支配的资源保持在政府履行应尽职责所需要的合理水平，政府与市场的关系就会发生扭曲，政治对经济的僭越就不可避免，经济主体对政府的依赖以及随之而来的设租和寻租行为也就不可避免。把政府支配的经济资源保持在合理水平，就能为市场配置资源释放尽可能大的空间，同时为那些与政府谈判力较弱，但能够对经济增长作出更大贡献的市场主体提供更多的机会。政府减少对经济资源的控制，也就降低了政府扭曲要素配置和要素价格的可能性，同时强化了政府作为市场公平竞争维护者的角色。如果让市场来作更多的选择，政府的政策偏差也将会小许多。当经济增长成为企业而不是政府的基本诉求时，政府就更有可能把注意力转移到诸如保护产权、维护市场秩序、管理宏观经济和提供公共产品等核心职能上来。

第三，理顺政府间关系。涉及两个方面：一是合理配置政府间事权和财权；二是建立科学的官员政绩考核体系。地方分权格局不能改变。分权的实质就是使公共决策者尽可能靠近他所影响的公众。对于地方公共事务，地方政府通常拥有信息优势，地方政府的决策往往更有利于公众的参与，地方政府的行为往往更易于监督。在明确划分事权的基础上，合理划分政府间财权，使财权与事权相匹配，同时建立起科学、规范、透明的政府间财政转移支付体系。对政府官员的考核要改变以往以GDP为核心的状况，建立起以民生状况和绿色发展为指导的政绩指标考核体系，除考核GDP增长外，尽可能把社会安全状况、环境质量、居民收入、就业水平、生活水平、基本居住条件，乃至居民的日常生活感受纳入政府官员的政绩考核之中。更为重要的是，要把政府的公共服务对象——公众——对政府施政的满意度和个人感受纳入政府官员的政绩考核之中，让辖区内公众的自主评价能够切实影响到政府官员的仕途，同时加强新闻媒体的监督作用。只有这样，目前存在的各级政府之间的策略博弈才能得以缓解，新型的政府间关系才能确立起来。

第四，建立有效的政府治理结构。推进国家治理体系和治理能力现代化有赖于构建有效的政府治理结构，而对政府权力实施有效约束是建立有效政府的重要前提。法治是建立良好政府治理结构的基石，改善政府治理的首要任务是建立法治政府，用法律规范和制约政府权力，使之在法律框架内运行。政务活动信息的公开、透明和相对自由流动对于提高政府效率、方便公众参与，从而改善政府治理也很重要。政务公开会把政府及其工作人员直接置于公众的监督之下，而公众的监督是一种最为广泛、最为持久，也是最为有效的监督。

第五，加快推进公共服务领域改革。公共服务领域是政府的主要职能领域，也是目前问题很多、公众反映最为强烈的领域。对于公共服务领域的改革，有三个着力点：一是强化政府的公共服务责任，特别是投入责任，提高基本公共服务的水平和质量；二是改革政府履行公共服务职责的方式，使其与现代市场经济的运行机制相契合，具体而言，政府将主要通过规划、支出和监管的方式履行提供公共产品和公共服务的职责；三是在公共服务领域引进竞争机制和非政府力量，通过建立公私伙伴关系，提高公共服务的品质和效率，降低公共服务的成本。

### （二）建立现代产权制度，奠定现代市场经济和现代经济增长的制度基础

党的十九大把完善产权制度作为未来深化改革的一个重点，《中共中央　国务院关于新时代加快完善社会主义市场经济体制的意见》提出全面完善产权制度，“健全归属清晰、权责明确、保护严格、流转顺畅的现代产权制度，加强产权激励”。产权制度之所以重要，就在于它能为各类经济主体提供最基本的激励，鼓励人们创造价值、积累并有效配置自己所掌握的资源和资本，并展开充分的竞争。威廉·鲍莫尔、罗伯特·利坦和卡尔·施拉姆指出：如果不能有效地保护人们的产权，“就不能指望个人会冒着失去自己的资金和时间的风险，投资于运气不济的冒险项目。这里，法治——特别是财产和合同权利——尤为重要”[1]。约翰·麦克米兰认为：“政府在市场设计中的一个基本任务就是确定财产权利，因为最简单的摧毁市场的办法就是破坏人们对自己财产安全的信念。”[2]而拉古拉迈·拉詹和路易吉·津加莱斯则认为：“竞争性市场要发展起来，第一步就需要政府尊重和保护公民的财产权利，包括那些最脆弱和最无助的公民的财产权利。”[3]

随着市场化进程的不断推进，我国各类财产数量急剧增加，不仅公有资产数量大幅度增加，非公有资产数量也大幅度增加，财产多元化格局业已形成。为了使这

[1]　威廉·鲍莫尔、罗伯特·利坦、卡尔·施拉姆：《好的资本主义，坏的资本主义，以及增长与繁荣的经济学》，刘卫、张春霖译，中信出版社，2008，第6页。

[2]　约翰·麦克米兰：《市场演进的故事》，余江译，中信出版社，2006，第11页。

[3]　拉古拉迈·拉詹、路易吉·津加莱斯：《从资本家手中拯救资本主义——捍卫金融市场自由，创造财富和机会》，余江译，中信出版社，2004，《引言》XXIV。

些财产顺利地投入经济循环并得到高效运用，建立完善的现代产权制度显得极为重要和迫切。以工业领域为例，2017年，国有资本80050.92亿元，集体资本3716.62亿元，法人资本82115.33亿元，个人资本49482.81亿元，港澳台资本13230.44亿元，外商资本22624.50亿元。2018年，我国经营性资产共计146万亿元，其中股份有限公司和有限责任公司资产77.6万亿元，私营企业资产33.0万亿元，外资企业资产27.6万亿元，国有企业和集体企业资产共7.8万亿元。包括银行存款、各类有价证券、房产等在内的居民家庭资产同样增长迅速。据招商银行和贝恩公司的统计，2010年中国个人总体持有的可投资资产（现金、存款、股票、债券、基金、保险、银行理财产品、境外投资和其他类别投资等金融资产和投资性房产）规模达到62万亿元。因此，必须建立公平而有效的产权保护制度，以确保“公有制经济财产权不可侵犯，非公有制经济财产权同样不可侵犯”[1]。

但我国的产权保护制度还不完善，还没有为现代市场经济和现代经济增长奠定坚实的产权制度基础。一个重要表现就是非公有财产没有得到公平而有效的保护，从而损害了它促进经济增长和提高经济发展质量的积极性。中国企业家论坛2010年调查结果表明，28.6%的企业家表示财产不安全，44.2%的企业家认为企业法规不能够保障企业的利益，半数企业家认为知识产权保护不到位。据2012年世界银行与国际金融公司研究发布的中国营商环境报告测算，2011年和2012年，在182个国家和地区中，中国投资者保护分别排第93位和第97位，投资者保护强度指数（1—10）为5，属中等强度保护。

近两年，中国产权保护状况有所改善。世界银行发布的《全球营商环境报告2020》显示，中国营商环境全球排名从2017年的第78位跃至2018年的第46位后，2019年再提升到第31位[2]。在测评的10项指标中，有8项得到了改善，涉及产权保护的指标包括：强化对小投资者的保护，对小企业实行企业所得税优惠政策，降低某

[1] 《中共中央关于全面深化改革若干重大问题的决定》，人民出版社，2013，第8页。

[2] 此次测评时间区间为2018年5月1日至2019年5月1日。

些行业的增值税税率，提升执行合同的便利度，提高办理破产的便利度。不过，世界银行这份报告调查的城市仅覆盖北京和上海，这两个城市属中国营商环境较好的城市，各项指标得分肯定明显高于全国平均水平。

建立完善的现代产权制度，还需要提高产权的流动性。产权的顺畅流动是市场优化配置资源的前提，需要通过建立自由投资制度、完善多层次产权交易市场以及侵犯产权的惩罚性赔偿制度来保证。

### （三）促进生产要素市场的发育，提高要素配置的市场化程度

改革开放以来，我国的商品市场迅速发展，但生产要素市场发育严重滞后。没有完善的生产要素市场，价值规律的作用就会受到极大的限制，市场配置资源的功能就会受到抑制，要素错配现象就会广泛存在。马克思曾强调市场的完备性，指出“市场……采取总体的形态”[1]，只有完备的市场体系才足以保证资源的自由流动和消费者的自由选择。市场体系的完备性不仅指各类市场齐全和发育良好，还指它们处于有机的联系之中，相互作用而趋向动态一般均衡。这样，资源所有者和消费者才能在不同产业、不同市场上发现潜在机会，从而找到在现有条件下的各种最大可能性。马克思在论述利润平均化规律时指出完备的市场体系的两个重要条件：一是“资本有更大的活动性，也就是说，更容易从一个部门和一个地点转移到另一个部门和另一个地点”；二是“劳动力能够更迅速地从一个部门转移到另一个部门，从一个生产地点转移到另一个生产地点”[2]。这就要求“社会内部已有完全的贸易自由，消除了自然垄断以外的一切垄断”“废除了一切妨碍工人从一个生产部门转移到另一个生产部门，或者从一个生产地点转移到另一个生产地点的法律”[3]。马

[1] 马克思、恩格斯：《马克思恩格斯全集》第46卷，人民出版社，1979，第238页。

[2] 利润平均化规律揭示了市场经济条件下资源的动态优化配置过程，那就是资源不断从低利润率的部门流向高利润率的部门，直到不同部门的利润率达到均衡。

[3] 中共中央马克思恩格斯列宁斯大林著作编译局编译《马克思恩格斯文集》第7卷，人民出版社，2009，第218—219页。

克思的这些论述对于理解生产要素市场发展对于建立完善的社会主义市场经济体制的重要性是富有启发意义的。

改革开放40多年来，我国经济高速增长是建立在商品市场发育较快而生产要素市场发育相对滞后基础上的，生产要素的行政化配置色彩浓厚。当一个经济体处于经济起飞阶段和模仿追赶时期，经济结构比较简单，投资方向和重点比较明确时，生产要素的行政化配置可以发挥集中力量办大事的优势，从而为以规模扩张为特征的高速增长提供便利。但是，生产要素的行政化配置具有适应性效率低的内在缺陷[1]。当追赶阶段行将结束，分工和经济结构日趋复杂化，自主创新成为经济增长的主要动力时，生产要素行政化配置的弊端就会显现出来，如生产要素错配、产能周期性过剩、低端供给过剩而高端供给不足、增长动力缺乏等，甚至可能把经济和社会发展带入“中等收入陷阱”，这时就亟须把生产要素的行政化配置转变为生产要素的市场化配置，以提高经济总体适应性效率和韧性。现代生产要素市场是生产要素市场化配置的前提条件。只有存在一个运转良好的生产要素市场，才有可能发现生产要素的相对稀缺性、尚未被发现的用途和潜在的经济价值，从而形成正确的生产要素价格，以供人们作出合理的经济核算和选择。

在上面引证的马克思论述中，只提到了劳动力和资本两种生产要素，而随着生产力的发展和经济市场化程度的提高，特别是分工的加深和产业链条的拉长，生产要素的种类会越来越多。目前，劳动、资本、土地、知识、技术、管理、数据等都是基本的生产要素，它们都需要相应的市场来进行配置，彼此之间相互作用，并与商品市场和服务市场联结在一起，形成完备的现代市场体系。

党的十九届四中全会提出：“推进要素市场制度建设，实现要素价格市场决定、流动自主有序、配置高效公平。”促进生产要素市场发展，需要在以下几个方

---

[1] 马克思、恩格斯：适应性效率指经济和社会在面对各种冲击、战争、危机等重要变化时作出制度性调整而保持长期持续增长的能力。参见道格拉斯·诺思：《理解经济变迁的过程》，《经济社会体制比较》2004年第1期。

面作出努力：

第一，夯实生产要素市场的制度基础。与商品市场相比，要素市场对制度的要求更高。因为生产要素的交易或流动涉及更多的不确定性和对未来收入的掌控，要比一般商品和服务复杂得多。生产要素市场最重要的制度基础是现代产权制度，只有产权明晰，且得到公平而有效的保护，才能支撑起生产要素市场的顺畅运转。

第二，破除生产要素流动的体制机制障碍，提高要素的流动性，扩大要素的流动范围，以提高要素市场对新机会反应的灵敏性。以劳动力市场为例，只有破除劳动力市场的体制机制障碍，才能提高劳动力的流动性，把人力资本特别是稀缺的人才配置到适当的领域和环节上，做到人尽其才。目前，阻碍劳动力在城乡、区域、所有制之间流动的主要是僵化的户籍、医疗、养老、教育、住房等制度，从这些方面着手进行改革，是建立起完善的劳动力市场的必要之举。《中共中央　国务院关于新时代加快完善社会主义市场经济体制的意见》已经作出了部署，提出深化户籍制度改革，放开放宽除个别超大城市外的城市落户限制，探索实行城市群内户口通迁、居住证互认制度，推动公共资源由按城市行政级别配置向按实际服务管理人口规模配置转变。这些改革举措无疑会促进劳动力市场的发育。

第三，生产要素价格由市场决定。同商品和服务价格由市场决定一样，生产要素价格也应该由市场竞争机制决定。生产要素价格由市场决定可以反映要素的稀缺性、潜在经济价值和社会偏好。只有生产要素价格由市场决定，价值规律配置资源的作用才能充分发挥出来。同时，生产要素价格由市场决定也就是要素所有者的收入由市场决定，这样的收入分配结构才符合市场经济原则，才能为市场机制的运转奠定有效的激励结构。党的十九届四中全会通过的《中共中央关于坚持和完善中国特色社会主义制度　推进国家治理体系和治理能力现代化若干重大问题的决定》指出：“健全劳动、资本、土地、知识、技术、管理、数据等生产要素由市场评价贡献、按贡献决定报酬的机制。”我国生产要素价格的市场化滞后于商品和服务价格的市场化，行政力量对生产要素价格的形成干预较多，劳动、资本、自然资源等生产要素价格存在扭曲，通常是负向扭曲。生产要素价格扭曲阻碍了价格机制的正常运转，导致市场无法对生产要素进行有效配置，抑制了创新，并对收入分配结构产生了消极影响。

第四，生产要素的公平、高效配置。要素市场上各主体的地位是平等的，它们平等地获取生产要素，特别是资本、土地、能源资源、劳动力、技术、数据等重要的生产要素。在我国要素市场上，不同所有制主体获取要素的机会和权力事实上是不平等的，公有制经济处于优势地位，而非公有制经济处于劣势地位。有数据显示，民营经济产出在全国GDP中占60%，而银行给民营企业的贷款只占30%，民营经济融资难、融资贵的问题一直没有得到有效解决。因此，应该根据竞争中性、自由选择和公平原则确保各经济主体在要素市场上的平等地位。

### （四）确立竞争政策的基础性地位

价值规律是市场经济的基本规律，竞争是市场经济的本质要求。马克思在谈到商品经济中竞争的必然性时指出，商品生产者“不承认任何别的权威，只承认竞争的权威，只承认他们互相利益的压力加在他们身上的强制”[1]。

竞争的价值主要体现在以下几个方面：

一是提高资源配置的效率。竞争可以提高资源的流动性，驱使资源从低效率的领域、环节和企业流向高效率的领域、环节和企业，从而提高经济的总体效率。因此，“为了确保社会资源被用在总体生产率年年都会提高且不断变化的企业群体中，就必须通过市场竞争来淘汰低效率的企业”[2]。

二是提高消费者的福利。马克思指出：“商品价值从商品体跳到金体上，像我在别处说过的，是商品的惊险的跳跃。这个跳跃如果不成功，摔坏的不是商品，但

[1] 马克思：《资本论》第1卷，人民出版社，2004，第412页。

[2] 威廉·科瓦西奇、林至人、德里克·莫里斯：《以竞争促增长：国际视角》，中信出版社，2017，第4页。

一定是商品所有者。”[1]因此，在竞争和生存的压力下，生产者为了实现“惊险的跳跃”，会不停地探寻消费者的现实需求和潜在需求，并以有竞争力的价格向市场提供自己的产品。结果，消费者得到物美价廉的商品，选择的范围和自由度大了，消费感受和生活质量有了明显的提升。而那些质次价高的商品和商家将会被消费者的货币“选票”淘汰掉。“竞争不但能满足消费者的不同偏好，还能尽可能地提供最低价格。”[2]

三是显示隐藏信息。在实际经济运行中，诸如产品质量、生产成本和生产技术等信息，消费者是很难直接获得的，就是政府的监管机构也难以掌握，而这些都是影响产品价格和消费者选择的重要因素。如果没有竞争，就没有对比，产品质量、生产成本和生产技术等对消费者而言就是一个“黑箱”，质次价高的商品就有可能充斥市场。竞争会迫使生产者自动打开“黑箱”，以显示自己的竞争优势，这会给消费者提供有效的指引。

四是促进创新。只有当生产者的个别劳动时间少于社会必要劳动时间时，他才能在竞争中处于优势。这会迫使他不断地寻求新技术、新产品、新业态、新组织形式，力求走在同行甚至整个经济的前列。更为重要的是，一个企业，无论它在满足当前需求方面的效率有多高，如果它不能通过创新来发现和满足客户未来的需求，它依然有可能被竞争对手所淘汰。因此，竞争为生产的拓展和消费需求的满足创造了无限的可能性，这就是竞争的动态收益。“随着时间的推移，竞争的‘动态’收益一般将远远超过更‘静态’最低成本和最低价格带来的直接收益。”[3]

五是提供平等机会。公开公平的竞争为人们提供了实现人生理想和抱负的机会。在公平的竞技场上，勤奋努力和提高效率是获取成功的基本途径，成败取决于市场的力量，而不是特殊的待遇或权力的滥用。尤其是，公开公平的竞争为那些新

---

[1] 马克思：《资本论》第1卷，人民出版社，2004，第127页。

[2] 威廉·科瓦西奇、林至人、德里克·莫里斯：《以竞争促增长：国际视角》，中信出版社，2017，第87—88页。

[3] 同上书，第88页。

成长者提供了进入新领域、开辟新天地的可能性。

习近平总书记对于竞争价值有一段精辟的论述："主要靠市场发现和培育新的增长点。在供求关系日益复杂、产业结构优化升级的背景下，涌现出很多新技术、新产业、新产品，往往不是政府发现和培育出来的，而是'放'出来的，是市场竞争的结果。技术是难点，但更难的是对市场需求的理解，这是一个需要探索和试错的过程。"[1]

随着我国经济复杂程度的提高、创新作用的凸显和需求层次的上升，竞争的地位日趋重要。早在1980年，《国务院关于开展和保护社会主义竞争的暂行规定》就提出，把"竞争逐步开展起来"；1993年党的十四届三中全会通过的《中共中央关于建立社会主义市场经济体制若干问题的决定》提出，"创造平等竞争的环境，形成统一、开放、竞争、有序的大市场"；2003年党的十六届三中全会通过的《中共中央关于完善社会主义市场经济体制若干问题的决定》提出，"建设统一开放竞争有序的现代市场体系"；2007年颁布《中华人民共和国反垄断法》，2008年开始实施，中国的竞争政策拥有了最重要的实施工具；2013年党的十八届三中全会通过的《中共中央关于全面深化改革若干重大问题的决定》提出，"建设统一开放、竞争有序的市场体系，是使市场在资源配置中起决定性作用的基础""清理和废除妨碍全国统一市场和公平竞争的各种规定和做法，严禁和惩处各类违法实行优惠政策行为，反对地方保护，反对垄断和不正当竞争"；2015年公布的《中共中央　国务院关于深化体制机制改革加快实施创新驱动发展战略的若干意见》提出，"探索实施公平竞争审查制度"，同年又颁布了《中共中央　国务院关于推进价格机制改革的若干意见》，提出"逐步确立竞争政策的基础性地位"，这是党中央和国务院第一次提出确立竞争政策的基础性地位，在我国基本政策体系演进中具有标志性意义；2016年颁发了《国务院关于在市场体系建设中建立公平竞争审查制度的意见》，竞争政策又有了一个强有力的实施工具——公平竞争审查；2019年党的十九届四中

[1]　中共中央文献研究室编《习近平关于社会主义经济建设论述摘编》，中央文献出版社，2017，第82—83页。

全会决定提出，“强化竞争政策的基础地位，落实公平竞争审查制度，加强和改进反垄断和反不正当竞争执法”；2020年颁发的《中共中央　国务院关于新时代加快完善社会主义市场经济体制的意见》重申了“强化竞争政策基础地位”的提法。至此，竞争政策的基础性地位开始成为基本的政府政策思维，这就要求政府的政策体系围绕竞争政策展开。

强化竞争政策的基础性地位，充分发挥竞争的作用，是新时代完善社会主义市场经济体制的一个重要着力点。要让竞争发挥作用，需要一些基本条件：一是竞争者不能太少，否则就难以展开有效的竞争；二是竞争者应该是彼此独立的，不能发生诸如串谋和依附行政权力等行为，否则竞争就会消失；三是预算约束是硬的，竞争者的生存和发展完全取决于它们的市场绩效，否则就会损害处于核心地位的激励机制；四是竞争者在法律、监管、获取生产要素等方面的地位是完全平等的，否则面临的机会就不可能平等，竞争力将不取决于它们自身的能力和努力。

市场的自由进入对竞争至关重要。只要市场是开放的，潜在的竞争对手无论是否进入，都会对目前的在位者构成明显的威胁，迫使它们不敢懈怠。在我国，目前的市场进入障碍主要是行政性垄断、行政审批和行政性合并导致的，因此，消除政府行为所导致的市场进入障碍是强化竞争作用的关键步骤。

强化竞争政策的基础性地位，需要调整竞争政策与产业政策的关系。从一般意义上讲，在经济发展的不同阶段，产业政策和竞争政策的地位和作用是不同的。在经济发展早期阶段，产业结构比较简单，发展重点和项目比较明确和易于选择（如基础设施领域发展），还有发达国家经济结构和技术发展可作参考，在这种情况下，产业政策的制定和执行相对来说比较容易，通常也能取得成功。当经济的复杂性和不确定性提高，决策更多地依赖分散而隐匿的信息，消费日趋多样化和个性化时，经济发展就迈入了更高阶段，这时行政决策所面临的信息约束和激励约束就会成倍增强。技术发展的重点在哪里？产业发展的方向在哪里？消费的潜在需求在哪里？所有这些都是政策制定者难以把握的，只能依赖市场的竞争和企业家的冒险精神来发现技术、产业和需求的新生长点，从而把生产可能性曲线向外推移，实现生产力水平的总体跃升。因此，在经济发展的较高阶段，需要让竞争政策居于基础性地位，政府的政策体系应该围绕竞争政策来展开。中国的经济发展和市场经济体制建设已经迈入了这样的阶段。

在竞争政策居于基础性地位的同时，产业政策也需要进行相应的转型，即从选择性产业政策转向功能性产业政策。选择性产业政策由政府挑选特定发展项目，并挑选承担者（特定地区、产业和企业）加以扶持，这首先会面临信息和激励方面的硬约束，并损害公平竞争。而功能性产业政策是政府仅挑选研究开发和创新等方面的优先项目，但不指定具体的承担者，大家同台竞技，这就给竞争留下了较大空间。从国际经验看，当一个经济体发展出相对完善的产业体系，经济增长越来越多地依靠附加值更高和技术更加先进的产业时，这些产业中的创新活动和国际竞争力便成了决定性因素。这时，就应该用功能性产业政策去取代压制市场竞争的选择性产业政策[1]。对于功能性产业政策，政府的政策重点也不能主要放在挑选发展方向和项目上，而应放在提供一个良好的竞争环境上，在这样的环境中，任何产业和企业都有平等的机会，只要它具有创新能力和较高的生产率，就能够繁荣壮大。“一般来说，有力的竞争政策、可靠和可依赖的法律体制、教育、基础设施以及环境质量等方面的措施，虽然难度较大和富有挑战性，但相对于传统的纵向产业政策（选择性产业政策）来说，其实更容易也更可能获得成功，应该成为横向产业政策（功能性产业政策）的基本要素。”[2]

[1] 威廉·科瓦西奇、林至人、德里克·莫里斯：《以竞争促增长：国际视角》，中信出版社，2017，第53页。

[2] 同上书，第57页。

CHAPTER 12

# 第十二章

# 完善社会主义市场经济体制永远在路上

经历了40余年以市场化为导向的经济体制改革之后，中国已经建立起社会主义市场经济体制，市场机制在大部分经济领域发挥着决定性作用。随着决胜全面建成小康社会取得决定性成就，中国开启全面建设社会主义现代化国家新征程。尽管全面深化改革已经取得重大突破，但仍存在一些与高质量发展不相适应的体制机制问题：市场体系还不健全、市场发育还不充分、政府和市场的关系没有完全理顺等，这就要求我们准确把握新发展阶段，深入贯彻新发展理念，加快构建新发展格局，通过全面深化改革和继续扩大开放，构建高水平社会主义市场经济体制，为中国的可持续发展注入新的活力。

# 第一节

## 处理好政府和市场的关系，更好地发挥政府作用

政府和市场的关系问题是社会主义市场经济体制改革的主线。要解决好政府和市场的关系，就要厘清市场经济运行中政府和市场各自作用的边界。改革开放以来，围绕着这个重大问题进行了大量的改革探索，对政府和市场关系的认识也在不断深化。市场决定资源配置是市场经济的一般规律，健全社会主义市场经济体制必须遵循这条规律。党的十八大报告第一次提出，经济体制改革的核心问题是处理好政府和市场的关系。必须更加尊重市场规律，更好发挥政府作用。2013年发布的《中共中央关于全面深化改革若干重大问题的决定》进一步指出，要处理好政府和市场的关系，使市场在资源配置中起决定性作用和更好发挥政府作用。党的十八大以来，与经济体制改革的不断深化相适应，行政体制改革和政府职能转变也取得了很大的进展，尤其是“放管服”改革推动了政府治理的现代转型。正如《中共中央　国务院关于新时代加快完善社会主义市场经济体制的意见》所指出的，下一步的改革要更加尊重市场经济一般规律，最大限度减少政府对市场资源的直接配置和对微观经济活动的直接干预，充分发挥市场在资源配置中的决定性作用，更好发挥政府作用，有效弥补市场失灵。要想进一步完善社会主义市场经济体制，减少政府对资源的直接配置，推动资源配置依据市场规则、市场价格、市场竞争实现效益最大化和效率最优化，应当从以下几个方面发力：

第一，继续减少政府对资源的直接配置。在计划经济时代，政府是商品价格的制定者和国民经济平衡的维护者，对经济资源配置和微观主体经营进行全面干预，以实现确定的经济增长目标。在改革开放的过程中，政府在经济中的地位和作用也发生了深刻的变化。随着社会主义基本经济制度的确立和国有企业向现代企业制度

的转变，政府对企业的直接干预越来越少，更多地通过财政政策和货币政策的调控来维护宏观经济的稳定运行，并通过产业政策来调整经济结构，对产业发展进行规划和引导，但政府仍然在一些领域保留了项目审批、价格确定等权力，对资源配置依然拥有一定的支配权。在一些地方，政府干预资源配置的问题表现得尤为突出。在对地方政府的政绩考核中，一度过于强调GDP增长的重要性，促使地区之间形成以GDP为核心的经济竞争。为了确保本地在区域竞争中处于有利位置，地方政府对当地的土地、资金等资源配置进行了较多的干预，推动地方经济出现了要素扩张型的粗放式增长。

政府对经济发展的介入过深，不仅加剧钢铁产业、电解铝产业等传统产业的产能过剩，甚至一度导致某些新兴产业也形成新的产能过剩。以光伏产业为例。中国的光伏产业经历了爆发式的成长，中国从鲜为人知一跃成为广为人知的全球最大光伏产品生产国。中国太阳能电池组件的产量自2007年以来一直蝉联世界第一，在全球前十家太阳能电池厂商中，中国就占了一半以上。中国的光伏产业已成为一个从业人员数十万、经济规模千亿元级的大产业。光伏产业的迅速发展得益于地方政府的大力扶持。在地方经济转型的过程中，需要一些产值巨大的新产业来带动整个地区的产业升级，拉动区域经济增长。由于对新兴产业成长规律认识不够深入，各地在发展光伏产业时，还是按照发展传统产业的思路去积极引进大项目，鼓励企业规模扩张。国内很多地方通过在土地供给、人才引进、融资等方面提供优惠政策，吸引了大量社会资本投资于光伏产业，使国内形成了巨大产能。但在2013年前后，由于国际市场风云突变，多晶硅和电池组件的价格狂跌，因此国内光伏产业出现严重的产能过剩。直到国务院出台了一系列扶持国内新能源市场的激励政策之后，光伏产业才得以起死回生，重新回归增长轨道。

在社会主义市场经济中，政府应当扮演怎样的角色？1993年通过的《中共中央关于建立社会主义市场经济体制若干问题的决定》，对政府职能作过一个描述：政府管理经济的职能，主要是制定和执行宏观调控政策，搞好基础设施建设，创造良好的经济发展环境。同时，要培育市场体系、监督市场运行和维护平等竞争，调节社会分配和组织社会保障，控制人口增长，保护自然资源和生态环境，管理国有资产和监督国有资产经营，实现国家的经济和社会发展目标。政府运用经济手段、法律手段和必要的行政手段管理国民经济，不直接干预企业的生产经营活动。《中共中央关于全面深化改革若干重大问题的决定》根据改革实践和国际经验进行了进一步的总结，言简意赅地指出，政府的职责和作用主要是保持宏观经济稳定，加强和优化公共服务，保障公平竞争，加强市场监管，维护市场秩序，推动可持续发展，促进共同富裕，弥补市场失灵。对照这个定位，近年来政府职能转变确实取得了很大的进步，但依然存在不少问题。由于政府干预过多，要素市场化配置改革的进展慢于预期，并且由于政府监管不到位，在环境、资源等存在市场失灵的领域，政府的作用没有得到充分发挥。未来应当推进政府职能转变，完善政府的经济调节、市场监管、社会管理、公共服务、生态环境保护等职能。政府只有继续减少对资源配置的直接干预，才能腾出更多精力去实施公共管理，市场机制的决定性作用才能充分释放出来。

第二，继续完善宏观经济治理。经济运行过程中经常会出现总供给与总需求的失衡，从而导致宏观经济的波动，这在客观上要求政府实施宏观调控政策，以促进供求结构的再平衡，熨平经济波动。在改革开放前的计划经济时期，政府通过指令性计划来实现国民经济的综合平衡，这种宏观经济管理方式存在着很大的弊端。政府可以通过计划管理的方式直接干预微观经济的运行，政府调控管得太具体会抑制企业活力，而一旦政府放松管制，预算软约束又会催生企业的“投资饥渴症”，形成固定资产投资过热，加剧供求失衡的矛盾。20世纪90年代以来，随着社会主义市场经济体制目标模式的确立，中国逐渐建立起与市场经济相适应的宏观调控体系。指令性计划被指导性计划所替代，计划工作的重点转变为制定和实施中长期计划，以综合协调宏观经济政策和经济杠杆的运用。对以“分灶吃饭”和“财政大包干”为特征的财政体制进行了全面改革，地方财政承包制让位于分税制，在合理划分中央与地方事权的基础上，初步建立起中央税收和地方税收体系。按照统一税法、公平税负、简化税制和合理分权的原则，改革和完善税收制度；实行了中央财政对地方的返还和转移支付的制度；中央财政赤字不再向银行透支，而是靠发行长短期国债来解决，对财政赤字的控制更加严格。中国人民银行在国务院领导下独立执行货币政策，通过调控货币供应量来保持币值稳定。货币政策工具也从过去主要依靠信贷规模管理转变为运用存款准备金率、中央银行贷款利率和公开市场业务等手段；货币市场、外汇市场、债券市场、股票市场、保险市场、期货市场相继建立，为利率市场化和外汇体制改革提供了体制机制保障。自20世纪90年代末以来，受国内外某些因素的冲击，中国经济出现过几次大的波动。由于政府对宏观经济运行规律的认识越来越深入，宏观调控体系也在不断完善，因此这些波动基本上都得到了有效控制。经过40余年的改革，中国的宏观治理体系不断完善，宏观调控政策更加灵活，宏观调控工具日趋多样，宏观调控经验日益丰富，这都保障了国民经济的持续稳定发展。

中国经济正在从要素投入推动的高速增长转向创新驱动的高质量发展，随着经济发展阶段的转换，宏观治理体系也要发生适应性的调整，以更好地维护宏观经济的稳定。应当通过完善现代税收制度、健全货币政策和宏观审慎政策双支柱调控框架，建立起现代财税金融体制，为新的宏观治理体系奠定良好基础。在宏观经济政策的制定和执行中，不仅要实现财政政策与货币政策的合理组合，还要将其与就业优先政策、产业政策、区域政策等相关政策进行灵活搭配，并加强与主要经济体在宏观经济政策方面的国际协调，从而进一步增强宏观治理政策的效果。还要顺应数字经济时代的新变化，运用现代信息技术开展经济数据的挖掘、采集、统计和分析，充分发挥大数据对于宏观经济管理的支持作用，实现宏观调控与治理的科学化。

第三，构建有利于科技创新的制度环境和组织体系。改革开放以来，中国的科技发展和技术创新都取得了巨大进步，在5G等新兴技术领域甚至已经处于全球创新的前沿。但中国的整体技术水平较国际先进水平仍然存在着较大差距，制造业关键技术的自给率较低，一些技术含量较高的关键设备基本上依靠从发达国家进口，大部分企业的技术开发能力和创新能力薄弱，原创性技术和具有创新性的产品数量仍然不足。可以借鉴发达国家在科技政策方面的经验，政府专注于制定和实施国家中长期科技发展规划，确定科技发展目标和任务，选择有利于提高本国科技水平和企业技术能力的关键技术，并对其研发给予合理支持。必须下大力气对关键技术领域的软肋开展研发攻关，引导国家科技资源向关键技术和重要领域聚集，将国家科技资源与市场经营主体的研发力量有机整合起来，形成由政府研究机构、企业研发部门和大专院校集中攻坚的新型举国体制，在影响重要产业发展的关键核心技术，尤其是“卡脖子”技术领域，争取尽快取得重大技术突破，使科技自立自强成为国家发展的战略支撑。

在新兴产业发展的过程中，各种前沿技术甚至是颠覆性技术层出不穷。近年来的研究表明，产业技术创新其实可以分为共性技术创新和私人技术创新。由于共性技术具有技术复杂、投入成本巨大、正外部性明显等特点，因此通常会存在私人投资不足的问题，所以这才是政府应当真正发力扶持的领域。在基础研究和共性技术研发的组织方式上，政府可以鼓励产学研之间以及企业之间组建技术创新联盟，共同开展行业共性技术攻关。在共性技术创新取得重大突破的前提下，企业为寻求更多的获利机会，会不断地自发推动私人技术创新。在前沿技术、新兴技术的创新领域，政府不应当设定技术发展路径，而应当鼓励企业去积极探索多元化的技术路线和产品，最终由市场去选择能更好地满足需求的技术和产品。

第四，推动产业政策转型。中国的经济体制改革不断深化的过程，也是一个经济运行的协调方式由政府的直接干预逐渐被价格机制和竞争机制所替代的过程。在这个史无前例的制度变迁过程中，政府在经济中的地位和作用也发生了深刻的变化。作为在计划经济时期全面干预企业运行的全能型管理者的政府，开始使用产业政策来引导产业结构的变化和微观经济主体的行为。学术界通常将产业政策分为功能性产业政策和选择性产业政策。功能性产业政策建立在市场失灵理论的基础上，目的是弥补市场机制的缺陷。除了个别的情况（如欧盟对空中客车公司的产业政策）外，功能性产业政策一般没有特定的产业指向。选择性产业政策则是政府为了实现某些既定目标而针对特定产业及企业实施的扶持、管制等干预政策，目的是推动这些产业及企业迅速形成能够参与国际市场竞争的核心竞争力，进而推动国内产业结构的升级并带动国民经济的全面发展。与功能性产业政策注重市场机制在资源配置中的基础作用不同，选择性产业政策更加强调政府在资源配置中的作用。

在很多学者看来，改革开放以来的较长时期里，我国实施的产业政策是一种选择性产业政策。从产业政策执行情况来看，它在迅速提高一些投资巨大的短线产品的供给能力，以及消除基础设施领域长期存在的短缺现象方面发挥了重要的作用。但也有不少学者认为，除了基础设施领域以外，没有足够的证据证明，竞争性产业的迅速发展得益于产业政策的重点扶持。由于选择性产业政策具有非中性的特点，因此它不可能在各产业之间和各地区之间均匀地进行资源配置。随着中国经济日益融入全球经济体系之中，特别是中国加入WTO之后，受WTO框架下旨在推进公平、公开、非扭曲竞争的国际经济规则的约束，选择性产业政策的实施空间被大大压缩。按照WTO《补贴和反补贴措施协议》等规则的要求，WTO成员方应当遵循统一性、透明度和非歧视性的原则来促进产业成长，而不能使用只针对部分地区、部分产业和部分企业的具有“专向性”的激励措施。政府在推行一些不违反WTO规则的功能性产业政策的同时，更应当放松对于各类经济主体参与市场竞争的限制，并规范市场主体的竞争行为，使之遵循自愿、公平、等价、有偿、诚实信用的规则，维护公平交易、公平竞争的秩序。这就要求中国应当尽快实现促进产业发展的经济政策的转型，从选择性产业政策转向功能性产业政策，强化对技术创新和结构升级的支持。在推动产业政策向普惠化和功能性转型的过程中，应按照竞争中性原则，平等对待各种所有制类型的企业，在财政补贴、要素获取、准入许可等方面给予符合标准的企业以同等的支持。在实现产业政策转型的同时，还要强化竞争政策的基础性地位，建立健全竞争政策实施机制，以优化资源配置，促进和保护竞争，追求经济效率，促进技术进步，保护消费者福利。

# 第二节

## 建设高标准市场体系，完善公平竞争制度

建设统一开放、竞争有序的市场体系，是使市场在资源配置中起决定性作用的基础。只有在一个完善的市场体系下，企业才能够自主经营、公平竞争，消费者才可以自由选择、自主消费，商品和要素才能实现自由流动、平等交换。自从党的十四届三中全会将建立社会主义市场经济体制作为中国改革的目标模式以来，我党对与社会主义市场经济体制相适应的市场体系的认识也在不断深化，具体提法也从“市场体系”发展到“现代市场体系”，最终上升到“高标准市场体系”。在1993年发布的《中共中央关于建立社会主义市场经济体制若干问题的决定》中提出，要发挥市场机制在资源配置中的基础性作用，就必须培育和发展市场体系。在21世纪之初召开的党的十六大提出，要健全统一、开放、竞争、有序的现代市场体系，使市场机制能够发挥更大的作用。2013年发布的《中共中央关于全面深化改革若干重大问题的决定》强调，必须加快形成现代市场体系，着力清除市场壁垒，提高资源配置效率和公平性。党的十九届四中全会通过的《中共中央关于坚持和完善中国特色社会主义制度　推进国家治理体系和治理能力现代化若干重大问题的决定》进一步指出，要加快完善社会主义市场经济体制，建设高标准市场体系，筑牢社会主义市场经济有效运行的体制基础。

为了更好地实施高标准市场体系建设，2021年2月，中共中央办公厅、国务院办公厅印发了《建设高标准市场体系行动方案》，要求用5年左右的时间，基本建成统一开放、竞争有序、制度完备、治理完善的高标准市场体系。建设高标准市场体系的关键在于着力推进相关改革，全面完善产权、市场准入、公平竞争等基础性制度。

一是要强化对产权的保护，尤其是要加大对知识产权的保护力度。产权制度是市场经济的基石。市场体系要想有效运转，不仅需要市场主体实现产权明晰、权责明确，也需要以公平为原则的产权保护制度的支持。随着社会主义市场经济体制的不断完善，政府对各类企业尤其是国有企业的产权保护力度明显增强。但某些地方仍然存在对民营企业产权保护重视不够的问题，对侵犯民营企业财产权的新情况、新问题认识不足，导致一些损害民营企业家利益的侵权行为没有得到及时纠正，挫伤了民营企业家的投资热情。完善平等保护产权的法律法规体系，加强对非公有制经济财产权的刑法保护，有利于推动民营经济的健康发展。

随着我国经济发展动能的转换，持续的科技创新正在取代大规模的要素投入，成为中国经济增长的主要驱动力量。在“十四五”时期，创新在我国现代化建设全局中将居于核心地位，科技自立自强将成为国家发展的战略支撑，这使得知识产权保护的重要性进一步凸显。虽然我国已经建立了知识产权保护法律法规体系，但在较长一段时间里，对知识产权领域侵权行为的执法不够严格，这一点长期为外国投资者所诟病，不仅降低了中国对于全球高端创新要素的吸引力，也使得美国以此为借口启动了对华“301调查”。当今世界正处于新科技革命的时代，一些重要科技领域已显现出将发生革命性突破的先兆。以生产工艺数字化、制造过程智能化和工业发展绿色化为特征的科技革命，将不断创造新产品、新需求、新业态，这不仅会推动就业结构的转型和生产要素的重新配置，对国际产业分工和价值链的空间布局也将产生重大影响。随着主要产业部门和关键技术领域的创新活动日趋活跃，知识产权已经成为企业竞争优势的重要源泉，加强知识产权保护势在必行。从国际经验来看，近年来知识产权领域有了很大的拓展，不仅包括专利和著作权，还包括创意、数据乃至商业模式。这些新的知识产权有可能通过互联网传播和生产经营模仿而被侵权，这也要求政府管理部门及时研究知识产权领域的新情况、新变化和新趋势，对知识产权保护的法律法规和管理体制进行相应的调整，并进一步加大执法力度。

二是进一步放宽市场准入，使各类投资者都能获得宽松的投资环境和平等的投资机会。在市场经济条件下，如果没有人为设置的行业进入壁垒，市场竞争促成的利益结构调整将成为企业创新和产业成长的动力来源，市场竞争压力下企业家对新的获利机会的敏感和创造性的革新，能够改变企业间的竞争优势，优胜劣汰的竞争机制将引导着资源的合理流动，进而推动产业成长。近年来，随着各国对营商环境的日益重视，投资自由化、便利化的原则已经被越来越多的国家所接受。与此相适应，负面清单管理模式已经成为国际投资体制发展的重要趋势。负面清单是政府部门列出的一张禁止或者限制投资者进入的产业清单，对列入负面清单的产业领域，投资者只有得到政府许可后才能进行投资，而在负面清单之外的产业领域则实行“法无禁止即可为”，各类投资者完全根据市场前景和投资回报预期，自行决定是否开展投资和设立企业。

党的十八届三中全会决定已经明确指出，要“实行统一的市场准入制度，在制定负面清单基础上，各类市场主体可依法平等进入清单之外领域。探索对外商投资实行准入前国民待遇加负面清单的管理模式”。《中共中央 国务院关于新时代加快完善社会主义市场经济体制的意见》提出，要全面实施市场准入负面清单制度。在构建开放透明、有效监管的市场准入体系方面，应当积极实践、大胆探索，与国际投资规则的新变化相适应，实现从正面清单和审批管理向负面清单和备案制管理的转变。应当持续完善营商环境，深化商事登记制度改革，降低市场准入门槛，使中国市场对各种所有制类型的投资者产生更大的吸引力。

放宽市场准入有利于激励非公有制企业尤其是民营企业的投资。在复杂的国内外经济形势下，实现经济高质量发展是一项艰巨而又复杂的任务，不仅离不开大规模的政府投资和国有企业、外资企业的扩张，更要努力推动民间投资的活跃和民营经济的发展。民营经济是中国经济中最有活力和效率的组成部分之一。改革开放以来，民营经济对中国经济增长的贡献有目共睹，它在扩大社会就业、保持社会稳定等方面，发挥了不可替代的重要作用。近年全国新增的就业人数中，90%以上都在民营企业。尽管中国政府先后推出过两个鼓励非公有制经济发展的“三十六条”，但实际上民间投资经常遭遇“玻璃门”，看得见而摸不着。为了继续提振民营企业的经营活力，应当降低民营企业的市场进入壁垒，在垄断行业、公用事业、基础设施和社会事业、金融服务业等领域，除负面清单所列出的极少数领域外，都应当允许民营企业进入，并支持民营企业用资本市场创新、健全信用担保机制等多种手段解决融资难的问题，使民营企业能够获得更大的发展空间。如果能够降低民营经济的投资门槛，使民营企业在绝大部分产业领域能够公开参与、公平竞争，就有可能激励民间投资的规模迅速扩大，使中国经济迸发出新的活力。

三是要继续营造公平竞争的制度环境。竞争是市场经济的本质要求，也是市场机制发挥作用的核心过程。市场竞争有助于激发技术创新、提高企业效率、推动产业发展并最终改善消费者福利。在一个完善的以市场机制为主导的经济体制中，市场机制这只“看不见的手”指引下的资源配置过程，同时也是一个市场参与者通过公平竞争和优胜劣汰不断分化的过程。在竞争机制的筛选下，低效率的企业最终被淘汰，由此释放出的生产要素被高效率的企业所吸收。效率较高的企业则通过技术创新和不断扩大经济规模来逐渐增加市场份额，产业演进的结果通常是少数优势企业拥有较多的市场份额，最终形成垄断竞争或者寡头垄断的市场结构。垄断不仅会导致资源配置的低效率，最终也会损害消费者的福利。

经过40多年的持续增长，中国的经济规模和市场结构都发生了巨大的变化，在很多产业部门，经营者集中的现象已经日益明显，形形色色的不正当竞争行为也屡有出现。现阶段，在维护市场公平竞争秩序时所面临的挑战主要来自三个方面：第一是经济性垄断。在一些产业部门，随着竞争导致的市场集中，企业的市场势力扩张所导致的经济性垄断初露端倪，不仅出现了价格联盟、产品市场垄断等经济性垄断现象，某些具有市场支配地位的企业也开始实施压制和扭曲竞争的行为。这些问题存在于很多传统行业，甚至在互联网、电子商务等新兴产业领域也开始出现寡头垄断的局面。第二是外资垄断。随着对外开放的日益扩大，中国已连续多年成为吸引外商直接投资最多的国家之一。某些拥有资金、技术和管理优势的外资企业通过并购重组等方式来扩大企业规模、增加市场份额，某些外资企业经营者集中，并利用市场地位操纵价格和产量，产生了一些不正当竞争行为。第三是行政性垄断。为了维护所属行业和所辖区域的局部利益，某些政府部门和地方政府滥用行政权力，高筑进入壁垒，造成市场分割。行政性垄断妨碍了市场经济体制的完善和市场秩序的形成，反对行政性垄断应当成为中国反垄断的重要领域。

在现代市场经济体制下，以约束各种不正当竞争行为、限制易于导致垄断的市场结构、促进和维护竞争为目的的竞争政策被视为市场经济的基本制度[1]。竞争政策的基本理念是尽可能地实现市场的配置效率、生产效率和动态效率。竞争政策的目标通常包括：确保资源的有效配置；阻止少数大企业滥用市场主导力量、限制价格等行为；利用反托拉斯法拆散垄断企业，除非有足够充分的经济上的理由证明垄断比竞争更有利于资源配置；限制企业滥用市场主导地位并缔结提高价格和减少消费者选择余地的契约，以保护消费者的利益；创造有利于技术进步和技术创新的竞争环境；向国内外的竞争者放宽市场准入。《中华人民共和国反垄断法》已于2007年获得通过，并于2008年8月开始实行，这为我国建立起内外资统一的公平规范的竞争秩序提供了法制基础。为了夯实高标准市场体系的基础，《中共中央　国务院关于新时代加快完善社会主义市场经济体制的意见》提出，要完善竞争政策框架，建立健全竞争政策实施机制，强化竞争政策基础性地位。我国不仅加大了对传统产业部门中企业经营者集中的反垄断的审查和处罚力度，还出台了《国务院反垄断委员会关于平台经济领域的反垄断指南》，对数字经济领域中的反垄断问题也作出了有针对性的规范，在切实保障公平竞争、维护市场秩序方面取得了明显的成绩。但由于我国实施竞争政策的时间还不长，竞争政策的体系尚待完善，执法力度也有待加大，要想进一步营造公平竞争的制度环境，仍有很长的路要走。

四是要进一步完善要素市场制度建设。从20世纪90年代开始，要素市场就一直

---

[1] Hoekman，B.M. and P. Mavroidis，“Economic Development，Competition Policy and the WTO”，The World Bank，Policy Research Working paper，No.2917.

被视为培育发展市场体系的重点领域。经过长期的努力，国内要素市场发展取得了长足的进步：多层次资本市场体系已经基本建立，资本市场成为企业开展融资和资本重组的重要平台，在资源配置中正发挥越来越大的作用；劳动力市场日益完善，农村剩余劳动力逐步实现了向非农产业转移和地区间的有序流动；城镇住房制度改革基本完成，商业用地使用权出让已从行政化的协议批租转为市场化的招标、拍卖；技术市场日趋活跃，技术产品和信息的商品化、产业化程度不断提高。但与相对比较完善的商品和服务市场建设相比，要素市场建设仍然存在诸多不足：土地城乡一体化市场配置水平有待提升，妨碍劳动力流动的户籍和社保等问题仍待解决，直接融资在金融体系中的比重仍待提升，技术和数据要素市场仍待完善，要素价格形成机制的市场化步伐有待加快。

为了促进要素自主有序流动，提高要素配置效率，2020年4月，《中共中央 国务院关于构建更加完善的要素市场化配置体制机制的意见》发布，对进一步深化要素市场化配置改革进行了全面部署。要素市场下一步改革的重点将是推进土地、劳动力、资本、技术、数据等要素市场化改革，推进要素市场制度建设，实现要素价格市场决定、要素流动自主有序、要素配置高效公平。

在推进土地要素市场化配置方面，要加快建设城乡统一的建设用地市场。随着城市经济的迅速发展，各地对建设用地的需求一直在增加。但在很长一段时间里，任何单位和个人进行建设，需要使用土地的，必须依法申请使用国有土地。集体土地只有被地方政府征收并转为国有土地后，才能实现土地使用权的出让。土地使用权出让金上缴财政，成为地方政府重要的收入来源。在这种土地管理制度下，集体土地的征收出让充实了地方政府的土地财政，但农民从中直接获益并不多。应当探索推进农村集体经营性建设用地入市，实行与国有建设用地使用权同等入市、同权同价，同时深化农村宅基地改革试点，逐渐释放农村土地要素活力，增加城市建设用地的供给，农民通过土地要素流转也能获得合理报酬，增加财产性收入。

在深化劳动力要素市场化配置方面，要继续深化户籍制度改革。目前，除特大城市外，大中小城市的落户条件都已大幅放松，都市圈和城市群建设正在成为新型城镇化的发展方向。为了更好地适应这个新趋势，应当探索实行城市群内户口通迁、居住证互认制度，以便区域内劳动力的合理畅通有序流动。劳动力的跨区域流动会导致人口净流入地区的公共资源和公共服务供不应求，这就要求改变现行公共资源的配置方式，从按城市行政等级配置转向按常住人口规模配置。

在深化资本要素市场化配置方面，要进一步发挥资本市场在优化资源配置、引导创新要素聚集等方面的积极作用。随着资本市场的不断完善，直接融资加快发展，“十三五”时期新增直接融资38.9万亿元，占同期社会融资规模增量的32%[1]。要在总结科创板与创业板注册制试点经验的基础上，以全面实施股票发行注册制改革和完善退市制度为抓手，大力推进资本市场基础制度建设，在扩大融资规模、活跃市场交易的同时，更好地保护投资者的利益，更好地发挥资本市场的枢纽作用，进一步提升直接融资比重。

在加快发展技术要素市场方面，借鉴发达国家的经验，允许科研人员对自己的发明、专利等职务科技成果拥有所有权或长期使用权，并允许其将发明以许可或排他许可的方式转让给企业，以促进研发成果的市场化。鼓励和支持各种形式的风险投资，以助推科技成果的市场化、产业化。

在培育数据要素市场方面，要完善数据权属界定、开放共享、交易流通等标准。随着信息技术的不断发展，数字要素与先进制造技术的结合日趋成熟，不仅将重塑制造业的要素组合和生产方式，对社会生活也会产生越来越大的影响。政府部门应当逐步开放非保密的公共数据，供社会组织、企业和公众研究和利用。在保护个人数据隐私的前提下，鼓励企业充分挖掘社会数据资源价值，探索多样化的数字技术应用场景，创造出更丰富的数字经济新产品、新需求、新业态，更好地推动产业升级和消费升级。

[1] 易会满：《提高直接融资比重》，《经济日报》2020年12月21日。

# 第三节

## 深化国有企业改革，增强微观主体活力

公有制为主体、多种所有制经济共同发展的基本经济制度，是中国特色社会主义制度的重要支柱，也是社会主义市场经济体制的根基。要坚持公有制的主体地位，就要充分发挥国有经济的主导作用，不断增强国有经济的活力、控制力、影响力和抗风险能力。国有企业是中国特色社会主义的重要物质基础和政治基础，是我们党执政兴国的重要支柱和依靠力量。改革开放以来，国有企业改革曾经长期处于经济体制改革的中心环节，并取得了重大进展。2015年，《中共中央　国务院关于深化国有企业改革的指导意见》印发，这是新时期指导和推进国有企业改革的纲领性文件。在这个文件的基础上，又陆续出台了一系列与国有企业改革相关的文件。《中共中央　国务院关于深化国有企业改革的指导意见》与系列配套文件共同构成了“1+N”政策体系，勾画出国有企业改革的顶层设计蓝图。随着“十项改革试点”“双百行动”“国企改革三年行动”等重大改革举措相继实施并稳步推进，国有经济结构调整取得明显成效，国有企业体制机制发生了重大变革，以管资本为主的国有资产监管体制正在形成。但国有企业改革仍然面临一些困难和挑战，未来需要推动国有企业改革的进一步深化。

一是加快国有经济布局优化和结构调整，发挥国有经济战略支撑作用。从20世纪90年代开始，针对当时国有经济的战线拉得过长、国有企业的行业分布太散的问题，我国就开始对国有经济布局和结构进行战略性调整。党的十五大提出，国有经济起主导作用，主要体现在控制力上。要从战略上调整国有经济布局。要着眼于搞好整个国有经济，抓好大的，放活小的，对国有企业实施战略性改组。1999年，党的十五届四中全会通过了《中共中央关于国有企业改革和发展若干重大问题

的决定》，这份指导国有企业改革的纲领性文件指出，要从战略上调整国有经济布局，坚持有进有退，有所为有所不为，提高国有经济的控制力。国有经济需要控制的行业和领域集中在以下方面：涉及国家安全的行业、自然垄断的行业、提供重要公共产品和服务的行业，以及支柱产业和高新技术产业中的重要骨干企业。国有经济要在关系国民经济命脉的重要行业和关键领域占支配地位，其他行业和领域可以通过资产重组和结构调整，积极发展大型企业和企业集团，放开搞活中小企业。优化国有经济布局和结构的改革很快就取得了明显效果。截至2002年，15.9万户国有控股企业中的50%实行了公司制改革，地方国有小企业改制面有85%左右。其中县一级国有小企业的80%左右、市（地）一级国有小企业的60%左右通过出售转为非国有企业。国有经济的改革也带来了企业效益的提升，1995—2002年，国有及国有控股工业企业户数下降了46%，而利润上升了163.6%。国有中小企业户数下降了39.2%，整体效益也从1997年的净亏损额502亿元，到2002年转而实现利润286.9亿元[1]。

21世纪以来，国有经济结构调整取得了很大进展，国有资本进一步向重要基础设施领域、重化工业和社会服务业集中，大型国有企业在自然垄断行业和重化工业部门显现出明显的控制力，但国有企业数量太多的问题依然突出，在一般生产加工、商贸服务业等竞争性领域中，仍然存在着为数众多的规模不大的国有企业，尤其在一些产能严重过剩的行业中，国有企业占比较高。为了更好地发挥国有经济主导作用，不断增强国有经济的活力、控制力、影响力，党的十八大以来，中央出台了一些重要文件，明确了国有经济布局和结构进一步调整的方向。2013年《中共中央关于全面深化改革若干重大问题的决定》提出，国有资本应更多投向关系国家安全、国民经济命脉的重要行业和关键领域，重点提供公共服务、发展重要前瞻性战略性产业、保护生态环境、支持科技进步、保障国家安全。国有资本要加大对公益

[1] 李荣融：《继续调整国有经济布局和结构，推进中国国有企业更多地参与国际竞争与合作》，《管理世界》，2004年第2期。

性企业的投入，在提供公共服务方面作出更大贡献。近年来，优化国有经济布局和结构的步伐在明显加快。据国务院国资委统计，党的十八届三中全会以来，先后有41家中央企业完成重组整合，中央企业总数已经由113户调整至97户[1]，国有经济布局和结构持续优化。国有企业的经营效益有了明显改善，全国国有及国有控股企业营业收入从2014年的48万亿元增长到2020年的63万亿元，利润总额从2014年的2.47万亿元增长到2020年的3.42万亿元[2]。

在新一轮国资国企改革中，要想优化国有经济布局，做强做优做大国有资本，就应当继续坚持有进有退、有所为有所不为的原则，聚焦国家战略领域，推动国有资本更多投向关系国计民生的重要领域和关系国家经济命脉、科技、国防、安全等领域。第一，扩大公益类国有资本的规模和覆盖面，以保障民生、服务社会、提供更多更好的公共产品和服务。我国的经济社会正在进入新的发展阶段，人民日益增长的美好生活需要和不平衡不充分的发展之间的矛盾已经成为新时代的主要矛盾，这就要求国有资本在提供公共产品和服务方面发挥更大的作用，充分体现全民所有、全民共享的国有资本属性。随着新型城镇化的推进，城市群、都市圈正在蓬勃发展，对市内交通和城际轨道交通的需求不断增长，国有资本应当扩大对公共交通领域的投资；公共医疗设施和服务的不足是我国社会发展中的一个突出问题，新冠肺炎疫情进一步凸显了公共医疗系统的供求矛盾，公共卫生领域也应当成为国有经济布局的重要领域。第二，国有企业应当加大对战略性新兴产业的布局。当今世界正处于新科技革命的时代，一些重要科技领域已显现出将发生革命性突破的先兆。与数字技术相结合的先进制造技术日趋成熟并得到广泛应用，将在很大程度上改变制造业的要素组合和生产方式，并引起全球生产格局的调整，进而对国家间的产业竞争优势产生重大影响。国有企业拥有资金优势、技术优势和人才优势，应当增加

[1] 王倩倩：《布局结构不断优化　国有经济整体功能更强效率更高》，《国资报告》2020年第9期。

[2] 《2020年1—12月全国国有及国有控股企业经济运行情况》，http：//www.sasac.gov.cn/n2588035/n2588035/n2588370/c16746704/content.html。

对行业共性技术、“卡脖子”技术和前沿技术的研发投入，加大对战略性新兴产业的投资力度，使国有资本在技术创新和新兴产业发展方面发挥更大的引领作用，提升国有经济的创新力。第三，应当继续深化供给侧结构性改革，加快处置落后产能和低效资产，降低在产能过剩行业的资本存量和新增投资，优化国有资本的配置效率。充分利用资本市场，推动经营性国有资产证券化，通过资本化、证券化等方式，促进横向联合、纵向整合和专业化重组，做大做强主业，提高国有经济的竞争力、控制力、影响力和抗风险能力。

二是加快完善中国特色现代企业制度，深化国有企业混合所有制改革。国有企业的改革是从放权让利开始的，通过推行利改税、承包经营责任制、租赁经营等政策措施，不断探索扩大企业经营自主权。但这些改革只是对企业管理体制和激励机制的调整，尚未触及企业产权制度的变革。从20世纪90年代中期开始，国有企业改革的目标转向建立现代企业制度，促进企业法人治理结构的建立和企业经营机制的转换，并在此基础上对国有经济进行战略性重组。产权明晰、权责明确、政企分开、管理科学的现代企业制度成为国有企业改革，特别是大中型国有企业改革的目标模式。1999年发布的《中共中央关于国有企业改革和发展若干重大问题的决定》指出，国有企业改革的主要目标之一是建立和完善现代企业制度。此后，又陆续出台了一系列相关的政府文件和法律法规，指导国有企业改组为股权多元化的有限责任公司和股份有限公司，促进公司治理结构的完善和企业经营机制的转换。

按照2015年印发的《中共中央　国务院关于深化国有企业改革的指导意见》的要求，到2020年国有企业公司制改革要基本完成。经过多年的努力，国有企业公司制改革已经取得了重大突破。据国务院国资委在2020年底提供的数据，68家需改制的中央企业集团公司已全部完成改制，中央企业子企业也全面完成改制（极少数需清理整合的企业除外）。在省级国资委监管的一级企业中，约96%的企业已经完成公司制改革[1]。国有企业的法人治理结构得到进一步完善，在绝大多数中央企业和

[1]　刘青山：《央企公司制改革取得历史性突破》，《国资报告》2020年第12期。

大部分地方国有企业的董事会中，外部董事已占多数，董事会内部的制衡约束明显增强，董事会中企业党组织在公司治理结构中的法定地位进一步明确，中国特色现代国有企业制度已经基本建立。目前尚未完成公司制改革的国有企业主要集中在有关国家机关和事业单位所管理企业、地方党政机关和事业单位所管理企业，以及地方国资委监管的少量企业。由于历史问题，这些企业的资本来源和资产负债情况较为复杂，全面完成国有企业公司制改革依然任重道远。

国有资本、集体资本、非公有资本等通过交叉持股、相互融合而形成的混合所有制经济，是社会主义基本经济制度的重要实现形式。在分类基础上的混合所有制改革成了新一轮国有企业改革的主战场。党的十八届三中全会提出，要推动国有企业完善现代企业制度，就要准确界定不同国有企业功能。在2015年印发的《中共中央　国务院关于深化国有企业改革的指导意见》中，将国有企业分为商业类和公益类，分类推进国有企业改革。主业处于充分竞争行业和领域的商业类国有企业，原则上都要实行公司制股份制改革，引入其他国有资本或各类非国有资本，实现股权多元化；主业处于关系国家安全、国民经济命脉的重要行业和关键领域，主要承担重大专项任务的商业类国有企业，应当保持国有资本的控股地位，但也支持非国有资本参股。

混合所有制改革不仅在竞争性行业进展得如火如荼，在能源、电信、公用事业等垄断行业也进行了试点。根据国务院国资委提供的数据[1]，2013年以来，中央企业累计实施混合所有制改革超过4000项，引入社会资本超过1.5万亿元。仅2020年，中央企业就实施混合所有制改革900多项，引入社会资本超过2000亿元。中央企业中混合所有制企业的户数占比超过了70%，比2012年底提高了近20个百分点。地方国有企业中混合所有制企业的户数占比达到54%，引入社会资本超过7000亿元。除了竞争性行业的混合所有制改革稳步推进以外，电力、民航、电信、军工等

[1] 《2020年央企经济运行情况新闻发布会图文实录》，http：//www.sasac.gov.cn/n2588035/n2588330/n2588360/c16563166/content.html。

重点领域的试点也取得了突破。非国有资本可以通过多种方式参与国有企业改制重组，国有资本也能够以多种方式入股非国有企业，这种双向投资既有利于放大国有资本功能，引导社会资本投资方向，也有利于整合不同所有制优势，促进形成国民共进、协调发展的经济格局。

下一阶段的混合所有制改革，应当探索建立有别于国有独资、国有全资企业的治理机制和监管制度。国有资本出资人代表通过向企业派驻董事，在维护企业独立市场主体地位、不直接干预企业经营的前提下，利用董事会体现股东权利，保障国有资本保值增值。改制企业应当以混合所有制改革为契机，加快完善法人治理结构和市场化经营机制。健全职业经理人制度，董事会按照市场化的方式对管理层进行选聘、业绩考核和薪酬管理，推行管理层的任期制和契约化管理。在不同类型的混合所有制企业，根据企业的具体情况，探索建立企业负责人任期激励、骨干员工持股激励、上市公司股权激励、科技型企业股权和分红激励等长效激励机制，将管理层和企业员工的利益与企业发展捆绑在一起，将国有企业雄厚的经营实力与社会资本灵活的经营机制有机结合起来，实现取长补短、相互促进、共同发展。

三是健全以管资本为主的国有资产监管体制，深化国有资本投资公司、国有资本运营公司改革。随着国有企业改革向建立现代企业制度的转变，国有资产管理体制改革也随之推进。由于历史问题，国有企业出资人相当分散，由各个职能部委代行出资人职责，导致政企不分、出资人越位和虚置并存。不同部委根据各自的职能对国有企业进行监管，形成了“九龙治水”的混乱局面。2002年召开的党的十六大提出，中央政府和省、市（地）两级地方政府设立国有资产管理机构。随着各级国有资产监督管理委员会的组建，国资委作为国有资产出资人代表，履行出资人职责，监管除金融类企业之外的中央所属企业的国有资产，承担监督所监管企业国有资产保值增值的责任，指导推进国有企业改革和重组，推进国有企业的现代企业制度建设，完善公司治理结构，推动国有经济布局和结构的战略性调整。国资委的组建及其监管职能的明确，表明国有资产出资人代表制度基本建立，国有资产管理中长期存在的政企不分、多头管理、权责不清的局面得到显著改观。但国有资产监管仍然存在越位、缺位、错位的现象，国有资产管理体制有待进一步改革和完善。

党的十八届三中全会明确指出，应当进一步完善国有资产管理体制，以管资本为主加强国有资产监管。随着《中共中央　国务院关于深化国有企业改革的指导意见》和《国务院关于改革和完善国有资产管理体制的若干意见》等重要文件的相继出台，国有资产管理新体制的框架越来越清晰。从管资产转向管资本，看似一字之差，实际上意味着国有资产管理体制的重大变化。转变国有资产监管机构的职能定位、组建若干国有资本运营公司、支持有条件的国有企业改组为国有资本投资公司，这些新变化构成了新一轮国资国企改革的重要特征，表明国企改革在市场化的道路上迈出了更加坚实的步伐。

在以管资本为主的国有资产监管体制下，国资委的职能定位发生了明显变化。各级国资委根据授权，代表本级人民政府对监管企业依法履行出资人职责。国资委主要专注于国有资产监管，既不行使政府部门的公共管理职能，对企业具体的经营决策也不直接干预。国资委不再集管资产和管人、管事于一身，从国企的“婆婆”变身为“老板”，能够更好地实现政企分开、政资分开。国资委向国有资本运营公司和国有资本投资公司授权，通过它们以更加市场化的投资工具和管理方式合理安排国有资本的布局和结构，优化国有资本配置效率，提高国有资本投资回报率。这种新的监管架构能够更好地服务于国家的战略目标，更有利于国有资本的保值增值。

作为国有资本市场化运作的专业平台，国有资本运营公司和国有资本投资公司是国家所有权代理链条上的关键节点，在完善国有资本授权经营体制方面发挥了积极的作用。国有资产监管机构依法对国有资本投资公司、国有资本运营公司履行出资人职责，并按照“一企一策”原则，对国有资本投资公司、国有资本运营公司进行授权，国有资本投资公司、国有资本运营公司对授权范围内的国有资本履行出资人职责。自2014年以来，国务院国资委先后分三批在国家能源集团、中国宝武、中粮集团、中国五矿、国投、招商局集团、中交集团、保利集团等19家企业开展了国有资本投资公司试点，在中国诚通、中国国新等2家企业开展了国有资本运营公司试点，30个省级国资委已改组组建国有资本投资公司、国有资本运营公司76家。这些试点企业在理顺与国资委和出资企业之间的关系、国有资本专业化运营方式等方面进行了积极探索，取得了明显的效果。国有资本投资公司、国有资本运营公司肩负重任，既要通过履行国有资本出资人代表的职责，确保国有资产保值增值，又承担着优化国有资本布局、发挥国有资本产业引领作用的重任。下一步应当拓展试点的广度和深度，将更多具备条件的中央企业纳入国有资本投资公司、国有资本运营公司试点范围，在优化出资人代表机构履职方式、分类开展授权放权等方面，探索更多的模式和更具效率的机制。

四是推进垄断行业竞争性环节市场化改革。垄断行业是深化国企改革需要攻坚克难的领域。国有企业在石油天然气、电力、电信、铁路、城市公用事业等领域占有绝对的比重，自然垄断和行政垄断所形成的强大力量，使得社会资本面临着极高的市场准入壁垒。从20世纪90年代中期开始，通过对电信、航空、电力等垄断行业的拆分和改组，给这些产业部门带来更多的竞争性因素，行业经营主体数量有所增加，产业部门的效率和竞争力明显提升。进入21世纪以来，垄断行业一直被视为国资国企改革的重要领域。党的十六大提出，要推进垄断行业改革，积极引入竞争机制。2003年发布的《中共中央关于完善社会主义市场经济体制若干问题的决定》指出，对垄断行业要放宽市场准入，引入竞争机制。有条件的企业要积极推行投资主体多元化。继续推进和完善电信、电力、民航等行业的改革重组，加快推进铁路、邮政和城市公用事业等行业的改革，实行政企分开、政资分开、政事分开。对自然垄断业务要进行有效监管。但由于当时中国经济正进入一轮由重化工业主导的高速增长时期，各级政府更多的精力放在了促进经济增长方面，垄断行业改革的迫切性显得并不突出，再加上改革必然会损害垄断企业的利益，导致相关改革政策的制定和改革措施的实施遇到各种阻力，使得垄断行业改革的进展不尽如人意。

从全球经济科技发展趋势来看，随着科学技术的进步和产业竞争的加剧，一些以前被视为自然垄断的行业也在发生新变化。在电信、能源、交通等行业，除了一些基于网络系统的环节在技术经济性质上依然保留着自然垄断的特征外，其他更多的运营环节已经出现了越来越多的竞争性因素。推进垄断行业可竞争性环节的市场化，已经成为各国经济结构性改革的重要趋势。

随着中国经济从高速增长转向中高速增长，垄断行业改革的重要性和必要性再度凸显。2013年党的十八届三中全会提出，在自然垄断行业，根据不同行业特点实行网运分离，放开竞争性业务，推进公共资源配置市场化。2020年印发的《中共中央 国务院关于新时代加快完善社会主义市场经济体制的意见》要求，稳步推进自然垄断行业改革，深化以政企分开、政资分开、特许经营、政府监管为主要内容的改革，提高自然垄断行业基础设施供给质量，严格监管自然垄断环节，加快实现竞争性环节市场化，切实打破行政性垄断，防止市场垄断。不断深化垄断行业的改革，能够使越来越多的投资者进入垄断行业中可竞争的产业领域，有利于激发微观主体的活力，促进垄断行业内部的竞争，增加产品和服务供给，改善产品和服务质量，降低产品和服务价格，提升消费者福利和社会利益。

垄断行业改革的主战场集中在能源、电信、铁路、公用事业等领域。垄断行业改革的重要方向是实现网运分离，将具有自然垄断性质的网络基础设施与可以实现市场竞争的运营环节相分离，在可竞争的运营环节引入更多的经营主体和市场化因素。从改革实践来看，电力行业已经基本实现了输电网络与发电主体的分离，发电企业自主经营、竞价上网。下一步应当进一步促进电力市场的竞争，放开经营性发用电计划，竞争性环节上网电价完全由市场供求决定。在促进发电环节市场竞争的同时，对于具有垄断性质的输配电环节要加强监管。从石油天然气行业的产业链来看，上游的油气资源勘探开发领域具有一定的竞争性，中游的管网运输环节具有垄断性，下游的炼化和销售环节具有较强的竞争性。应积极推进油气管网运营机制改革，实现油气管网对各种市场主体的公平开放。电信行业在保持电信网络独立运营的情况下，应在电信增值业务中引进更多的投资者。对铁路领域而言，实现网运分离的各种方案早已进行过深入论证，但由于种种问题一直未能有效落实。在国有资本控制国家铁路网基础设施的基础上，应当促进铁路运输业务市场主体多元化和适度竞争。市政基础设施建设和运营也要向社会资本开放，吸引更多社会资本投资于市政公用事业，提高市政公共服务的质量，为新型城镇化背景下的都市圈和城市群建设提供更好的支撑。

中国的改革开放已经取得了举世瞩目的伟大成就，但在现行体制机制中，依然存在一些与高水平社会主义市场经济体制不相适应的因素。按照《中共中央　国务院关于新时代加快完善社会主义市场经济体制的意见》的顶层设计和党的十九届五中全会的整体部署，在全面建设社会主义现代化国家新征程上，要建立高标准市场体系，提高宏观经济治理能力，建设更高水平开放型经济新体制。要想实现这些目标，就要坚持扩大高水平开放和深化市场化改革互促共进，既要坚定不移地推进改革，也要坚定不移地扩大开放。中国正在构建以国内大循环为主体、国内国际双循环相互促进的新发展格局。新发展格局绝不是封闭的国内循环，而是开放的国内国际双循环，在畅通国内大循环的同时，要实行高水平对外开放。要完善准入前国民待遇加负面清单的外商投资管理体制；要健全促进和保障“走出去”的政策和服务体系；构建外贸可持续发展新机制，加快培育外贸竞争新优势；深化自由贸易试验区的改革探索，积极参与、主动适应国际投资贸易规则的调整；高质量实施“一带一路”建设，推进基础设施互联互通，构筑互利共赢的产业链供应链合作体系；加快实施自由贸易区战略，积极参与全球经济治理，提升制度性话语权。通过实施更加主动的开放战略，以高水平开放促进深层次市场化改革，建立与市场化、国际化相适应的新机制、新模式和新优势，推动实现中国经济在新时期的高质量发展。

# 后　记

应中国（海南）改革发展研究院之约，我和胡家勇、万军共同撰写了“中国之治·坚持和完善社会主义基本经济制度丛书”之一《完善社会主义市场经济体制》。本书根据党的十九届四中全会通过的《中共中央关于坚持和完善中国特色社会主义制度　推进国家治理体系和治理能力现代化若干重大问题的决定》的精神，着力从理论与实践相结合方面，论述如何加快构建高水平社会主义市场经济体制，以适应全面建设现代化经济体系的需要，持续推动中国经济的高质量发展。

本书共有十二章，其中第一章、第三章、第四章、第五章、第六章、第七章由张卓元执笔，第二章、第八章、第十二章由万军执笔，第九章、第十章、第十一章由胡家勇执笔。

在本书即将交付广东经济出版社出版之际，非常感谢中国（海南）改革发展研究院院长迟福林教授的推荐，感谢中国（海南）改革发展研究院杨若曦女士为本书做了联系等许多工作，感谢孙冶方经济科学基金会办公室王昊同志帮忙转发打印等。

限于作者的水平，本书定会存在一些不足之处，敬请读者不吝批评指正。

张卓元

2021年1月10日于北京